21世纪新闻与传播系列新编教材

U0668619

公关原理与案例剖析

谭昆智◎编著 ——————————— （第二版）

PUBLIC
RELATIONS （THEORY&CASE）

清华大学出版社
北 京

内 容 简 介

　　本书的特色是将公关理论与公关实务综合起来进行阐述，尽可能地反映公共关系学研究与发展中的最新动态，再用案例剖析的方法把理论与实务有机地结合起来，以做到融会贯通。本书着重突出以下特点：第一，框架清晰，理论性强。本书结构新颖独特，框架清晰，表述深入浅出，有利于读者掌握相关知识。第二，内容精练，知识性强。本书的内容包括：公共关系概述、公关调查与策划、公关宣传与广告、公共关系在营销中的应用、大型公关活动策划和实施、公关传播与新媒体技术、公共关系危机处理、公关案例剖析。第三，案例新颖，实践性强。公共关系学是一门实践性很强的学科，本书有相当的篇幅是实务操作和案例分析，它摈弃了以往陈旧的案例，大部分是富有时代性和现实性的案例。

图书在版编目（CIP）数据

　　公关原理与案例剖析/谭昆智编著. —2 版. —北京：清华大学出版社，2015（2021.8重印）
　　21 世纪新闻与传播系列新编教材
　　ISBN 978-7-302-39539-3

　　I. ①公… II. ①谭… III. ①公共关系学-高等学校-教材　IV. ①C912.3

　　中国版本图书馆 CIP 数据核字（2015）第 039332 号

责任编辑：邓　婷
封面设计：姜　姗
版式设计：魏　远
责任校对：王　云
责任印制：杨　艳

出版发行：清华大学出版社
　　　　　网　　　址：http://www.tup.com.cn，http://www.wqbook.com
　　　　　地　　　址：北京清华大学学研大厦 A 座　　　　　邮　　编：100084
　　　　　社 总 机：010-62770175　　　　　　　　　　　　邮　　购：010-62786544
　　　　　投稿与读者服务：010-62776969，c-service@tup.tsinghua.edu.cn
　　　　　质量反馈：010-62772015，zhiliang@tup.tsinghua.edu.cn
印 装 者：北京九州迅驰传媒文化有限公司
经　　销：全国新华书店
开　　本：185mm×230mm　　印　张：16.75　字　数：356 千字
版　　次：2008 年 9 月第 1 版　2015 年 4 月第 2 版　印　次：2021 年 8 月第 3 次印刷
定　　价：58.00 元

产品编号：060079-02

第二版前言

在《公关原理与案例剖析》第一版出版后的 6 年里,我将其作为本科生教材使用,在授课时我发现了书中有许多不足和问题,此次改版进行了有针对性的修改和完善,以使本教材更加符合公共关系发展的实际,更适用于公共关系课程的教学。总的来说,第二版主要做了如下改进。

本书第一版每一章后的案例和策划方案,背景材料都是 6 年前的,我认为已经有点陈旧和过时,因为公共关系学是一门实践性很强的应用型学科,它非常讲究"全"和"新",因此,我做了个大胆的举动,将第一版每一章后的案例和策划方案全部删除,替换为最新撰写的案例。这些案例都来自近两年来国内外在政治、经济、文化和社会领域内发生的热点事件,并运用公共关系学原理进行剖析,切入点分别是:公共关系传播、策划新闻、求新欲望、整合营销传播、公共关系专题活动、危机公关和综合原理。

公共关系传播的案例有:耐克的标志形象;《舌尖上的中国》带动经济收益;腾讯与360 之争;《江南 Style》蹿红网络;《爸爸去哪儿》火爆成功;伊利独家冠名《爸爸去哪儿》;加多宝红罐凉茶等。策划新闻的案例有:百事互动——节奏大师亮相上海地铁;来自星星的你。求新欲望的案例有:QQ 浏览器广告——我不耐烦,我要的现在就要;2014年首期《新闻联播》结尾——2014 爱你一世;湖南卫视战胜其他卫视的制胜法宝。整合营销传播的案例有:从《我是歌手》中看公关营销策略;《花儿与少年》;微信,兴起的公关整合营销的推广方式。公共关系专题活动的案例有:东莞麻涌水乡旅游美食节;韩国 Pororo 主题乐园开业。危机公关的案例有:上海外滩踩踏事件;西安被服药事件。综合案例有:大学生宿舍关系问题凸显,舍友性格孤僻咋相处。

本书中的每个案例都是经过精心筛选和反复推敲编辑的,它们都与相应章节的内容相联系,以便读者对有关理论有更直观的认识。同时,案例后还增加了深入的点评和分析。评析中表达的观点是作者长期思考的感悟,目的是让读者有更多的视角,对相关内容有更深的认识与理解。本书大块的改动如上所述,目的只有一个,尽量使它更好看一点儿,更实用一点儿,更完整一点儿,以对得起读者阅读时所消耗的宝贵时间。

本书第二版对阅读材料也进行了充实,加进了最新的动态内容。在第六章增加了"公关传播的级别""公共关系传播模式与理论"和"常用的公关关系名词"的内容。同时，在"新媒体影响传统媒体"这一部分，删除了"CNNIC：2007年中国网民的统计"，补充了"CNNIC第34次调查报告：总体网民规模"的内容。在第四节这一部分，增加了"4G时代行业将呈现的特征"，尽量将具有时代性的最新内容呈现给读者。

　　本书第二版还注意在以下三个方面形成更鲜明的特色：一是在重要理论的论述上，尽可能做较深入的探讨，从原理上将其说清楚，并形成系统。同时，在方法的介绍上，注意及时吸收国内外较新的成果，使之能够反映公关界的新进展。二是为了体现公共关系作为应用学科的特点，便于读者学习、理解，补充了较多的案例，尤其是国内公关界实践的新成果，试图在这本书里，将公共关系的理论、实务和案例三大部分有机地糅合在一起。三是考虑到该课程教学的需要，注意突出实用性、知识性、趣味性和信息的广泛性，力求能在培养意识、训练技巧、增强能力、提高素质上对读者有所帮助和启发，争取在内容和结构上有质的飞跃。

　　本书可作为高等学校公共关系学、新闻学、广告学等专业的教科书，也可供社会读者阅读。

　　"学无止境"，尽管这本书累积了我在"公共关系学"这个领域多年来的体验和感悟，但书中不足之处在所难免，希望广大读者不吝指正。

　　本书第二版能够在短时间内完成，清华大学出版社提供了物质上和精神上的支持，在此向为本书问世给予大力支持的清华大学出版社及有关人员表示衷心的感谢。

　　衷心希望您能喜欢这本书，愿读者们都能拥有快乐的生活，让我们一起为此而努力，而在这一路上，但愿有公关相伴！

谭昆智

于广州中山大学新华学院

第一版前言

公共关系学是一门研究组织与公众之间相互传播沟通的行为、规律和方法的学科，也是当代管理学研究领域最活跃的实践性学科。它是管理学、消费者心理学、广告学、传播学、语言学、市场营销等多学科相互交叉、融合而产生的一门综合性、应用性的新兴学科。

公共关系学对于企业、政府、政党、社团等各种社会组织的发展具有重要的实践意义。我国公共关系学者运用辩证唯物主义的观点与方法，批判性地吸收西方公共关系学的研究成果，并结合我国社会主义实践探索适合我国国情的、科学的公共关系学理论与方法，为公共关系学的中国化作出了贡献。

中国共产党在领导中国人民进行新民主主义革命与社会主义建设的过程中，一贯重视同其他政党和广大群众建立良好的相互关系。党与政府的有关部门实际上早就在履行某些公共关系的职能。近二十年来，几乎所有的企事业单位都正式设置了具有公共关系职能的部门。党的十六届四中全会提出"构建和谐社会主义"的任务以来，国家软实力的建构已作为公共关系领域的一个崭新课题凸显出来。公共关系作为一个新兴的行业和一门独立的管理学科在推进中国社会进步中，在和谐社会和和谐世界的建设中发挥着独特的作用。

自改革开放以来，我国在政治、经济和文化上发生了巨大的变化。近几年国民生产总值已经连续翻番，人民生活水平又上了一个新台阶。2008 年对我国而言也是不平静的一年。从年初的雪灾、拉萨"3·14 事件"、4 月奥运火炬海外传递引发的冲突，到 5 月 12 日四川汶川大地震，以及最近中国西南部、南部等地爆发的洪灾。再推前至 2003 年的 SARs、2004 年的禽流感、2005 年频发的矿难、2006 年从"齐二药"到"欣弗"的药品质量事件、2007 年山西的"黑砖窑"事件……以上出现的社会矛盾和危机，需要组织以扁平化的社会结构形态进行双向传播、沟通与管理。公共关系强调通过人性化管理化解矛盾、协调对立和冲突，对各种错综复杂的社会关系加以全面有效的调整协调，使组织内外部社会环境形成和谐安定、协调有序的良好关系。

2008 年 3 月，西藏拉萨发生了"打砸抢烧"严重暴力事件，我国政府妥善处理了这一问题，维护了西藏社会稳定、经济发展、各民族和谐共处的局面。5月，四川汶川地区发生了 8 级大地震，我国政府迅速反应，采取及时高效的抗震救灾行动，受到国际社会的普遍好评，灾后重建工作也正在启动。7月，中国西南部、南部等地爆发了洪灾，政府和民众正全力以赴投入救灾工作。8月8日将在我国北京举办的第 29 届奥运会，也需要公关传播绿色、科技和人文奥运的精神。

公共关系的终极价值是：和谐的人文精神。它体现在三个方面：宽容、传播和竞争。宽容是努力找到双方利益的结合点；传播是要有真实性和真诚合作的精神；竞争是良性的，要使物质和精神回报相结合。今天，公共关系的运作为社会生活的运转添加了润滑剂，广泛的国际交流又为中国的公共关系拓展了更为深远、更为宽阔的视野。我们深信，学习公共关系学理论，开展公共关系工作，有利于改善国家与国家之间的关系，进一步密切党群、干群，企业与消费者、与国外投资者等关系，为树立国家和组织的良好形象打下坚实的基础。

我校公共关系学专业的学科带头人廖为建教授主张将"传播管理"作为公共关系学的核心概念，他是国内公共关系"传播管理学派"的倡导者。特别是我校"公共关系学"课程在 2006 年被评为国家级精品课程后，"传播管理"更是作为我们公共关系学专业教学的核心概念，我们提出了三项研究课题，即：实现教学内容和教学手段的全面知识更新；追求课堂教学的文化品格和审美韵味；开展双向交流的互动式教学。

本书是一部公共关系学的革新之作，书中的特色是把公关理论与公关实务综合阐述，尽可能地反映公共关系学研究与发展中的最新动态，再用案例剖析的方法把理论与实务有机地结合起来，做到融会贯通。本书着重突出以下特点：

第一，框架清晰，理论性强。本书将公关原理与案例分为八章进行论述，结构新颖独特、框架清晰，表述深入浅出，并对其他书籍中一些模糊的概念进行了辨析，以便广大读者更好地掌握公关理论。本书不仅使公共关系原理和案例的内容在结构体系上具有逻辑合理性，还具有极强的操作性。

第二，内容精练，知识性强。本书用八章的篇幅讲述的内容有：公共关系概述、公关调查与策划、公关宣传与广告、公共关系在营销中的应用、大型公关活动策划和实施、公关传播与新媒体技术、公共关系危机处理、公关案例剖析。笔者在选择内容时放弃了意义与作用不太大的部分，如公共关系史、公关礼仪等。八章内容并非平均使用笔墨，而是把重点放在形象管理、公关策划、公关危机，以及被许多现有书籍忽略的公关心理、网络公关等方面，以做到重点突出、实用性强。

第三，案例新颖，实践性强。公共关系学是一门实践性很强的学科，本书有相当的篇幅是实务操作和案例分析，它摈弃了以往陈旧的案例，大部分是近年"广东省最佳公关案例大赛金、银与提名奖"案例，还有的是富有时代性和现实性的案例，如"危机中的传媒宣导抚慰功能——以四川汶川大地震为例"；同时，每一章还设有"导入案例"与"思维拓展"。

　　社会存在决定社会意识，我们在教学实践中，一方面带着公关意识细心地观察现实生活，结合真实生活中的实际案例阐述公关原理和实务，还注意利用大众媒体（报纸、杂志、广播、电视和网络），从中援引新颖、贴切的案例加以剖析；另一方面，在教学过程中，注意收集学生学习中的难点，针对学生接受知识的特点，对内容和案例进行了精心的选择和安排。

　　随着中国社会主义市场经济的深入发展，中国公共关系业呈现出快速发展的态势。公共关系的最高目标就是：通过组织与社会的协调发展，促进组织的成长、社会的和谐、人类的进步。构建社会主义和谐社会也是公关人的历史使命与责任。正是：青山在，人未老，公关的明天会更好！

谭昆智

2008 年 7 月 1 日于广州中山大学康乐园

目　录

第一章

公共关系概述

随着 20 世纪 80 年代初公共关系在中国开始传播并逐步兴起，公关工作已渗透到社会生活的方方面面。公共关系是现代管理理论的组成部分，它利用传播技能和研究方法作为主要工具，帮助一个组织建立并保持其与公众之间的相互交流、理解、认可与合作。

通过本章的学习，应重点了解公共关系的科学含义，理解公共关系的定义；在此基础上把握公共关系的构成要素和基本特征，分析公共关系的职能与功能，从而理解公共关系的终极价值。

【导入案例】公共关系的比喻

一个男生喜欢上一个漂亮的女生。他主动地走到这位女生面前，急不可待地说："我非常喜欢你，你也喜欢我吧，我是一个德智体美劳全面发展的好学生！"

这是不是公共关系？

这不是公共关系，这是推销。

这一招不行以后，这位男生又通过对自己进行修饰（穿名牌衣服、戴名表）来吸引这位女生的注意；那么，这是不是公共关系？

这也不是公共关系，这是广告。

第二招不行以后，这位男生又想出了第三招。通过邀请这位女生去高档酒店吃饭，来追求她。我们再问，这是不是公共关系？

这同样不是公共关系，这是交际。

问题：既然以上三种行为都不是公共关系，那么，什么是公共关系呢？

答案：上面的三种做法虽然花费了大力气，但显然成功的机会不大。真正的公共关系应该是这样：一步一个脚印，先在旁边观察女生，用最少的语言和举止大概了解一下女孩的品性爱好，也就是"择偶标准"。然后，投其所好，适当地应用一点推销、广告和交际来打动这位女孩，这才是公共关系。

第一节　公共关系的概念

公共关系从属于组织宗旨，为组织的目标服务。它是组织面对外在的公众和内在的员工，通过运用长期有效的双向信息沟通、双向艺术交往、双向利益调整等方法途径，建立组织与目标对象之间的相互理解、相互信任和相互促进的互动关系。

一、公共关系的科学含义

"公共关系"一词译自英语 Public Relations 两个词的组合。它既用来表述公共关系，也用来表述与公共关系相关的事物和现象，最常见的是代表公共关系状态、公共关系活动、公共关系学科等。因此"Public Relations"是一个多义词，具有多层含义，我们应该对"公共关系"的概念加以界定和解释。

（一）公共关系的基本概念

自从公共关系诞生以来，人们为其下一个准确定义的努力就没有停止过。由于每个人的认识角度不同，对公共关系内涵的理解也各异，于是就形成了许许多多的公共关系定义。20 世纪 70 年代中期，美国著名的公共关系学者莱克斯·哈罗博士就搜集到 47 个公共关系的定义。还有人说，公共关系的定义已有上千个之多。于是有人不无幽默地说有多少公共关系学者，便有多少种公共关系的定义。要从这些纷繁多样的公共关系定义中把握公共关系的真正内涵，可把众多的公共关系定义归纳成以下几种类型。

1. 管理职能论

把公共关系看作具有和计划、财务一样的管理职能，持有该观点的学者以美国人莱克斯·哈罗博士为代表，他认为："公共关系是一种特殊的管理职能，它帮助组织建立并保持与公众之间的交流、理解、认可与合作，参与处理各种问题与事件。"

国际公共关系协会对公共关系的定义是："公共关系是一项经营管理的功能，属于一种经常性与计划性的工作，不论公私机构或组织，均通过它来保持与其相关的公众的了解、同情和支持，亦即审度公众的意见，使本机构的政策和措施尽量与之配合，再运用有计划的大量资料，争取建设性的合作，而获得共同利益。"

美国著名公共关系学者卡特李普和森特认为：公共关系是这样一种管理功能，它能建立和维护组织与公众之间的互利互惠关系，而一个组织的成功或失败取决于公众。

持这种观点的研究者认为，公共关系是一种管理职能。这个定义非常鲜明地强调了公共关系的管理职能，其活动形式是"有计划的、广泛的信息传播"，结果是"更好地实现它们的共同利益"。

2．传播沟通论

英国人弗兰克·杰夫金斯认为："公共关系是旨在传递有关个人、公司、政府机构或其他组织的信息，并改善公众对其态度的种种政策或行动。公共关系是由为达到与相互理解的特定目标，而进行的各种有计划的沟通联络所组成的，这种沟通联络处于组织与公众之间，既是向内的，也是向外的。"此外，美国人约翰·马斯顿和1981年出版的《不列颠百科全书》也都持有这种观点。

持这种观点的研究者更多地从公共关系的运作特点上来考虑，认为公共关系是社会组织与公众的一种传播沟通方式，强调公共关系是由"各种有计划的沟通联络所组成的"。

3．传播管理论

"传播管理说"这类定义将管理说和传播说结合起来，强调公共关系是组织一种特定的传播管理行为和职能。当代美国公共关系学术权威、马里兰大学的詹姆斯·格鲁尼格教授认为："公共关系是一个组织与其相关公众之间的传播管理。"

格鲁尼格教授主持的"卓越公共关系和传播管理"的课题中，提出了一种普遍原则、特殊运用的公共关系全球化理论。

持这种观点的研究者倾向于公共关系过程，强调"双向传播与沟通"是贯穿整个公共关系的一条基线，是现代公共关系理论的精髓，是公共关系的本质属性。它渗透到公共关系原理和实务的各个方面，是准确理解公共关系的关键。

4．社会关系论

英国公共关系协会对公共关系的定义是："公共关系是一个组织或个人与任何人群组织之间，围绕一个组织或个人应该争取获得并保持良好声誉的目标，所进行的建立和改善相互了解的计划与持续的努力。公共关系实践是一种审慎的、有计划的和持续的努力，以建立和维持一个组织和它的公众之间的相互理解。"

持这种观点的研究者倾向于公共关系目标，它偏重于公共关系手段的争论，认为公共关系必须从此入手来把握和分析公共关系的实质。它注重将公共关系理解为特殊的社会关系，亦即组织与公众的关系。

5．现象描述论

持这一类观点的研究者往往倾向于公共关系的实务操作。与"社会关系论"偏重理论、抽象正好相反，"现象描述论"则倾向于直观形象和浅显明了，通常抓住公共关系的某一功能或某种现象进行描述，非常具体实在。例如：

"公共关系是一种艺术和科学"。

"公共关系是一种公众性、社会性的关系或活动。"

"公共关系就是讨公众喜欢。"

"公共关系即通过良好的人际关系来辅助事业成功。"

"公共关系就是促进善意。"

"公共关系使公司得到的，就是那些在个人称为礼貌与德性的修养。"

"PR（公共关系）=P（自己行动）+R（被人认识）"

这一类定义对宣传公共关系是很有用的，简洁明了、生动形象、便于记忆。不过，那也只是提示了公共关系的部分含义，从总体上看不够全面准确。

6. 表征综合论

1978 年 8 月在墨西哥召开的世界公共关系协会大会将公共关系定义为："公共关系是一门艺术和社会科学。公共关系的实施是分析趋势、预测后果，向机构领导人提供意见、履行一连串有计划的行动，以服务于本机构和公众利益。"

持这种观点的研究者采用将公共关系的各种表征综合起来的办法来解决问题，它将上述观点加以综合。同时，研究者极为重视研究社会组织与公众之间的沟通行为与规律。他们认为，现代传播学是研究人类社会信息的一个学术范畴，而公共关系是指社会组织与公众之间的一种传播方式，其本质是交流。因此，公共关系学应是现代传播学的一个应用分支。

（二）公共关系的定义

1. 我国学者对公共关系的定义

我国引入公共关系这个概念以后，已经出版了许多教材、著作，提出了许许多多有所相同又有所不同的关于公共关系的定义。下面列举几本教材、著作关于公共关系的定义：

（1）居延安等人的《公共关系学》的表述是："公共关系是一个社会组织为了取得与其特定公众的双向沟通和精诚合作而进行的遵循一定行为规范和准则的传播活动。"

（2）蒋春堂主编的《公共关系学教程》（新版）的表述是："公共关系是社会组织为了实现某种利益目标，通过传播沟通与其公众建立并协调发展的互利互惠的社会关系。"

（3）熊源伟主编的《公共关系学》的表述是："公共关系是社会组织为了塑造组织形象，通过传播、沟通手段来影响公众的科学与艺术。"

（4）谢玉华主编的《公共关系教程》的表述是："公共关系是组织为了自身的发展，运用传播、沟通等手段与公众协调关系，树立组织良好形象，以促进组织目标的实现。"

（5）明安香的《塑造形象的艺术：公共关系学概论》的表述是："所谓公共关系，就是一个企业或组织，为了增进内部及社会公众的信任与支持，为自身事业发展创造最佳的社会环境，在分析和处理自身面临的内部、外部各项关系时，采取的一系列政策与行动。"

2. 公共关系的定义描述

各位学者对公共关系的定义尽管观点不同、说法不一，但有几点是相同的：第一，公共关系是主体、客体与媒体之间的关系。第二，公共关系强调利害相关、利益一致，这是公共关系活动开展的基础。第三，公共关系注重内求凝聚、外求开拓、志在发展。第四，公共关系的内容是三体之间的关系，公共关系的核心是塑造主体形象，感染影响客体，达到共鸣的目的。第五，公共关系是一种软性的管理艺术，是管理科学、人事管理的艺术化等。

对公共关系定义的准确理解，应从公共关系状态、公共关系活动、公共关系学三个层次来分析，正如国际公关协会前主席萨姆·布莱克所讲的：公共关系至少有两个层次：一个是两个组织发生关系的时候，这里就有公共关系，这种关系自始至终都存在；另一个更重要的是公关实践，专业化的公关实践旨在利用公共关系手段使管理处在良好状态中。

通过对公共关系各种定义的共同点分析，我们把公共关系的定义描述为："公共关系是一个组织与其相关公众之间的传播管理"。[①]公共关系本质上是组织机构与相关公众之间的双向传播与沟通。而现代公共关系是组织的一种管理职能，这种管理职能的本质属性就是"组织与公众之间的传播管理"。[②]

公共关系也可这样定义："运用现代信息传播沟通手段，建立完善组织与公众之间的双向交流，促进相互了解、理解、信任与和谐，为组织优化社会环境，树立良好形象。"

"双向传播与沟通"是贯穿整个公共关系的一条基线，是现代公共关系理论的精髓，是公共关系的本质属性。它渗透到公共关系原理和实务的各个方面，是准确理解公共关系的关键。

二、公共关系的构成要素

（一）主体——组织

在人类社会生活中，人与人之间会发生各种各样的联系和交往，在这些交往活动中，人们发现单个人的活动往往会受到种种限制，因而逐渐产生了各种社会组织。我们这个社会之所以会丰富多彩、不断发展，就是因为各种组织之间在不停地相互影响和作用，

[①] 廖为建. 公共关系学. 北京：高等教育出版社，2000：5
[②] 廖为建. 公共关系学. 北京：高等教育出版社，2000：6

新的组织不断地产生并努力壮大，已有的组织竭力维护自己的利益以实现扩张。

组织的生存和发展与很多因素有关，自身的实力、良好的管理、适宜的环境是组织成功的基础，公共关系作为一种管理职能，则是从如何建立和维护组织与公众之间的互利互惠关系、树立组织良好形象的角度来促进组织的发展。

公共关系是一种组织活动，而不是个人行为。因此，组织是公共关系活动的主体，是公共关系的实施者、承担者。在理解公共关系时，不要把一些个人的行为也说成是公共关系。如某公司总裁以个人名义向野生动物基金会捐款，这是个人行为，而不是公共关系；但当他以公司的名义捐这笔款时，便可把这种行为理解为一种旨在提高组织（公司）的知名度和美誉度、扩大组织影响的公共关系行为。为了使公共关系活动的针对性更强，在公共关系学中，一般把组织分成以下四种类型。

（1）营利性组织。这些组织以盈利为目的，追求经济利益的最大化，如工商企业、旅游服务业、保险公司、金融机构等。

（2）服务性组织。这类组织不以盈利为目的，而以服务对象的利益为目标，包括学校、医院、慈善机构、社会公用事业机构等。如学校的首要公众是学生，其目的则是教书育人；慈善基金会的宗旨就是更好地为社会弱势群体或那些需要帮助的特定公众提供服务。

（3）公共性组织。通常是指为整个社会和一般公众服务的组织，如政府、军队、消防部门、治安机关等。这类组织的目标是保证社会安定，不受内部不良因素的影响和外来干涉。

（4）互利性组织。这是一种以组织内部成员间互获利益为目标的组织，这类组织追求的是组织内部成员之间的互惠互利，如工会组织、职业团体（学会、协会、研究会等）、宗教团体。

（二）对象——公众

公共关系是一种特定关系，而当我们谈到关系时，必然要涉及双方。对于公共关系而言，这个相互影响、相互作用的双方便是组织与公众。因此，从这个角度说，公共关系就是公众（与组织）的关系。

任何组织都有其特定公众，而公共关系便是组织主动地去与公众建立和维护良好关系的过程。但这并不意味着作为客体和对象的公众是完全被动的、随意受摆布的，公众随时都可以表达自己的意志和要求，主动地对公关主体的政策和行为作出积极反应，从而对公关主体形成舆论压力和外部动力。因此，组织在计划和实施自己的公关工作时，必须认清自己的公众对象，分析研究自己的公众对象，并根据公众对象的特点及变化趋势制定和调整公关政策和行动。

（三）手段——传播

公共关系中的传播（Communication，也译作"沟通"），是指组织传播媒介向公众进行信息或观点的传递和交流。这是一个观念、知识或信息的共享过程，其目的是通过双向的交流和沟通，促进公共关系的主体和客体（组织和公众）之间的了解、共识、好感和合作；其手段主要有人际传播、组织传播和大众传播等形式。

传播是使组织和公众之间建立关系的一种手段，传播媒介则是实现这种手段的工具。只有这两者有机结合、共同作用，才能产生整体大于部分之和的协同效应，才能使组织的公共关系活动得以顺利开展，使组织得以在公众面前建立和维持良好的公共关系形象。三者的关系可用图 1-1 表示。

图 1-1 公共关系三要素关系图

公共关系活动过程的三个基本要素是组织、传播和公众。任何公共关系活动都是由这三个要素构成的。在公共关系的这三个要素中，组织和公众分别是公共关系的主体和客体。这二者之间的相互作用方式是传播；而现代"公共关系传播"的本质就是组织与公众之间信息的双向交流；组织与公众沟通交流的"双向性"是现代公关传播的本质特征。三个要素之间的联系就是组织与公众之间通过传播沟通活动所形成信息的双向交流。

三、公共关系的基本特征

公共关系的基本特征，是指公共关系与其他类型的社会关系相比较所具有的基本特点，概括起来有六个方面。

（一）以社会公众为工作对象

公共关系特指一定的组织机构和与其相关的社会公众之间的相互关系。公共关系与一般的人际关系不同：人际关系以个人为支点，是个人之间的线性关系；而公共关系以组织为支点，是组织与其公众结成的网状关系。组织必须坚持着眼于自己的公众，才能生存和发展。公共关系活动的策划者和实施者均应始终确认公众是自己的工作对象。

（二）以塑造形象为工作目标

公共关系的基本目标是为一定的组织机构在社会公众中树立美好形象。塑造形象是公共关系的核心问题，组织应通过各种公共关系活动，有效地提高自身的知名度和美誉度。良好的组织形象有利于组织顺应大势、适应环境，使组织在生存、竞争、发展中不断充实、成熟和壮大。

（三）以传播沟通为工作方式

以传播沟通作为工作方法或手段，既是公共关系区别于一般管理职能的重要方面，也是它与单纯的宣传、广告的不同所在。在组织与公众之间，一方面，组织应策划对外传播，使公众认识、了解自己；另一方面，它又要吸取舆论民意以调整、改善自身。只有达成有效的双向意见沟通，才能使组织与公众在交流沟通、共享信息的基础上增进了解、理解和合作。

（四）以互惠互利为工作原则

从根本上说，公共关系的内在驱动力是双方的利益要求，但不能将公共关系视为只是社会组织与公众之间的利益关系，而没有情感交流和道义上的帮助。恰恰相反，公共关系正是要建立一种情感融洽、富有职业道德的相互了解、相互合作的关系，并由此与公众获得共同利益。可见，公共关系的互惠互利原则是一种双赢的结果。

（五）以真实诚恳为工作信条

公共关系塑造组织形象，必须奉行真实的信条、倡导诚恳的作风。真实的传播、善意的协调、友好的交往，才能在公众的心目中产生信任感，才能赢得公众自觉的合作。反之，任何一种虚假的信息传播、生硬刻板的接待服务，甚至居心叵测的交往，都将使组织形象受损，这实在是公共关系工作的大忌。

（六）以注重长远为工作方针

组织与公众间的相互关系，不是靠一朝一夕建立起来的；即使建立起来，也还需要加以维护、调整和发展，因此均需要长期的不懈努力。"宜未雨而绸缪，毋临渴而掘井"，这是公共关系的基本方针。公共关系与一般广告、推销不同：一般广告、推销的目标是直接的、局部的、战术性的，因而是短期的；公共关系的目标则是间接的、全面的、战略性的，公共关系着眼于长远利益。公共关系活动是推销组织，让公众了解并喜欢组织，从而喜欢组织的产品和服务。

第二节　我国公共关系的发展现状与趋势

公共关系作为一种全新的思想理论和社会职业，是伴随着对外开放大门的打开而进入我国的。20 世纪 80 年代初，公共关系首先作为一种新的经营管理方法和技术，由南向北、从东到西，在中国的大江南北迅速传播。虽然中国当代公共关系事业起步较晚，但它一旦萌发，就立即受到了人们的普遍重视，得到了较快的发展。

一、我国公关行业发展回顾

（一）公共关系在我国的初始传播

现代公共关系开始引入并在我国传播大约是在党的十一届三中全会到 1984 年间。在改革开放政策的引导下，1980 年，《广东省经济特区条例》颁布，设立了深圳、珠海、汕头三个经济特区。此后不久，深圳的一些"三资"企业——主要是酒店、宾馆，开始按照海外的管理模式，最早设立了公共关系部。在我国学习国外先进管理经验风气的影响下，酒店、宾馆设公共关系部这一新鲜事逐渐受到企业界的关注，"三资"企业中设立公共关系部的越来越多。1984 年，第一家国有企业设立的公共关系部在广州白云山制药厂诞生。

我国公共关系发展的第一个阶段，以公共关系实践活动为主。其主要活动局限于迎来送往，沟通一些信息，利用一些新闻媒介推销形象。不过此时公共关系已经引起国内学术界的关注，介绍国外公共关系理论与方法的工作也在这个阶段开始进行。

（二）公共关系的迅速兴起

1985—1988 年是公共关系在我国获得较快传播的一个时期。该阶段的表现特征之一是公共关系专职机构和人员开始出现。1985 年，美国最大的国际性公共关系公司之一——伟达公司在北京设立了办事处；同年，世界上最大的公关公司之一——博雅公司与新华社下属的中国新闻发展公司共同组建了中国环球公共关系公司。与此同时，许多工商企业成立了公共关系部。特征之二是各种公共关系学术组织和团体的大量出现，相互间的联系普遍加强。特征之三是公共关系教育宣传工作全面展开。1985 年，深圳大学传播系创办了第一个公共关系专业，招收了第一届公共关系专业的专科生。接着公共关系课程逐渐在全国高校开设，并出版了各种公共关系学的书籍。

（三）公共关系形成气候并向纵深发展

进入 20 世纪 90 年代以来，公共关系日益受到社会各界的重视，越来越多的党政领导人支持公共关系工作，越来越多的组织把公共关系工作看作是制胜之道，越来越多的人积极从事公共关系活动。在这一时期，公共关系组织有了更大的发展，公共关系理论研究空前活跃，公共关系国际交流不断加强。

该阶段的表现特征之一是各地、各种公共关系组织继续扩大，各组织中设立的公共关系机构明显增加。特征之二是公共关系理论不断深化，公共关系学分支学科逐渐形成，如公关心理学、酒店公关等。公共关系出版物大增，促进了对公共关系理论探讨的深入，对普及公共关系知识影响甚大。特征之三是公共关系初衷深化，公共关系实践已由简单的服务趋向公共关系策划及运作。政府组织、文化组织也引入公共关系，更加注重自身的形象建设，产生了良好的经济效益和社会效益。为了规范公共关系从业人员的行为，我国制定了《中国公共关系职业道德准则》。

调查显示，文化体育、医疗保健、政府及非营利机构、金融、房地产等行业成为当前公共关系服务最具潜力的领域。奥运公关、事件营销、体育传播、娱乐传播、CSR 研究成为新的服务手段，开始受到业内的普遍关注。从地区发展来看，北京、上海、广州和成都等四城市仍是公关公司的主要集中地，同时也是年度业务和人员增长最快的地方，并显示了当地市场的活力。人力资源、专业能力、服务创新、品牌声誉以及管理水平是公关公司最主要的核心竞争力。人才、创新、管理成为当前公关行业最重要的议题。新媒体和新传播将激发更多公关服务产品的涌现，国际公司收购步伐的加快以及本土公司与国际接轨的加快将可能形成新的市场格局，2008 年北京奥运会必将带来中国公共关系市场的全面繁荣。

但公关领域也存在着一些问题，需要根据社会发展的要求不断创新发展。如公关人才培训市场严重滞后，直接影响到行业的可持续、健康发展，加强人力资源开发和管理也成为当务之急。行业组织应该在行业规范、专业推广和人才培训方面发挥更大的作用，进一步改善当前的市场环境，制定和完善行业服务标准，推广和提升专业服务理念，建立和推行专业人员培训认证体系。

总之，随着改革开放的不断深入，我国的公共关系事业无论在实践活动方面、理论研究方面，还是公共关系从业人员素质的提高方面，都取得了重大进展，公共关系在我国社会生活中发挥着越来越大的作用。

二、我国公关教育发展回顾[①]

中国的公共关系教育已走过三十年的历程，这三十年，正如一个人，经历过蹒跚学步、天真稚拙的童年；走过浮躁不安、喜爱蹦跳，梦想摆脱地球引力的少年；做过大跃进的美梦，几经风雨、潮起潮落，现已成长为生机勃勃、充满理想的青年。随着时光的流逝，虽已渐渐模糊了人们对往事的记忆，但也使我们能透过时间的距离，更准确地把握、认识过往的历史。这里有一座座重要的里程碑值得我们铭记，也有不少失误欠缺的

---

① 本部分内容改编自中山大学廖为建教授的文章。

经验值得我们反思、回顾与总结，这就是我们这些一起走过这段历史路程人们的历史责任。

（一）我国公关发展的历史节点

1. 普及性的社会教育

我国本土学者自发推动的公关教育开始于"公共关系知识"讲座。当时较有社会影响的有：1985 年 1 月，深圳市总工会举办的公关培训班，这是我国有史以来的第一个公关教育讲座。同年 4 月，北京师范大学开设公共关系讲座，6 月，北京大学研究生院举办公共关系讲座。1985 年下半年，中山大学与广州青年经济协会、广州财贸管理干部学院联合举办了三期公共关系讲习班。从那时开始到 1989 年，全国各地其他城市公关讲座也在陆续开设。这一时期出现的"公共关系知识讲座"是我国公共关系普及性社会推广教育的开始。

2. 正规本科课程教育

1983 年，在香港著名传播学者余也鲁教授的指导下，"公共关系"作为正规大学本科课程被列入厦门大学新闻传播系本科培养计划。这是"公共关系"被引入我国正规高等教育培养计划的可查找的最早记录。1985 年 1 月，原香港浸会大学传理系主任张同教授为厦门大学新闻传播系的本科生正式开设了"公共关系原理与实务"课程，系统地把西方的公共关系课程引进正规的大学课堂。复旦大学、中山大学、兰州大学、杭州大学等均是较早独立开设本科公共关系课程的高校。

1987 年，国家教委正式把公共关系列入行政管理、工业经济、企业管理、旅游经济、市场营销、广告学、新闻学等专业的必修课。全国大约有三百多所大学开设了公共关系课程，并逐步发展成为目前我国高等公共关系教育中覆盖面最广的教育形式。

3. 大专层次专业教育

1985 年 9 月，深圳大学由当地政府批准设立了首家大专层次的公共关系专业。从此，具有大专学历的公共关系教育在我国一些省市的高校，特别是成人自学考试、夜大、职业大学等逐步开展起来，并形成相当规模。1990 年，深圳大学以其率先创办专科公共关系专业教育这一项目，获国际公关协会首届"世界最佳公关金奖大赛"（IPRA Golden Awards for Excellence）金奖。深圳大学创造了只有几个老师，在短短几年里，培养出几千位专科毕业生的世界奇迹。

4. 本科层次专业教育

1994 年，中山大学正式设置公共关系本科专业，成为我国首家有权授予该专业学士学位的高校。2001 年上海东华大学、2002 年北京广播学院相继都设立了公共关系学本科专业。2004 年，上海师范大学女子学院设立公共关系专业。自 1994 年以来，经地方政府批准设立各种公关本科专业的院校已有数十家。

5. 高层次研究生教育

1994 年，中山大学在设置公关本科专业的同时，在行政管理专业的硕士点招收公共关系研究方向的研究生。此后，北京国际关系学院、厦门大学等多所重点高校先后在传播学、国际新闻等硕士授予点正式招收公共关系方向的硕士研究生。中山大学的政务公关研究生的培养，北京国际关系学院的国际公关研究生的培养，厦门大学的公关与广告的整合型研究生的培养都获得了成功，其毕业生在各自领域表现不俗，不少人已脱颖而出，成为各自领域的新锐。规范的公共关系学方向硕士的培养计划的推行，揭开了我国高层次公共关系教育的序幕。

2003 年 12 月，我国第一个公共关系专业的硕士点在上海复旦大学新闻学院诞生，并开始培养公关方向的博士研究生；2004 年，中山大学政治与公共事务管理学院建立公共关系学硕士点；2005 年以后，中国传媒大学、上海外国语大学等多所全国重点高校建立公共关系学硕士点；2006 年，上海外国语大学开始招收国际沟通与公关管理方向的博士生……公共关系学硕士学位授予点的建立，以及公共关系学方向博士研究生的培养，标志着我国高层次的公关教育进入一个新的发展阶段。

6. 职业教育与继续教育

1999 年，国家劳动保障部主持制定了公关的职业定义，并将公关职业编入了《中华人民共和国职业分类大典》；2000 年 7 月 1 日，国家劳动和社会保障部开始实施公关从业人员持证上岗的制度，并正式编撰出版了权威性的培训教材——《公关员职业培训和鉴定教材》。在实践的基础上，参照国际职业标准规范，2004 年国家劳动和社会保障部颁发了《公关员国家职业标准》，进一步确立了公关从业人员的岗位资格培训和任职资格认证的国家标准和管理规范。国家职业标准的颁发标志着我国公关职业教育与职业资格认证进入专业化、规范化、法制化发展的新阶段。

（二）我国公关教育发展阶段

经历时间的考验，回顾走过的历程，我国公关教育 30 年的发展就其特点基本可以分为三个阶段，即 1985—1989 年的引入期、1990—1995 年的虚热期和 1996 年到现今的理性发展期。

1. 引入期

从 1985—1989 年，这是我国公关教育从无到有，引入各大高校的初创期。从引进的方式看，我国高校引进公共关系教育基本有两种情况：一是参照国外公关专业的课程设置，直接、独立引进的公关教育。如复旦大学、中山大学、北京国际关系学院、杭州大学、兰州大学等高校设置的本科公共关系课程，深圳大学开设的公共关系大专教育。这一类型公共关系教育学校多、影响大，是当时高校引进公共关系教育的主流。二是由境外、海外学者到高校协助开设、推动的公关教育。如厦门大学，以及后来的一些外国语大学、学院借助外国专家设置的公关课程教育。在整个 20 世纪 80 年代，鉴于当时国内环境和办学条件，采用这种"移植"方法引进的很少，影响十分有限。

20 世纪 80 年代末，根据 1989 年全国首届高校公共关系教学研讨会统计，当时全国至少已有二十多所大学设立了公共关系专业或辅修专业，有三百多所大学开设了公共关系必修课或选修课，高等院校涉足公共关系学科课程教学的教师已有一千余人，我国高等院校的公共关系教育引进已基本形成规模。

2．虚热期

从 20 世纪 80 年代后期到 90 年代前几年，我国公关领域掀起了一股介绍、推广 CI 的热潮（有人简称 CI 热）。CI 热相应地也带来了公关教育的虚热。由于公关专业属于应用型学科，比某些传统的非应用型专业在就业上有较大的优势，更易受到学生的青睐。于是，部分高校的一些不景气的专业纷纷转向办公关专业（或方向）。在这种急功近利的办学思想指导下，有办学条件的上，没有办学条件的也跟着上。一时间，高校的公共关系专业如雨后春笋，不断涌现。

20 世纪 90 年代初期，我国公关教育表面上形势一片大好，实则埋下了公共关系教育的严重隐患。这些大干快上的公共关系专业一旦招进学生，课程设置、师资来源和教材建设等各方面的问题立即显露出来。由于受高校人事制度限制，这些学校普遍采取以人设课，造成公共关系专业课程结构严重不合理；由于公关专业教师缺乏应有的公关实践经验，不少学校几乎开不出像样的实务课程；由于公共关系研究滞后，移植的教材难以适应中国国情；更有甚者，把办公关专业作为创收手段，一届招生成百上千人，盲目追求数量……可想而知，在这种情况下培养出来的公关人才是难以适应社会发展需要的。事实也证明，这个时期培养的公关毕业生数量虽大，但最后多数都没有进入公关行业。而在这一阶段，国内的公关专业之所以出现"挂羊头，卖狗肉"的现象，除了当时社会上普遍存在的急功近利的思想外，与当时我国公关教育显现给社会的浮躁浅薄的专业形象，以及不能向社会输送高专业水准公关人才是有很大关系的。总结这一阶段的经验教训，对我国公关教育的健康发展具有重要的意义。

3．理性发展期

随着 CI 热的降温，粗放的大专公关教育、过度追求规模导致毕业生的就业难、公关教育的深层次问题等逐渐暴露出来，带来的是公关生源骤减，20 世纪 90 年代初期涌现出来的大专层次的公共关系专业，到 90 年代末多数已无疾而终。90 年代中后期，在对公关教育虚热负面影响的反思中，我国公关教育进入相对理性、平稳的发展阶段。特别是进入 2000 年以来，正规本科大学的公关教育则稳步发展，其表现为：本科课程教育不断完善，已被越来越多的学科列入专业教育范畴。在高校的新闻传播、工商管理、行政管理等学科，在公共卫生管理以及旅游、文秘等专业，"公共关系"常被设置为本科专业学位课或专业必修课。不少综合性大学还将"公共关系"设置为全校性文科基础选修课，成为大学生基本素质教育的一门重要课程。

随着本科专业教育稳步发展，研究生的培养也受到重视。中山大学政治与公共事务管理学院经历十几年的实践探索，已为国内公共关系本科教育提供成功的经验。上海东华大学、中国传媒大学、上海师范大学、上海财经大学、上海外国语大学、东北财经大学、宁波大学等公关本科相继设立。据不完全统计，已有二十多所普通高等院校设立本科层次的公共关系专业。

随着公关职业被编入《中华人民共和国职业分类大典》，2000年12月规范化的公关职业资格培训教育启动。6713名公关从业者参加了职业资格考试，有4957名分别获得了初、中、高级职业资格证书，通过率达73.89%。中国有了第一批持有国家劳动与社会保障部颁发的公共关系职业资格证书的公关从业人员。《公关员国家职业标准》的制定使得高层次公关职业教育培训已被提到我国公共关系教育的议事日程上来。

（三）我国公共关系教育的基本格局

经过30年的发展，我国的公共关系教育已经形成了立体多维的、各层次相互衔接、学历和非学历交叉并存的格局；形成了专业公关教育、课程公关教育和职业公关教育三个不同的类别。规范的学历教育与证书教育（公关职业资格认证）是今天公共关系教育的主体，也使得现阶段的公关教育呈现规范化、专业化的特点。

目前我国公共关系学历教育已包含中专、大专（高职）、本科、硕士与博士几个层次，基本建立了较为完善的、相互衔接的学历教育体系。承担学历教育的机构包括：教育部直属重点高校、普通高校、夜大、电大、自考、函大、民办大学等。在学历教育中有公关专业教育和非公关专业教育。公关专业教育有主修的公关专业和辅修的公关专业；在非公关专业的课程教育中，其课程类型包括基础课、专业课和选修课等。

非学历职业教育包括：党校、干校、职教等提供的公关课程教育；高校、协会、企业提供的公关职业资格培训、各级公关师资培训、企业内部的公关培训、各类公关专业技能和专业知识培训，以及各种公关专题讲座等。非学历教育一般采用的是带有普及、强化、提高特点的短期、业余培训形式。职业资格认证培训则有严格的由初级、中级到高级的培训要求和规范。

第三节　公共关系的职能与功能

公共关系是组织在现代市场经济和大众传播事业高度发展条件下重要的组织管理手

段。随着市场经济的不断发展，公共关系的应用领域也不断扩大，从组织管理中的策略组合，到组织发展中重大问题的解决，到危机事件的处理等更为广泛的领域。公共关系的职责和功能主要是解决公共关系在组织营运中是"做什么"和"有什么用"的问题。

一、公共关系的职能

1．搜集信息

公共关系首先要履行搜集信息、监测环境的职责，即作为组织的预警系统，运用各种调查研究分析的方法，搜集信息、监视环境、反馈舆论、预测趋势、评估效果，以帮助组织对复杂、多变的公众环境保持高度的敏感性，维持组织与整个社会环境之间的动态平衡。它要收集的信息包括以下两个方面。

（1）组织形象信息，包括公众对组织的方针政策、管理水平、产品质量、服务质量、人员素质等方面的印象和评价。具体包括：产品和服务形象的信息与组织整体形象的信息。

（2）社会环境信息，包括政府决策信息、法律法令信息、文化科技信息、新闻舆论信息、市场信息、公众需求信息和竞争对手信息。

公共关系信息的搜集主要通过公众和大众传播媒介两大渠道。社会组织的活动离不开各类公众，公众的意见、要求是组织行为的出发点和最终归宿。同时，公关人员应当经常监测新闻，从报纸、杂志、书籍、电视和广播这些大众传播媒介中，筛选有价值的信息，这是一种高效率的信息收集方法，也是公共关系信息收集的主要渠道。

2．辅助决策

公共关系在组织的经营管理决策过程中，要协助决策者考虑复杂的社会因素，平衡复杂的社会关系，从社会公众和整体环境的角度评价决策的社会影响和社会后果，使决策目标能够反映公众的利益，使决策方案具备一定的社会适应力和社会应变力，使决策实施的效果有利于树立组织的良好形象。从这一意义上也可以说，公共关系部门是一个"智囊机构"，它在组织管理中起着"参谋"的作用。

（1）为确立决策目标提供咨询。公共关系部门由于工作需要，广泛接触内外公众，掌握和积累了大量公众信息，对于组织存在的差距和问题比较清楚。因此，也较易站在公众的立场上发现决策问题，为组织确立决策目标提供咨询建议。

（2）为决策提供各种社会信息，为公众提供咨询服务，如内部员工的思想状况、心理状态、工作状态，外部公众的需求意向和态度、新闻媒介对本组织的评价，政府、主管部门对本组织的了解和支持程度等。

（3）运用公共关系手段，协助拟定、选择和实施方案。根据自己掌握的大量信息，制定出各种提交领导层和主管部门选择的方案和建议，并从经济效益和社会效益统一的角度对各种决策方案进行分析、评价，为决策者选择和实施最佳的决策方案。

（4）通过公关渠道观察、评价决策效果。反馈决策实施后公众反响和社会后果，为调整决策或制定新的决策提供依据，促使决策者不断地改善组织形象。

3．传播推广

公共关系在组织经营管理中要履行传播推广的职责，即通过各种传播媒介，将组织的有关信息及时、准确、有效地传播出去，争取公众对组织的了解和理解，提高组织及其产品、人员的知名度和美誉度，为组织创造良好的社会舆论，树立良好的社会形象。

（1）传播内容：① 向公众传播组织政策、解释组织行为、增加组织透明度；② 运用各种传播媒介为组织及其产品推广形象、扩大影响，提高组织的知名度和美誉度；③ 引导公众舆论、控制组织的形象。

（2）传播方式。具有多样性，一般来说，公共关系传播主要采取三种方式：① 借助各种大众传播媒介；② 制作、散发组织的各种资料；③ 举办公共关系专题活动。

4．协调沟通

公共关系是组织与社会环境之间的一种协调沟通机制，即运用各种协调、沟通的手段，为组织疏通渠道、发展关系、广交朋友、减少摩擦、化解敌意、调解冲突，使其成为组织运作的润滑剂、缓冲器，成为组织与各类公众交往的桥梁，为组织的自下而上发展创造"人和"的环境。

（1）组织内部的协调沟通。在社会组织内部，有各种各样的关系，概括起来可分为：管理阶层与全体员工之间的关系；组织内部各个职能部门之间的关系；组织内部员工之间的关系。这三类关系的状态直接关系到组织的生存与发展。

（2）组织与外部的协调沟通。主要包括：顾客关系、社区关系、媒介关系、政府关系与同行关系等。组织与其外部公众的关系如何将直接影响到它的生存和发展。

5．提供服务

公共关系通过为公众提供各种各样的服务，来建立社会组织的良好形象，实现其工作目标。公共关系工作本身就是一种服务工作，它的管理地位和日常业务都具有明显的服务性质。公共关系工作的成效也需要以其服务的质量和水平来衡量。公共关系通过信息性、传播性、协调性、支持性、辅助性的服务使组织内部运转得更加顺畅、协调，使组织外部环境更加和谐、良好。公共关系的服务对象大体上分为两类：组织的内部公众与组织的外部公众。公共关系的服务功能就体现在对内部和外部公众的服务上。

（1）服务于内部公众：为组织决策层和各个职能部门提供服务；为协调组织内部的各种关系服务；为团结员工服务。

（2）对组织外部公众的服务：为公众提供信息服务；为协调组织外部的各种关系服

务；为社会提供各种服务。

二、公共关系的功能

公共关系的功能是指公共关系在组织生存、发展过程中的独特作用与影响，它是一种多侧面、多层次的组织管理活动。每一侧面、每一层次的公共关系活动都有其相对独立的作用，但同时又彼此联系、相互渗透，共同发挥着公共关系的整体性作用，这种整体性作用就是公共关系活动的基本功能。公共关系的功能是多元化、多层次的，可分为直接功能和间接功能。

（一）直接功能

公共关系的直接功能是指其直接对组织生存、发展带来的影响与作用。公共关系对组织的直接功能包括树立组织形象和协调好关系网络，它主要表现在以下几个方面。

1. 导向作用

市场经济要求组织迅速完成转轨变型，公共关系的导向作用能加速这一过程的实现。

（1）组织观念导向。公共关系为组织设计并培养独特的企业精神、组织文化、组织哲学和组织方针，使组织能顺应形势，在竞争中有精神支柱，发挥组织的整体实力和优势。

（2）组织政策导向。公关理论的导入为组织制定管理政策、评价政策以及多种有效措施增添了新鲜内容，使组织更具生命力。如组织重奖有功管理人员和科技人员的政策，就对组织吸引人才产生了巨大的效应，极大地增强了组织的优势和竞争能力。

（3）组织行为导向。公共关系对组织的员工素质提出了新的要求，对组织自身整体行为也提出了新的要求，这对于改善组织的管理作风、工作效率，提高组织的工作质量与服务质量都很有意义，有利于为组织赢得良好的信誉。

（4）组织形象导向。公共关系的主要任务是为组织塑造形象。公共关系将争取公众的活动变成一项自觉、科学的系统工程。如运用公关技巧提高组织的知名度和美誉度，科学地进行组织形象设计、定位和确立，为组织创造巨大的无形资产。

（5）组织舆论导向。公共关系将组织放在信息社会之中去考察它的生存与发展，利用各种传播媒介与手段来传播组织形象，传播组织的观念与政策，赢得公众的理解与支持。在现代信息产业迅速发展的社会中，社会舆论正在发挥越来越大的作用。

当前，在科学发展观这一治国理政战略思想指导下，公共关系的五种导向作用相辅相成，构成了一个完整的导向系统。它对组织在发展中创造良好环境、减少前进阻力、适应社会环境有着不可估量的作用。可以说，在竞争中通过导向作用去最大限度地争取社会公众的这种公关功能，是其他管理手段所无法比拟的。

2．实力作用

强大的实力是组织在竞争中立于不败之地的基础，公共关系作为组织竞争中的一大资源，若能合理开发利用，可以产生巨大的能量，有效地增强组织实力，创造无形资产，促进有形资产积累。

公关使社会感受到各组织在社会中的愿望和利益，有助于组织和群体进行相互调整，并建立有利于公众的更平稳的关系。公关可以是自由的安全阀门，提供相互接纳的手段，使武断或者强制行动变得不太可能。公关还是信息传播系统的重要环节，这一系统保证个人有权力知道与他们生活有关的事情。总的来说，公关的实力作用可总结为：公关帮助启动组织的社会道德感。

（1）在企业中。公关活动的意义主要表现在：平时潜移默化中的塑形传播和危机时所进行的危机传播，其核心内容当属塑造组织形象。塑形传播的主要任务有：① 展示实力、赢得信赖；② 塑造形象、博取好感；③ 歌颂进步、激发需求；④ 提高信誉、广播诚意；⑤ 弘扬传统、达成共识；⑥ 倡导新风、促进交流；⑦ 热心公益、唤起共鸣；⑧ 指导生活、实现沟通。

（2）在政府中。政府公关活动的主要目的是保证受众的知情权。政府公关活动的目标：① 维护勤政为民形象，保证国家凝聚力；② 塑造城市形象；③ 促进公众支持政策，提高他们的参与积极性；④ 当危机事件发生时，维护公众对政府的信任感。

（二）间接功能

通过对十七大报告解读可以发现：科学发展观的核心是以人为本。公共关系的间接功能是指公共关系对其功能对象（社会、组织和个人）所发挥的一种间接作用。公共关系对于个人和社会的间接功能包括提高个人素质和优化社会环境，它主要表现在以下几个方面。

1．对个人的作用

公共关系以树立和维护良好的组织形象为目的，围绕这一目的，它在现代组织管理的各个环节上都发挥着独特的功能。公共关系对个人的作用主要表现在以下几个方面。

（1）促进个人观念的更新。"尊重"是公共关系的基本概念；互惠的权利与责任，是现代社会中每个人所应谨守的契约。因此，公共关系教育即是尊重、合作、公正和正义等观念的教导，进而促进个人权利与责任、社会责任、全球责任的理解与实践。

（2）促进个人知识的更新。在知识经济时代，占主导地位的资源和生产要素不再是一般劳动力，也不是资本，而是知识，拥有和运用知识成为这个时代的真正动力。我们应该时时更新自己的思想观念，更新自己的知识，运用并管理知识；在一种知识分享文化氛围下，把个人知识转化为组织知识，同时也迅速地把组织知识融入到个人的工作中去，在提高组织工作效率的同时，也促进个人的成长和学习，不断开拓创新，努力实现更高的自我价值。

（3）促进个人能力的提高。公共关系实务把组织特殊的资源指向了组织的知识和能力，而获取知识和能力的基本途径是双向传播沟通。组织的知识和能力不是每一个员工知识和能力的简单加总，而是员工知识和能力的有机结合，通过有组织的双向传播沟通，不仅可以提高个人的知识和能力，而且可以促进个人知识和能力向组织的知识和能力转化，使知识和能力聚焦，产生更大的合力。

2．对社会的作用

公共关系主要用于对组织内外环境的监测与调试，在这一过程中，组织的主观能动性必然会对社会环境产生影响，主要表现在以下几个方面。

（1）优化社会经济环境。公共关系能够帮助组织争取最好的社会效益和经济效益，引进大量先进管理科学技术，提高组织的整体素质。同时，促进组织管理的横向联合、协调发展，促进整个社会政治、经济和生活的繁荣。

（2）优化社会互动环境，净化社会风气。社会互动是指社会横向关系，人与人、群体与群体之间的交往和相互作用。公共关系引导社会树立新观念，提倡双赢，并首先从我做起，引起社会互动，为净化社会风气发挥着日益重要的作用。

（3）优化社会心理环境。公共关系可以通过创造良好的环境与氛围，培育健全的社会心理，通过利益调整与心灵沟通，达到和谐发展，从而使社会环境得到优化。

三、公共关系的构建

（一）以组织文化为核心，树立公关全球化思维

1．特色形象意识

要形成特色形象，组织就要发展比较优势。目前，我国仍属发展中国家，产品还多为劳动密集型的初级产品和低附加值产品。世界贸易的一个基本趋势是初级产品和低附加值制成品价格疲软甚至下跌，高附加值产品和成套设备价格攀升。这意味着我国多数企业组织在产品特色形象上不具优势。世界贸易的另一个趋势是：服务贸易和技术贸易的增长率大大高于一般商品贸易的增长率。我国的企业要适应世界贸易的这种变化趋势，扬长避短，发展比较优势，就要在吸取发达国家发展经验、尽快调整产品结构、提高国际竞争力的同时，在服务形象和技术形象的塑造上下工夫。组织形象的树立归根到底来自于组织的实力和特色。

2．文化融合意识

文化是制约组织与全球公众沟通的因素之一，随着经济全球化的发展，文化对组织公共关系的影响将是极其深刻的。组织在与不同国家、民族的相关公众进行社会、经济和生活交往时，文化差异会成为双方沟通与理解的障碍，导致矛盾和冲突产生。因此，我国公共关系要在全球范围求得发展，就要融合不同文化，以利于与全球公众的沟通和协调。要树立公共关系全球化观念，还要有公关全球化的全员认同意识。组织的管理者与员工是组织赖以存在的细胞，他们既是组织内部公关工作的对象，又是组织外部公关工作的主体，组织全球化公共关系工作的开展，有赖于每一位成员的支持和参与。因此，组织公共关系全球化首先要得到全员认同，这是其成功的关键因素。

（二）推行品牌管理战略，赋予公关实务新载体

1．树立良好的组织形象

品牌形象是组织形象的重要组成部分，成功的品牌有利于良好组织形象的树立和组织管理的成功。纵观世界成功的企业组织，如可口可乐、万宝路、柯达、耐克、富士、松下等，他们的品牌成功均与品牌的战略化发展密切相关。而品牌战略正是组织公共关系实务的载体，没有这样的战略目标，组织的公关活动只能是浅层的、临时性的。

我国已开始步入品牌时代，随着市场竞争的日趋激烈和人们物质、文化生活水平的不断提高，人们将更多地倾向于购买品牌商品，市场竞争的最终局面必将是由品牌瓜分天下。因此，创品牌、树品牌、巩固品牌已成为我国企业组织树立良好形象和管理成功的必然选择。然而，我国目前众多企业组织只将品牌经营作策略化处理，陷入靠密集式、轰炸式、名人式的广告宣传，忽视产品、服务质量的提高；注意外在形象，忽视内在素质提高；重视价格竞争，忽视非价格竞争；停留于原状，忽视调整、开发、创新；注重自身利益，忽视公众利益等品牌经营误区中，造成品牌的存续期极短，如一些新兴企业秦池、爱多、飞龙、三株、太阳神、亚细亚、巨人等在市场竞争中纷纷"触礁"便是例证。

2．品牌战略化

（1）建立品牌战略思维，通过品牌创造长期化的竞争优势以实现持续发展。（2）通过市场细分，确定品牌定位和品牌的核心价值，保证品牌的市场承受力和发掘品牌独特优势。（3）塑造品牌的个性。在产品的设计上、包装上、商标的酝酿上应赋予产品丰富的文化内涵，增加产品的附加值；在产品的生产上要精益求精；在产品的服务上要通过高超的服务艺术和质量创造产品对消费者的亲和力。（4）通过广告、新闻策划、销售推广、主题公关活动、组织形象识别系统等一体化的市场传播整合，进行以双向交流为基础的品牌传播、扩大影响，提高知名度、美誉度。（5）发展高关联度的相关产品，给品

牌不断注入新鲜感和兴奋点，以使品牌形象不断延伸，品牌价值不断增加。组织公共关系活动正是在战略步骤中展开。

（三）运用网络传播，发展新的公关媒介

当今信息技术和国际互联网的发展对经济全球化起到了根本性的推动作用。公共关系作为组织现代经营管理的战略之一，首要职能是促进组织与内外公众之间的双向沟通。互联网的全球化发展使传统的传播媒介，如报纸、杂志、广播、电视等在传播速度、传播范围、传输成本、实时互动、即时反馈等方面均无法与之比拟。而电子网络传播的发展可使组织借助网络将内部信息在瞬时之间公之于天下，公众也可以通过网络随时随地获得与之利益相关的企业信息，并及时进行反馈甚至直接对话。

在公共关系理论研究方面要适应电子商务发展的要求，以"外向型"作为理论研究的重点，探讨新型的公共关系模式，将新型的公关模式与电子商务下的 ERP、CRM 相互整合，重新界定其他外部公众的价值，如金融机构、政府、供应商、社区公众和企业内部公众价值等。

在公共关系的实务操作上要充分利用互联网等新的通信和传播手段。例如，如何在网上开展新闻发布、网上展览等。

（四）转变竞争方式，建立"和"的公关理念

竞争是市场经济下的必然产物，它可以促使组织快速地发展。但目前国内较多的组织仍习惯于传统的竞争方式——以价格战为主要手段，以牺牲利润为代价占领市场，是一种典型的负和博弈，其结果必然是两败俱伤。成功始于合作，随着组织之间、组织与顾客、组织与供销商、组织与经销商，以及组织与其他相关群体间的相互作用、相互影响的日益加深，适应经济全球化的发展要求，组织应从孤立生产、产品型、独立发展向协作经营、关系型、互联合作转变，走入互惠互利、求得双赢的竞争与合作并存的"竞合"关系行列。公共关系的沟通协调原则也强调以"和"为贵，即在外部关系处理上强调组织与同行竞争者、客户、上下游企业、相关行业、相关部门的协调和合作，正好与当代组织"竞合"关系的要求和特征吻合。因此，组织在处理对外公共关系时，应学会化敌为友，善待竞争对手：一要知己知彼，寻找与竞争者优势互补的合作领域，共同做大做强，提高市场竞争力；二要注意与相关组织、公众保持经常性的交往和沟通，增进理解，建立融洽感情，营造和谐气氛，提高组织的对外吸引力。

（五）建立危机预警机制，提高危机公关能力

由于组织的管理不善、同行竞争甚至遭遇恶意破坏或者是外界特殊事件的影响，而

给组织带来危机，组织针对危机所采取的一系列自救行动，包括消除影响、恢复形象，就是危机公关。危机公关属于危机管理系统的危机处理部分。

1．建立预警机制

科学面对危机的心态是：危机就如同"纳税和死亡一样不可逃避"。组织应该以积极、健康、科学的心态去面对危机；只有认识到危机管理的常态性，才能做到非常状态下科学有效的危机管理。

要避免危机的发生，组织除了要具有较强的防止公共关系纠纷的意识，如自律意识、尊重公众舆论意识等，最根本的是要建立"预警"机制，尽可能将纠纷化解在萌芽状态。我国应急管理工作应纳入经常化、制度化、法制化的轨道。

2．制定危机处理预案

当危机发生时，组织如能临危不惧、处理得当，便可化险为夷，并可使危机转为契机，让组织借此得到公众更多的关注和了解。因此，建立危机处理预案十分重要。

3．采取主动的危机应对策略

要想将危机的影响降到最低，组织应采取积极主动的应对策略，以正确的措施去赢得公众，创造妥善处理危机的良好氛围；以公众利益代言人的身份出现，主动弥补公众的实际利益和心理利益；坚持勇于承担责任，如实宣传沟通，通过有意识地施加情感影响，树立组织值得信赖的良好形象。

四、公共关系的终极价值

党的十七大，奠定了民主政治的坚强基石，强调科学的发展观与和谐社会，突出分析了改革需要从经济领域推向政治领域，政治文明的发展决定改革走向。所以，在和谐社会中，什么是公共关系的终极价值？笔者认为，公共关系的终极价值是"和谐的人文精神"，其深刻价值在于它特有的协调主客体之间关系的基本功能，以和谐的人文精神来营造社会和组织的生态环境，可以说，公共关系是21世纪的一种柔性凝聚力和生产力，主要体现在以下几个方面。

1．宽容

宽容就是努力找到双方利益的结合点；能恪守"己欲立而立人，己欲达而达人，己所不欲，勿施于人"的原则。人非圣贤，孰能无过，只有宽容待人，社会才能和谐。我们彼此都有不同的长处或缺点，如果我们不互相排斥和责难，而是相互理解和学习，取长补短；对于各自的缺点，有则改之，无则加勉；对待他人，要学会宽容，学会接纳，学会和睦共处；找到双方利益的结合点，使各自要求具有回旋的余地，使处理危机及时多样。

当今社会发展已进入全球化时代，国际间的合作正在不断地加强，一个强调民主与民生的社会，必是宽容的，它为每一个人的自由发展和创造提供条件；人与人之间的相互合作也显得愈来愈重要。要建设一个现代的民主社会，就必须有一个宽容的社会环境；一个宽容的社会环境的形成，也必有待于现代的民主社会的建立。学会与各种不同的人和睦共事，以宽容的心态对待他人。只有这样做，我们的事业才能不断地取得成功，我们的社会才会更加和谐温馨。

2．传播

公共关系的传播强调的是真实性和真诚的合作精神，而不是虚假的传播。传播构成了公共关系的中介，公共关系的过程就是信息传播、交流和沟通的过程。当前，工具理性的力量正笼罩在整个社会日常的传播过程上，造成不成熟的传播环境，妨碍了人与环境的真实关系。要寻求人文精神与技术的契合点，取决于真实性和真诚合作的精神，因为真实性和真诚合作精神是现代人素质的重要组成部分。公共关系传播的层次是：只有了解才能理解，只有理解才能谅解，只有谅解才能信任，只有信任才能支持，只有支持才能和谐，只有和谐才能拓展，只有拓展才能树立良好的组织形象。

3．竞争

在飞速发展的现代社会，竞争已成为生活的主旋律。目前，整个世界都存在着竞争，人类社会，包括大自然都是优胜劣汰。竞争正不断渗入到社会的各个领域，商界竞争的激烈程度更不言而喻。

恩格斯指出："竞争是经济学家的主要范畴，是他最宠爱的女儿，他始终安抚着她。"[①]市场经济就是竞争经济，竞争是市场经济发展的推动力。竞争不同于竞赛之处在于，竞争往往是通过削弱他人而非提高自己来取得优势。这就是恶性竞争的实质体现。中国传统文化里一直强调："枪打出头鸟""人怕出名猪怕壮"，一个组织里，大家的发展都希望保持"平衡"，如果谁超过了大家，他就变成了众矢之的，这样的竞争我们认为是恶性竞争。

公共关系层次上的竞争不是恶性竞争，而是良性竞争，其具有更高的层次，它的根基是更为坚实的"和谐"。良性竞争的原则是：你好，我比你更好，那么，我就要虚心向你学习，学习你的长处，然后超过你，比你更好！

目前我们学习的新要求：追兵就是标兵，对手就是老师。我们要有三个关于"改变"的观念：改变不了环境，就改变自己；改变不了事实，就改变态度；改变不了过去，就改变现在。公共关系的最高目标就是：通过组织与社会的协调发展，促进组织的成长、社会的和谐、人类的进步。

---

① 恩格斯．政治经济学批判大纲．见：马克思恩格斯全集（第 1 卷）．北京：人民出版社，1956：152

案例 1-1

耐克的标志形象

在一个形象代表一切的世界里，耐克的标志是全世界最多人认得的标志之一。要了解耐克的成功与企业文化，对于其标志的了解是不可或缺的，因为它是让耐克品牌变得无所不在的一个商业标志。由于它实在是深入人心，以至于在耐克的广告中通常只出现耐克的标志，而很少出现公司的名称，这是因为他们有充分的把握，人们看到这个符号即知道这是耐克，其他什么都不需要。

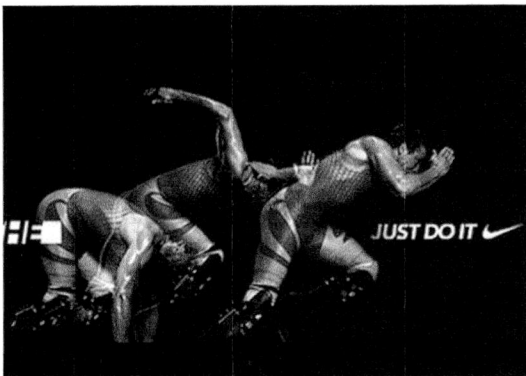

耐克标志成为了一个文化的圣像，一个耐克公司用来提高品牌价值、知名度以及地位的圣像。没有一家体育用品公司的品牌像它那么为人所熟知。耐克与广告商 Wicden & Kemledy 合作的主要内容就是这个"勾勾标志"能在所有广告中清楚地被看见。耐克公司的广告与营销预算，约高达该公司年度点收入的 10%，这么高的投入就是为了将它的符号深深烙刻在消费者的脑海中。

为什么这个标志对于耐克的企业文化这么重要？原因是，它与美国的古老智慧"只管去做"（Just Do It）密不可分。耐克不只卖运动鞋，它所出售的是一种生活方式，这是它成功的关键。这个标志对于人心的激励，以及这一哲学背后的干劲与决心，是与每个人都相关的，而不管你是不是运动员。耐克运用一种励志式的语言来激励消费者。不管你是谁，你的头发或皮肤的颜色是什么，你遭遇了身体上或社会生活中的什么困难，耐克说服消费者，你一定可以办到。它告诉人们要振作起来，抓紧人生的方向盘并且采取行动。

在"只管去做"的广告词背后，是一个非常美国式的意识形态；然而，随着全球化的进展，原来是美国意识形态的东西，变成了一种全世界共同的渴望，每个人都渴望有一个公平的竞技场，可以让人们不只在运动方面，而是在人生的每一层面都一争短长。这可以追溯到美国早期的拓荒者精神和他们对成功的渴求。耐克无疑是将伟大的美国梦推广到全世界，耐克告诉它的消费者，如果你下定决心，奋斗不懈，你就会超越他人，征服一切。借由这样的方法，即利用人们对于成功的热切渴望，耐克也创造出了它自己的一种人格与态度。通过巧妙地运用一句非常简单的广告妙句，耐克成功地将一种生活态度融入其所出售的商品中。

试从公共关系学原理角度分析耐克的标志形象。

剖析：耐克的标志形象从公共关系学原理角度来分析是运用了公共关系传播的方式。公共关系传播是信息交流的过程，也是社会组织开展公共关系工作的重要手段。离开了传播，公众无从了解组织，组织也无从了解公众。NIKE 多年来通过公关宣传使得自己在世界上打响了品牌，而 NIKE 的宣传也体现了公关传播的层次：首先是"让别人说自己好"：雇用大量明星为品牌宣传；其次是"声东击西"：通过各种方式宣传运动的重要性，无形中宣传产品；最后是说行业，说责任，不说自己：把宣传篮球、足球运动等作为宣传产品的载体，正是"运动不熄尽在 NIKE"。

案例 1-2

《舌尖上的中国》带动经济收益

中央电视台的大型纪录片《舌尖上的中国》(A Bite of China)开播以来，带火了节目中很多当地的美食，很多食材也由于被《舌尖上的中国》关注，而在淘宝上大卖。对于这样一部火爆的节目，绝对是餐饮企业进行借势营销的绝好机会，然而，餐饮企业却在营销上集体失语，凭借该节目获得最大利益的却是淘宝网。

《舌尖上的中国》刚开播一周，淘宝网上就设置了"舌尖美食"频道，一周的搜索量高达 2000 万人次，成交量达 700 万件。在淘宝上可以找到 300 多种舌尖美食，当时毛豆腐的搜索量比节目播出前增长了 50 倍，诺邓火腿的成交量增长了 17 倍，五芳斋粽子的销量也成倍增长。以下具体分析各商家如何利用节目效应为自己带来丰厚的经济利益。

首先，要能够迅速找到节目中热播内容与自己品牌契合的东西，做到快速反应，快速执行。毕竟一部纪录片的播出时间也只有两周左右，被公众关注的时间也只有最多一两个月，在这么短时间内要想获得收益，就必须快速反应和快速执行，借着势头迅速上位。

其次，要能够找到自身品牌与美食节目中的人物和美食之间的一个内在关联，学会借力。例如，西贝莜面村主打的是西北美食，而黄馍馍则正是来自西北的面食，二者是可以产生关联的。

再次，就是要制造出精彩的故事和戏剧冲突。任何一个品牌要想在短时间内受到更多的人关注，没有精彩的故事、争议和冲突，是很难实现的。

最后一个环节就是要动用各种资源去推广和传播。当一切内容都设计好，如果没有营销上的投入，没有广告推广和公关传播，那么，再好的创意和点子也很难引起注意。这个时候往往要集中资源和火力，去推动这个事件产生化学效应，最终引爆眼球。

试从公共关系学原理角度分析为什么纪录片《舌尖上的中国》能产生巨大的经济收益。

剖析：从公共关系学原理角度分析，该案例应用了公共关系的传播媒介：广播、电视与网络，它们同属于电子媒介。电子媒介是指运用电子技术、电子技术设备及其产品进行信息传播的媒介，其中包括广播、电视、电影、录音、录像、光碟（CD、LD、VCD、DVD）等。

电子媒介在信息传播中具有以下特征：时效性、远播性、生动性和技术性。特别是电视和网络，其优势是视听结合传达效果好；纪实性强、有现场感；传播迅速、影响面大；具有多种功能、娱乐性强。

《舌尖上的中国》是一部将美食、乡情、生活相结合的大型纪录片，自播放至今，获好评无数，不仅带动了电子商务，如淘宝"舌尖美食"频道中商品成交量的增长，还带动了纪录片中取景地的旅游人数的增长。该片成功的背后得益于公关传播，当一切准备就绪，就是这东风——电子媒介将《舌尖上的中国》推出去面向大众。再好的创意和点子没有传播媒介的推广，就像是没有翅膀的蝴蝶，不能自由自在地去翱翔。

中央电视台的大型纪录片《舌尖上的中国》通过电子媒介的传播，不仅增强了国人的爱国之情，获得了经济效益，更走向了世界，让其他国家从另一个角度看中国，塑造了中国是美食之国的形象。

案例 1-3

腾讯与 360 之争

腾讯 QQ 和奇虎 360 是国内最大的两个客户端软件。腾讯以 QQ 为基础，向各个方面发展，以其强大的市场占有率，强大的客户群体，不断发展吞噬着互联网各个领域。奇虎360是以安全闻名的企业，其360安全卫士永久免费的策略，让该公司在很短的时间内占有了绝大多数安全市场份额，也使自己成为了继腾讯QQ之后第二大客户端软件。从2010—2013年间，两家公司为了各自的利益上演了一系列互联网之战。

2010年9月22日，网上陆续有网友反映，自己的桌面上突然多出了"QQ电脑管家"的图标，而且会在开机时自动启动，QQ从服务业务扩展到电脑安全上来，侵犯了360地盘，超越了360的底线。

2010年9月27日，360为保卫自己的领土，推出360隐私保护器（扣扣保镖），专门搜集QQ软件是否侵犯用户隐私。

2010年10月27日，腾讯刊登了《反对360不正当竞争及加强行业自律的联合声明》，声明由腾讯、金山、百度、傲游、可牛等公司联合发布，要求主管机构对360不正当的商业竞争行为进行坚决制止，对360恶意对用户进行恫吓、欺骗的行为进行彻底调查。

2010年11月3日，事态达到高潮，腾讯先发制人发出致广大QQ用户的一封信，称其做出了一个非常艰难的决定，将在装有360软件的电脑上停止运行QQ软件，以此要挟用户删除360软件。

但360 CEO周鸿祎，在腾讯宣布不兼容360后很快宣布，推出Web QQ客户端，保证用户能同时使用QQ和360。腾讯随即封掉Web QQ端口，彻底切断了360的技术通道，而且还宣布用360浏览器无法访问QQ空间。最后，360进行了部分"妥协"，关闭了此前推出的扣扣保镖软件下载页面。2010年11月4日，工信部等相关部门介入腾讯与360之间的纷争，双方达成初步共识。

试从公共关系学原理角度分析腾讯与360之争。

分析：从公共关系学原理角度分析，该案例属于网络公共关系的范畴。广义上讲，网络公关是指网络化组织以电信网络、有线电视网络以及计算机网络为传播媒介，来实现营造和维护组织形象等公关目标的行为。狭义上讲，网络公关是指组织以计算机网络，即互联网为传播媒介，来实现公关目标的行为。我们主要使用的是狭义上的网络公关概念。

现代公共关系提供了新的思维方式、策划思路和传播媒体，而网络公共关系思维是一种现代化经营管理和危机公关管理的思想、观念和原则，是一种开明的经营和管理观念，是一种全新的思维方式和交往方式。网络公共关系思维有四个要素：信任感、吸引力、依赖感、服务性。

在腾讯和 360 PK 的问题上，从腾讯方面来思考，在自身的利益受到伤害的时候就宣布在装有 360 软件的电脑上立即停止运行 QQ 软件，这样的做法很不明智，此举引起了网友的强烈反应，这是在逼迫用户进行二选一，腾讯公关部门所做出的声明也不是那么得当。腾讯这一做法损人却不利己，凭借自己强大的实力，强迫 QQ 用户卸载 360，反而在用户心中留下不好的印象，损坏公司的形象，让更多的网友站在了 360 一方。

从 360 方面来思考，它在公关工作上做得比腾讯要好些，考虑到了广大网民的利益，也懂得抓住腾讯的薄弱点进行攻击，拉拢用户，与用户进行情感交流，博取同情，让用户们对腾讯产生不满，无论是媒体还是公众，绝大部分人将矛头指向腾讯的霸道和自大，腾讯遭遇到前所未有的舆论攻击。

网络媒体在公共关系传播中的影响力不断增强，如何有效地利用网络媒体的传播力，塑造组织尤其是企业良好的形象，促进企业产品、服务的销售，以及有效预防网络公关危机，成为组织必须面对的一个重要话题。

第二章

公关调查与策划

公关调查与策划应该是一项设计艺术，通过本章的学习，理解公关调查的原则、调查的基本程序，掌握各种调查方法，撰写调查报告；掌握组织自我形象分析、实际形象分析和组织形象差距分析；理解公关策划的含义，掌握公关策划的内容；了解公关策划内涵、公式、原则与方法；理解公关实施的项目与活动；掌握公关评估的意义、目的和程序。

【导入案例】请先搞清这些问题

某啤酒厂制定的目标是成为全省啤酒第一品牌，并为此成立了公共关系部，购置了设备，装修了办公室，选派了大学生，但是公关部成立后发现无事可做，于是他们请教了一位公关专家，问该怎么办，专家问他们，"本地大约有多少家啤酒厂？有多少人喝啤酒？公众是否爱喝你们厂的啤酒？为什么？你们厂是否搞过公共关系活动？广告费是多少？效果如何？你们凭什么成为全省第一呢？"对这些问题公关部负责人却答不出来。于是专家说："请先搞清这些问题，然后再开展公关工作。"这就是公共关系调查，它是公关策划的基础。

案例思考：

（1）请问这位公关专家为什么要公关部负责人先搞清这些问题，其意义和作用是什么？

（2）专家所提出的问题是要该组织在调查中应当结合自身性质调研哪些内容？

第一节 公 关 调 查

公共关系调查是社会调查的一种表现形式，是指社会组织通过运用科学方法、搜集公众对组织主体的评价资料，进而对主体公共关系状态进行客观分析的一种公共关系实务。

一、公共关系调查与方案设计

公共关系调查强调的是"运用定量分析与定性分析相结合的方法，科学、准确地调查研究公共关系现状和历史，预测发展、检查活动效果的活动。"[①]

（一）公共关系调查的概念

1. 公共关系调查的定义

公共关系调查是运用科学的方法，有计划地收集资料，综合分析相关因素，了解客观真相的自觉的认识活动，是公共关系工作程序的第一步。

"导入案例"问的第一个问题——公关专家要公关部负责人先搞清这些问题，其意义和作用是：（1）企业要成为当地第一品牌就要进行公关调查；（2）公关调查是公关五步工作法的第一步，是公关策划的前提，不调查就无法策划成功；（3）通过调研可以了解公众对组织的观念、态度，掌握组织的实际形象，发现存在的问题，以便及时对问题进行全面深入的了解。

第二个问题——专家提出的问题体现了公关调研的内容是：组织的竞争环境、公众的基本情况、公众的态度、公众的动机、公关活动的效果、广告宣传的力度与效果、组织的基本情况。

2. 公共关系调查的基本程序

公关调研的基本步骤是：制定调研方案、设计调研方法、收集调研资料、处理调研结果。

（二）调研整体方案设计

1. 总体方案设计

（1）确定调查的目的：调研所要解决的问题。

（2）确定调查对象和调查单位。

（3）确定调查项目。

（4）制定调查提纲和调查表。

（5）确定调查时间和地点。

（6）确定调查方式和方法。

（7）确定研究分析方法。

[①] 袁世金. 公共关系辞典. 上海：汉语大词典出版社，2006：6

（8）确定提交研究报告的方式。

（9）制订调查组织计划。

（10）制定调查预算。

2．调研日程

在设计市场调查方案的过程中，需要制定整个调研工作完成的期限，通常一项较具规模的调研活动，仅从问卷的印制到整个活动的完成，通常需要 45～60 个工作日，一些大规模的调研甚至会持续半年到 1 年的时间。不过，对于有时间性的调研，如收视率调查或规模小的调查等，所需时间可以作弹性浓缩。

二、公共关系调查方法的类型

公共关系调查研究是公共关系活动过程的第一阶段或第一步骤，是公共关系工作的必要基础。它的目的在于了解社会公众对组织的意见和态度，分析组织所处的环境，从中发现问题，为公共关系活动提供依据。[①] 因此，公共关系的调查方法有以下几种类型。

（一）实地观察调查法

实地观察调查法是指调查者进入调查现场，用自己的感官及辅助工具，观察和记录调查对象表现，从而获得第一手资料的调查方法。与其他调查方法相比较，观察法收集到的资料更直接、更真实、更生动具体，所以它是公关调查中常用的一种方法。

1．观察法的定义

（1）观察法是指在调查目的和假设的指导下进行的有目的的认识活动，需制订周密的计划，对观察的内容、手段、步骤、范围作出具体的规定，还要对观察员进行培训。

（2）观察工具。观察法需要利用一定的观察工具。

2．观察法的分类

按照观察者是否参与被观察者的活动，可以分为参与观察与非参与观察两种。

3．观察法的优缺点

观察法是科学认识的起点，是最古老、最常用的社会调查法。

（1）观察法的优点。直观性、可靠性、抗干扰性和简便灵活性。

（2）观察法的缺点。观察法的最大缺点是表面性和偶然性。受时空等条件的限制，观察的对象和范围有很大局限性，而且有许多社会现象不能够或不宜进行实地观察。受主观性干扰，实地观察需要花费较多的人力和时间。

---

① 袁世金. 公共关系辞典. 上海：汉语大词典出版社，2006：249

（二）访谈法

1．访谈法的含义

访谈法是指调查者依据调查提纲与调查对象直接交谈，收集语言资料的方法，是一种口头交流式的调查方法。

2．访谈法的分类

（1）个别访谈法。因访谈内容的不同，可分为标准化访谈法和非标准化访谈法。

（2）集体访谈法。即开调查会，就是调查者邀请若干被调查者，通过集体座谈的方式了解社会情况或研究社会问题的调查方法。

（3）深度访谈法。深度访谈法是一种无结构的、直接的、个人的访谈法。采用该方法的调查者应掌握追问的技巧。

3．访谈提纲设计

访谈提纲一般包括：确定访谈调查目的——为什么谈；确定访谈员——谁去谈；确定访谈对象——与谁谈；确定访谈时间——何时谈；确定访谈地点——何地谈；确定访谈种类——怎么谈；确定访谈记录方式——怎么记；确定访谈报告方式——怎么写。如果是标准化访谈，必须用组织统一设计的访谈问卷；如果是非标准化访谈，提纲则无须有严格的分类和固定的回答方式，但要求必须把与调查主题相关的主要项目和问题列出，问题要简练、明确。

（三）文献与问卷调查法

1．文献调查法

文献调查法是指调查人员是通过查阅各种文献，对媒介所传播的有关组织形象或组织发展信息进行调查统计分析的一种间接的调查方法。

（1）文献资料分类。按学科分类体系来检索文献；这一途径是以知识体系为中心分类排检的，比较能体现学科系统性，反映学科与事物的隶属、派生与平行的关系，便于我们从学科所属范围来查找文献资料，并且可以起到"触类旁通"的作用。

（2）文献调查提纲设计。调查对象、调查时间、调查内容、调查结论和体会。

（3）文献调查法步骤。建立索引、查阅和记录文献资料，对文献的核实及分类登录。

（4）文献调查法的优缺点。调查人员只需花费较少的费用和时间就可获得有用的信息资料；资料都是书面形式的，不受主观因素的干扰，反映的信息内容真实、客观。但文献资料大都是历史的记载，随着时间的推移，数据资料难免会过时。

2．问卷调查法

问卷调查法是调查者运用统一设计的问卷，利用书面回答的方式，向被调查者了解情况并收集信息的方法。

（1）问卷调查法分类。问卷通常分为自填问卷和访问问卷。

（2）问卷调查设计。明确目的，建立前提假设和理论框架。问卷设计一般包括前言、主体和结语三个部分。

（3）问卷试调查。试调查是一个不可忽略的环节，是指运用问卷在几十人的小范围内作试调查。它有两大好处：其一，可以找出问卷中存在的问题；其二，可以测试问卷的信度与效度。

【思维拓展 2-1】　调查问卷设计要则

不论设计哪类问卷，提问时都应做到"十六要，十六不要"。

1. 问题要具体

不要笼统、抽象。如："您觉得我们的改革怎么样？""您觉得杉杉西服怎么样？"这样的提问太宽泛。要问："你对这次调工资满意吗？"

2. 问题要单一

不要复合杂糅。如："你父母是否喜欢我厂的老年人用品？"事实上可能只有一个人喜欢，另一位不喜欢。

3. 用词要通俗易懂

不要用公众感到陌生的或专业术语。如："您家的消费结构怎样？"显得过于专业化。

4. 用词要简洁

尽量不要用形容词、副词修饰。如："您是否特别爱化妆？"很多人"爱"，但不"特别爱"，选择答案时心里就拿不准了。

5. 语义应清晰准确

尽可能用量词，少用副词。如："您是'经常'还是'偶尔'喝我厂的饮料？""经常"、"偶尔"，每个人对这类副词的理解并不一样。

6. 要客观中立

不要掺入影响其回答的观点。如："您愿意为利国利民的希望工程捐款吗？"

7. 保护答题者的自尊与自我个性

不要提侵略性的问题。对敏感性问题应选用释疑法、假定法或转移法，减少答题者的内心压力。

（1）释疑法：即在问题前面写一些消除疑虑的功能性文字，如："《宪法》规定'中华人民共和国公民对于任何国家机关和国家工作人员，有提出批评和建议的权利'，您对您所在的地方机关主要负责人有何评价和看法？

（2）假定法：即用一个假言判断作为问题的前提，然后再询问被调查者的看法。例如："假如允许专业人员自由流动的话，您是否还愿意留在原单位工作？"

（3）转移法：即将对问题的直接回答转移到别人身上，然后再请被调查者对他人的回答作出评价。例如："对于实行股份制的改革，一些人认为利大于弊，另一些人认为弊大于利，您认为哪种意见更符合实际？"

8. 选择题所列项目要互斥

不要出现包容。如：您认为这种款式最适合谁？A. 男士；B. 女士；C. 教师；D. 军人……现实生活中，军人有男也有女，还有军事院校教师，他们选择答案时都会遇到困难。如果随便做答，结果一定不准。

9. 问数字要准确

不要交叉。例如问年龄，应指明是周岁。并列出："A. 20 以下；B. 21～30；C. 31～40；……"不应交叉，如："A. 20 以下；B. 20～30；C. 30～40；……"结果 B 和 C 项就出现了交叉。

10. 选择题所列项目要穷尽各种情况

选项不能穷尽所有可能性的要加一项"其他"，以免有人找不到自己应填的位置。如文化程度，除小学、中学、大学外，还应有中专、中技、大学以上等。

11. 要有时间观念

要问近期之事，不要问难以回忆的事，可问"您本月买衣服花了多少钱？"或问"最近一次买衣服花了多少钱？"不要问"您去年买衣服花了多少钱？"

12. 将容易的问题放在前面

不要将涉及个人的、比较难答的问题放在前面，尤其是涉及收入问题时一定要慎重。即使是自变量内容放在前面，也可将收入问题放在后面。

13. 设计完问卷要先进行试调查

试调查的范围可大可小，不要贸然发出去，否则一旦出了问题悔之晚矣。

14. 要有防伪检测装置

应能对所回收问卷去伪存真，排除无效问卷。

15. 设计时智慧含量越多越好

要采用迂回战术，点到为止，潜移默化，使人不知不觉道出心愿，不要乱问。例如：你想了解企业凝聚力如何，直接问未必能得到真实的答案。如果问："你来到××企业感到自豪吗？"就好些；如果问："你的亲友是否知道你在什么单位？"等问题，可能会得到更真实的回答。

16. 填答形式要求越简单越好

不要让人感到吃力、烦躁，尽量少用复合式提问。

（四）抽样调查法

1. 抽样调查法的基本含义

抽样调查法，即按随机的原则，从调查对象的总体中抽部分单位作为样本进行抽查，并以部分单位的调查结果推知相应的总体,这种方法费用少、时效高。

2．常用的抽样方法

（1）简单随机抽样法。设一个总体的个体总数为 N,如果通过逐个抽取的方法从中抽取样本,且每次抽取时各个个体被抽到的概率相等,就称这样的抽样为简单随机抽样。实施简单抽样有两种常用方法：抽签法、随机数表法。

（2）分层抽样法。又称分类抽样,把总体按一定标准进行分类或分层,然后按类层所占不同人数比抽取样本。

（3）等距抽样法。又称机械抽样法或系统抽样法。先将总体的全部单位按照某种顺序排列编号,然后根据总体的数量和样本容量,按规则抽样。等距抽样往往比较准确合理,实际应用较广。

（4）配额抽样法。即调查以社会或经济等特性作为抽样基础,然后按特征规定样本配额。配额指的是每一个调查员都已分派到一定样本数目。

【思维拓展 2-2】　解答题

1．某公司有三个部门,第一、二、三个部门分别有员工 800 名、604 名、500 名,现在用按部门分层抽样的方法抽取一个容量为 380 名员工的样本,问应该怎样抽取?

解：总体人数为 800+604+500=1904,1904÷380 的余数为 4。所以,先剔除 4 人,并且应该从第二部门随机剔除 4 人,再从一、二、三部门分别抽取 160 名、120 名、100 名。

2．某文艺晚会由乐队 18 人、歌舞队 12 人、曲艺队 6 人组成,需要从这些人中抽取一个容量为 n 的样本。如果采用系统抽样法和分层抽样法来抽取,都不用剔除个体;如果容量增加一个,则在采用系统抽样时,需要剔除一个个体,求样本容量 n。

解：由总体个数=18+12+6=36,依题意 n 能整除 36,且 $n+1$ 能整除 35,所以,$n=4$ 或 6。又抽样可采用分层抽取,三部分人数的比为 18:12:6=3:2:1,所以,n 必须能被(3+2+1),即 6 整除,所以,$n=6$。

（五）统计调查法

统计调查法指的是搜集调查对象原始资料的方法,也就是调查者向被调查者搜集答案的方法。统计调查法按组织方式分成以下五种。

1．统计报表制度

统计报表制度是我国统计调查方法体系中的一种重要的组织方式。它是根据国家的统一规定,按统一的表格形式、统一的指标内容、统一的报送时间,自上而下逐级提供统计资料的统计报告制度。统计报表制度具备统一性、时效性、全面性、可靠性的特点,可以满足各级管理层次的需要。

2．普查

普查是专门组织的一次性全面调查。普查一般是调查属于一定时点上的社会经济现象的总量，但也可以调查某些时期现象的总量，乃至调查一些并非总量的指标。普查涉及面广，指标多，工作量大，时间性强。为了取得准确的统计资料，普查对集中领导和统一行动的要求最高。

3．抽样调查

抽样调查是非全面调查的一种主要组织形式。它是按照随机原则从总体中抽取部分单位作为样本进行观察，并用观察结果推断总体数量特征的一种调查方式。抽样调查与其他非全面调查相比，具有如下特点：（1）按照随机原则抽取调查单位；（2）以推断总体为目的，而且能够对推断结果的可靠性作出数学上的说明。

4．重点调查

重点调查是一种非全面调查。它是在调查对象中，只选择少数重点单位所进行的调查。重点调查的特点是省时、省力，能反映总体的基本情况。能否开展重点调查是由调查任务和调查对象特点所决定的。当调查任务只要求掌握基本情况，而且调查对象中又确实存在重点单位时，方可实施。

5．典型调查

典型调查是一种非全面调查。它是根据调查目的，在对研究对象进行全面分析的基础上，有意识地选出少数有代表性的单位，进行深入细致调查的一种调查方法。典型调查可以弥补其他调查方法的不足，为数字资料补充丰富的典型情况，在有些情况下，可用典型调查估算总体数字或验证全面调查数字的真实性。

三、访员训练与撰写调研报告

（一）访员挑选

通常访员必须具备以下条件和素质。

（1）有高度的责任心和敬业精神。

（2）对调查工作有热心、感兴趣，愿意接触和了解社会。

（3）诚实可靠，勤勉耐劳。

（4）有较高的文化素质和必要的调查知识。

（5）仪表大方端正，态度亲切，平易近人，以外向性格为佳。

（6）客观公正，不存偏见。

（二）培训内容

访员培训安排的专题一般有"职业素质与商务礼仪""公共关系知识""有效沟通和时间管理""品牌营销和服务技能"，这些都是他们上岗之前和工作期间急需掌握和提高的。

培训采用封闭式培训的形式，通过培训和团队的训练，强化"动力激发"和"能力提升"，目的在于使访员的观念、态度、专业知识与技能等方面得到明显的改善，同时进一步提升访员的业务技能，以胜任工作的岗位要求，全面增强团队的战斗力。

（三）调研报告撰写

1．调研报告基本要求

（1）报告语言简洁、有说服力，词汇尽量非专门化。

（2）报告必须以严谨的结构、简洁的体裁将调研过程中各个阶段搜集的全部有关资料汇集在一起，不能遗漏掉重要的资料，但也不能将一些无关的资料统统地写进报告之中。

（3）调研报告应该对调研活动所要解决的问题提出明确的结论或建议。

（4）调研报告应该能让读者了解调研过程的全貌。

2．撰写调研报告注意事项

（1）要考虑读者的观点、阅历，尽量使报告适合于读者阅读。

（2）尽可能使报告简明扼要，不要拖泥带水。

（3）用自然体例写作，使用普遍词汇，尽量避免行话、专用术语。

（4）务必使报告所包括的全部项目都与报告的宗旨有关，剔除一切无关资料。

（5）仔细核对全部数据和统计资料，务必使资料准确无误。

（6）充分利用统计图、统计表来说明和显示资料。

（7）按照每一个项目的重要性来决定其篇幅的长短和强调的程度。

（8）务必使报告打印工整匀称、易于阅读。

第二节　公关策划

公关策划"作为商务策划工作的一个重要类别，也作为公共关系工作流程中的一个重要环节，公关策划是为了逐步实现公关活动的目标，在公关活动实施之前，找出组织需要解决的具体公关问题，分析比较各种相关因素和条件，遵循科学的原则与方法，运用自己的知识和经验，充分发挥想象力、创造力，确定公关活动的主题与方略，并制定出最优活动方案的过程。"[①]

[①] 赵驹. 公关策划. 北京：北京大学出版社，2006：5

一、公关策划的内涵

（一）公关策划的概念

1. 策划的含义

策划是指人们为了达成某种特定的目标，根据现有条件及其变化趋势，借助一定的科学方法和艺术，为决策、计划而构思、设计和制作策划方案的过程。

（1）策划要素：即策划者、策划目标、策划对象、策划内容、策划结果、策划方案六个方面。凡人+策划=名人；产品+策划=名牌；战争+策划=胜利；名牌+策划=市场；知识+策划=财富。

《孙子兵法》："凡战者，以正和，以奇胜"，"正"就是艰苦奋斗，"奇"就是锐意创新。"奇"字上面一个"大"字，底下一个"可"字。"大"就是要超出常人的想象，"可"就是要在常人的情理之中。策划就是想到常人所不能想的地方，说出来的道理又能让常人理解；策划是在特定头脑状态下，把角度和程序高度统一在特定的头脑状态下。角度：看问题多角度。程序：做事情讲程序，"整理、判断、创新"。

（2）策划是谋划，是设计最佳行动方案的过程，是找出事物因果关系，衡量未来可采取的途径。预先决定做什么，何时做，如何做，谁来做。策划在前，计划在后，计划是策划的产物，没策划就无计划。

2. 公关策划的含义

公关策划不等于美女+交际，更不是拉关系+走后门；虽然不是直接生产产品，却点化了产品和服务的灵魂。公关策划是一种独特的管理职能，它是当代营销整合的核心——帮助一个组织建立并维持它与公众之间的相互沟通，从而帮助我们这个复杂而多元化的社会更有效地取得一致和发挥作用。

策划理论在公关活动中的具体应用是：根据组织形象的现状、目标要求，分析现有条件，谋划、设计公关战略、专题活动和具体公关活动最佳行动方案的过程，主要包括谋略、计划和设计三个方面的工作。

【思维拓展 2-3】　咨询会

2003 年 11 月 2 日，第十五次上海市市长国际企业家咨询会议举行，就"如何办好 2010 年世博会"，国际企业家向上海市市政府组成人员出谋划策，咨询会都紧扣上海的发展主题建言献策。来自国际展览局、里斯本、汉诺威的世博会负责人，以及野村证券、阿尔卡特、西门子、通用等国际企业家就"世博会的经验""城市，让生活更美好""吸引更多参展国家和游客的推广策略""将世博会的场馆建设和功能延伸为永久性的平台""世博会的投融资建议""培育世博会的特需人才"等专题进行了深入的探讨。

（二）公关活动的三层次

公关活动分三个层次：初级公关活动、中级公关活动和高级公关活动。

1．初级公关活动

日常工作、会议、礼仪类。

2．中级公关活动

赞助、广告、问卷。

3．高级公关活动

整体组织形象战略。

（三）公关策划的价值

公关策划属于公关活动中最高的层次，是公关价值的集中体现，也是公关运作中的飞跃，更是公关竞争的法宝。

（四）公关目标

1．公关目标的分类

（1）从目的分：传播信息、联络感情、改变态度、引起行为目标。

（2）从时间上分：长期目标（5年）、中期目标（2～5年）、短期目标（1年）、项目目标（专门公关活动）。

（3）从规模上分：宏观目标、中观目标和微观目标。

（4）从组织要素上分：CIS目标、组织文化、CS目标（使顾客满意产品或服务）、名牌战略。

（5）从过程上分：有效目标、备用目标、追踪目标。

（6）从效果上分：最优目标和满意目标。

2．确立公关目标的要求

（1）组织形象目标的确定性：① 工作对象应是特指的；② 目标是结果式："将本厂新产品在全国的知名度从现在的 20%提到 50%"；③ 目标应是可确定其责任范围；④ 要明确实现目标的结束条件。

（2）组织形象目标的具体性：定性、定量、定时、定空间。

（3）可行性。

（4）可控性。

【思维拓展 2-4】   "一着妙棋让贵阳扬名"——贵阳国际围棋文化节

（1）总体方案：定于 2005 年 8 月 10 日至 13 日举行中国首届国际围棋文化节。

（2）在森林之城——贵阳，举行 4002 人参加的围棋对弈比赛。用这些人拼写出"2005 中国贵阳"的图案。

（3）体育、文化、经贸等同台唱戏，共 25 项活动。项目内容：国际童声合唱、全国龙舟邀请赛，贵阳美酒美食一条街等活动。

（4）传播手段：央视、贵州台、贵阳台实况转播，各种宣传广告费 100 万元。对该市市貌、开幕式进行现场航拍。

（5）公关目标：中、日、韩围棋界人士以及世界各地的围棋爱好者；新闻媒介；国内外一些有意投资贵州的公司和厂商；国内外关注西部大开发的广大公众；贵阳市市民及省内广大群众。

（6）经济来源：预算为 1200 万元，贵阳市政府出资 200 万元，其余的靠市场运作。

（7）项目实施：前期：① 争取主办权（北京、成都、贵阳）；② 航拍贵阳；③ 邀请名流。

（8）实施阶段：① 开幕式：世界上规模最大的围棋快棋表演赛，由 4002 名棋手拼写"2005 中国贵阳"，200 名小女孩身穿白纱，弹起 200 架古筝，奏《高山流水》。② 申报吉尼斯世界纪录。

（9）项目评估：4 项"双赢"：① 体育与文化；② 围棋与贵阳；③ 政府与企业；④ 精神文明与物质文明。

二、公关策划的公式

（一）综合分析

公关工作四步法中的第一步为调研，它是进行策划的出发点。

（二）编制计划

公关策划最终要形成文字报告，作为实施方案、评估标准的关键部分。

（1）制定目标。

（2）确定公众。

（3）确定主题。

① 公关主题=公关目标+公众心理+信息个性+审美情趣。

② 公关策划=组织目标+公众心理+信息个性+审美情趣。

（4）选择公关活动模式。

公关工作的方法系统，如战略型、战术型、企划型。

（5）选择公关活动媒介。

① 个体传媒：个人对个人。

② 群体传媒：个别人对一群人（报告会、演讲）等。

③ 大众传媒：印刷类、电子类。

（6）经费预算。

（三）书面报告与方案审定

1．策划的结构与内容

封面、序文、目录、宗旨、内容、预算、策划进度表、职务分配表、策划所需的物品及场地、策划的相关资料。

2．活动方案的申报

公关计划必须经本组织领导的审核和批准，有时还应向有关政府部门申报。

三、公关策划的原则与方法

原则是说话或行事所依据的法则或标准，它是做某件事或解决某个问题，或在某个领域里不能离开的禁止性规定。公关策划原则是与时俱进的。方法是人们对策划的总体看法和根本观点，它是指人们用什么样的方式、方法来策划和处理问题。概括地说，原则主要解决策划"是什么"的问题，方法主要解决"怎么办"的问题。社会在不断发展，观念在不断更新，需求也在发生着不同程度的变化。在不同的社会背景下，公关策划原则也要随着变化着的社会而不断调整。

（一）策划原则

公关策划原则应当考虑到原则与发展的关系。原则的条条框框太多，并且养成了固有的行为习惯，则可能会束缚人的思维，让人失去开拓创新的精神，甚至思想僵化，很难适应不断发展变化着的社会环境。因此，在遵循公关策划原则的同时，还要随时作出适当调整，使策划原则时刻能够适合现时代的要求，不要让原则束缚人的思想。公关策划的原则只有把握适度，不求最好，只求更好，在不断进步中发展组织，奉献社会。

（1）公众利益与组织利益相统一原则。

（2）总体形象与特殊形象相统一原则。

（3）知名度与美誉度相统一原则。

（4）社会效益与经济效益相统一原则。

（5）创新性与持续性相统一原则。

（6）既定性与变通性相统一原则。

（7）主观性与客观性相统一原则。

（二）策划方法

策划是什么，什么样的策划观点是优秀的，用这种观点作指导去认识策划和创新策划，就成了策划方法。方法比知识更重要，策划方法是一种艺术性、创造性很强的工作，永远没有固定的模式和不变的蓝图。以下介绍几个策划方法的指导思想。

1．头脑风暴法

公关策划中最常用的产生创意的方法就是头脑风暴法。头脑风暴法是利用群体共同探讨和研究，通过相互间的某些激励形式，以提供能够相互启发，引起联想的机会和条件，使大脑处于高度兴奋状态，不断地提出新颖、新奇的创意的思维方法。

实施头脑风暴法的关键环节是群体激励。进行群体激励时应遵循以下原则。

（1）自由奔放原则。每个参加会议的成员地位平等，绝无尊卑贵贱的等级之分，废除一切权威和固定的观念，自由思考、自由发言，禁止嘲笑、限制、批评、指责、影射、评论他人的发言。

（2）保留判断原则。对群体激励中的任何提议、创意、见解应当不作任何评价，全部接受，一律记录下来。

（3）多量并存原则。鼓励每个成员提出更多的创意、观点、见解和方案。

（4）灵活多变原则。要提倡人们经常变换思考问题的方向、层次、角度和习惯。

（5）集中研究一个问题的原则。一个会议不要试图同时研究几个问题，应当达成一种共识：一个会议只能研究一个问题。[①]

2．制造新闻

经过事先的策划，又人为引发的可引起戏剧性、鼓动效应的事件，以此引发媒介、舆论的关注与报道。特点：新、奇、特、真实。可利用名人效应、权威效应、重要节日，"无中生有""化腐朽为神奇""点石成金"。

【思维拓展 2-5】 10 万美元寻找主人！

香港一家公司为宣传其新型保险柜的卓越功能，登出一则这样的广告："10 万美元寻找主人！本公司展厅保险柜里存放有 10 万美元，在不弄响警报器的前提下，各路豪杰可用任何手段拿出享用！"广告一出，轰动全港。前往一试身手的人形形色色：有工人、学生、

---

① 胡川妮. 广告创意表现. 北京：中国人民大学出版社，2006：264

工程师、警察、侦探，甚至还有不露声色的小偷，但都没有人能够得手。香港各大报连续几天都为此事作免费报道，影响极大。这家公司的保险柜的声誉随之大增。

试运用公共关系学中的相关知识分析评点这一案例。

知识点：

策划具有新闻价值的事件也叫做"制造新闻"或"策划新闻"，是组织争取新闻宣传机会的一种技巧，即在真实的、不损害公众利益的前提下，策划、举办具有新闻价值的事件或活动，吸引新闻界和公众的注意力，制造新闻热点，争取被报道的机会，使本组织成为新闻的主角，以达到提高知名度、扩大社会影响的目的。这需要公关人员具备"新闻脑"，富有创造性和想象力。

分析评点：

这是一则以制造新闻获得强大效应的公关实例，新型保险柜的推广人未出一分钱广告费，取得了极好的广告效果。制造新闻的方法借助新闻媒介向公众传递组织或产品、商品信息，却不同于做广告，实惠而不费力，影响广泛，不失为巧妙的传播手法。

而且，用制造新闻的办法来引起公众注意，既新奇，又直接让实物展示在公众面前，增强公众的信任感，印象更为深刻。因此，制造新闻已成为不少组织乐于采用的公共关系手段。使用制造新闻的关键在于要突出一个"新"字，跟在别人后面依样画葫芦，就失去了新闻价值，公众不会产生新鲜感，也就失去兴趣。因此，公关人员应善于开动脑筋，充分发挥创造性和想象力，出奇制胜，方能奏效。

3. 时机选择

（1）有"由头"，师出有名，有得以开展的价值和依据，表现为：新鲜性、突发性、接近性、公益性。

（2）选择途径。重大节日、纪念日（不可在同一天开展两项重大的公关活动）。

（3）时间进程。时间进程与时间进程的协调——组织安排、实施活动过程中最关键的实质问题是：时间进程与时间进程的划分、协调、整合。

公关策划是公关实务的核心，制造新闻是最典型的策划方法，也是最成功的方法，因此要认真学习"制造新闻"，增强公关实务的练习。

第三节　公关实施

公共关系策划方案报经领导层决策审批后，就可进入实施阶段。由于公共关系处于动态的环境之中，一套策划方案在执行过程中很难完全符合、适应客观环境，并且受执行能力、沟通障碍及新情况、新问题的影响，策划方案很容易偏离计划轨道。为此，组织需要对策划方案的实施全程进行跟踪，及时处理、协调突发事件，以确保公共关系活动顺畅开展。

一、公关项目实施

（一）确定公关目标

确定目标是公关策划的首要内容，没有目标一切都无从谈起。公关目标体系包含不同类型的目标，一般有以下三类。

1．矫正性目标

这是改变公众对组织的印象、成见或看法的目标。

2．建设性目标

这是在创办改制联合时或在技术经济发展过程中，为争取更多的公众，树立组织形象，而设立的公关目标。

3．一般目标

这是根据公众的要求、意向观念或行为的统一性而制定的目标。

（二）选择公关对象

公关活动的对象是具体的公众，而公关问题的起因主要是没有处理好组织与公众的关系。公关就是要缩短组织与公众的距离，而选择目标公众对象是为目标达成所设立的条件。

公众是指与特定的公关主题相互作用的个人、群体或组织的总和。其具有的特点是：群体性、共同性、多样性、变化性和相关性。如何选择公关对象对一个企业来说是非常重要的，所以在选择对象时要分清自己的目标，划分重要公关对象和一般公关对象；收集公关对象的各种信息；分析公关对象的活动规律等。

（三）制定行动方案

在公共关系的目标和对象确定之后，就要制定具体行动方案，一项重大的公关活动在具体实施中，都是由一定的主题和体现主题的项目组成，由一定的策略指导，并在一定时机执行，才是一个活动的整体。

在制定行动方案时，要考虑四个因素：主题、项目、策略和时机。制定行动方案的具体步骤如下：先设计好公关活动的主题，再确定具体的公关活动项目和公关策略以及对公关活动最佳时机的选择和把握。

（四）编制活动预算

对公众所需人力、物力、财力的货币反映，是策划的一项重要内容。它包括行政开支（人工报酬、管理费用、设施材料费用）和项目开支（如赞助费、调研费、场地租用费、接待费等）。

确立公关活动预算总额的方法有四种：业务结算法、实际结算法、量入为出法和目标先导法。

二、公关活动实施

公关活动实施是组织策划部、公关公司、传播公司、广告公司在工作中常用的技术手段。成功的公关活动能持续提高品牌的知名度、认知度、美誉度、忠诚度、顾客满意度，提升组织品牌形象，改变公众对组织的看法，累积无形资产，并能从不同程度上促进销售。很多组织都运作过公关活动，但没有目标、没有重点、虎头蛇尾、不够严谨的公关活动屡见不鲜。有的公关活动由于策划欠周全或危机处理不力，导致活动失败、损失较大，甚至酿成事故，造成人员伤亡，受到法律制裁。

公关活动策划有常规的方法可供遵循，但也有不少技巧，这就是：三分策划，七分实施。

（一）目标一定要量化

公关活动，特别是大型公关活动往往耗费很多人力、物力、财力资源。一个新产品在中心城市的上市传播费用，一般都在百万元以上。为什么要进行这样大的公关投入？为了组织的传播需要，为了建立品牌的知名度、认知度、美誉度，为了更多的目标消费者去购买他的产品，这就是新产品上市公关活动的目标。没有目标而耗费巨资做活动是不可取的。

我们遇到一些保健品企业，看到同行做节日公关活动，它也要做，而且要求活动规模更大、规格更高、发稿更多，但说不清楚为什么要做，要传播什么样的卖点、概念，没有设立目标。有的企业做公关活动，设定了不少目标，如提高知名度、美誉度，促进销售等，但是没有量化（提高知名度、美誉度的百分比，促进销售的货币额度），方向模糊，错把目的当目标。目标一定要量化，它不是希冀式的观测，而是指日可待。只有量化目标，公关活动实施才能够明确方向，才会少走弯路。

（二）集中传播一个卖点

公关活动是展示企业品牌形象的平台，不是一般的促销活动，要确定活动卖点（主题），并以卖点作为策划的依据和主线。很多公关活动花了不少钱都不知是什么活动，留不下很深的印象。只有提炼一个鲜明的卖点，创造公关活动的"眼"并传播，才能把有关资源整合起来，从而完成活动目标。这里的卖点是公关活动环节设计中最精彩、最传神的地方，是活动事隔多年，大多数情节都被人淡忘，但仍能让人记起的一个情节。公关活动策划需要创造这样一个非常精彩的高潮，要把这个高潮环节设计得更有唯一性、相关性、易于传播性。当然，集中传播一个卖点，并不是只传播一条信息，而是把活动目标和目标公众两项因素结合起来，重点突出一个卖点，提高活动的有效性。

【思维拓展 2-6】   "三高"为中国申奥放歌

2001 年 6 月 23 日晚，昔日皇家禁宛中乐声翩翩，弦歌阵阵。世界著名三大男高音歌唱家在紫禁城午门广场联袂演出，在"6·23 国际奥林匹克日"掀起北京申奥活动的高潮。时任国务院副总理的李岚清和数万热情的中外观众一同观赏了这场精彩的演出。

当晚，三位"歌剧之王"身着黑色燕尾服，站在了紫禁城的古老红墙之间的舞台上神采奕奕，他们演唱了近三十首脍炙人口的歌剧选段或歌曲。从卡雷拉斯的《我知道这个花园》，到多明戈的《星光灿烂》，到帕瓦罗蒂的《今夜无人入睡》，宏亮且有穿透力的歌声，赢得了现场 3 万名观众的热烈掌声。

昔日这里曾经钟鼓齐鸣，如今西方歌剧在这里缭绕；昔日皇帝曾在这里议政，如今三位西方音乐大师在这里纵情高歌。东方建筑的神韵与西方艺术经典在这里达成了完美的交融，古老的紫禁城在一个充满激情的夜晚被唤醒，改革开放的中国以一场东西文化交融的音乐盛会，向世界展示他们积极走向世界的宽阔胸怀。紫禁城午门广场，"歌剧之王"帕瓦罗蒂、多明戈、卡雷拉斯深情演绎音乐盛典，取得了空前的成功，音乐会电视直播可覆盖全球 110 多个国家和地区的 33 亿观众。

试运用公共关系学中的相关知识分析评点这一案例。

知识点：

世界著名三大男高音歌唱家在紫禁城午门广场联袂演出，在"6·23 国际奥林匹克日"掀起北京申奥活动的高潮是借助了公共关系学中名流公众的效应。

（1）借助于社会名流的知识和专长。策划组织借助名流的知名度扩大组织的公共关系网络、扩大组织的公众影响力，丰满组织的社会形象，无形中使组织增添了一笔知识财富、信息财富。

（2）借助于社会名流的社会声望。一般公众存在"崇尚英雄""崇拜明星"的社会心理，组织与社会名流建立良好关系，就会将本组织的名字与社会名流的名望联系在一起，利用公众崇拜名流的心理，提高了本组织在公众心目中的位置。

分析评点:

名流公众是指那些对社会舆论和社会生活具有较大的影响力和号召力的有名望人士。这类关系对象的数量有限,但对传播的作用很大,能在舆论中迅速"聚焦",影响力很强。通过社会名流去影响公众和舆论,往往具有事半功倍的效果。

世界著名三大男高音歌唱家首聚北京,为中国放歌,这是我国对外文化交流的空前创举,其文化含量及影响力都将在21世纪的开年之页留下深刻的痕迹,并赋予古典艺术活动前所未有的商业价值。

(三)公关活动是一个媒体

随着公关新工具、新技术的不断涌现,同新闻媒体、广告媒体一样,公关媒体也在发生着革命,网络等新兴媒体被应用于公关活动。殊不知,公关活动本身就是一个传播媒体,它具备大众媒体的很多特点,其作用和大众传媒相比,只是公关活动实施前不发生传播作用,一旦活动开展起来,它就能产生良好的传播效应。公关活动因其组织利益与公众利益并重的特点,具有广泛的社会传播性,本身就能吸引公众与媒体的参与,以活动为平台通过公众和大众传媒传播。在策划与实施公关活动时,配备好的相应的会刊、通讯录、内刊、宣传资料等,实现传播资源整合,能提升公关活动的价值与效果。

(四)没有调查就没有发言权

国内不少公关公司做公关活动,因缺乏公众研究意识或公众研究水平有限、代理费少、时间紧等原因,省略公众调查这一重要工作环节已是司空见惯的事情。想一个好的点子,找一个适当的日子就可以搞公关活动,这是某些所谓"大师"的通病。但"没有调查就没有发言权","知己知彼,百战不殆"。只有摸清自己的优劣势,洞悉公众心理与需求,掌握竞争对手的市场动态,进行综合分析与预测,才能扬长避短,调整自身公关策略,赢得公关活动的成功。公关实践表明,公关活动的可行性、经费预算、公众分布、场地交通情况、相关政策法规等都应进行详细调查,然后进行比较,形成分析报告,最后作出客观决策。

(五)策划要周全,操作要严密

公关活动策划有什么技巧呢?重点只有一点:周全。这是因为公关活动给我们的成功或失败的机会只有一次。公关活动不是拍电影、电视,不能重来,每一次都是现场直播,一旦出现失误无法弥补,绝不能掉以轻心。

（六）化危机为机遇

大型公关活动有一定的不可确定性，为了杜绝意外事件发生，公关人员在策划与实施的过程中要抱有强烈的危机意识，充分预测到有可能发生的各种风险，并制定出相应的对策。只有排除了所有风险，制定出的策划方案才有实现的保障。发生紧急事件时，要随机应变，不要手忙脚乱，不要抱怨，应保持头脑清醒，要冷静，迅速查明原因并确认事实的真相。已造成负面影响的，一种方法是及时向公众道歉，防止再发生，不同媒体建立对立关系，避免负面报道，策略性处理媒介与公众关系，否则修复较难；另一方法是，化危机为机遇，借助突发事件扩大传播范围，借助舆论传播诚意，争取公众的支持，反被动为主动。

（七）全方位评估

在对公关活动进行评估时，往往是只评估实施效果，评估不够全面。如能在评估时除评估实施效果外，再评估活动目标是否正确、卖点是否鲜明、经费投入是否合理、投入与产出是否成正比、公众资料搜集是否全面、媒体组合是否科学、公众与媒体关系是否更加巩固、社会资源是否增加、各方满意度是否量化等，则公关活动的整体效果才能体现出来。这种全方位评估有利于活动绩效考核、责任到人，更能增加经验，为下一次公关活动的策划与实施打好基础。

（八）用公关手段解决公关问题

社会上对公关活动的认识不同时期存在不同误区，加之部分媒体的错误引导，更加深了这种错误认知的蔓延。近年来，对公关的认识又有了新的误区，把公关活动等同于促销活动。实际上两者的目的、重心、手段不同。公关活动的目标是提高美誉度，提升亲和力；促销活动的目标是提高销售额、市场占有率。公关活动的重心是公众、媒体、政府，促销活动的重心是消费者。企业同时需要营销、公关两种职能，两种职能不能通用。公关是社会行为，营销是经济行为，公关活动关注公众，促销活动关注消费者，公关与市场区别较大，营销的手段不适用于解决公关问题。公关活动的公众非常多，消费者只是公众的一种。不同的公众，使用的公关手段也不一样。所以，要走出"公关活动就是促销"的误区，用公关手段解决公关问题。

公关活动策划与实施需要经验的积累，公关活动要重策划，更要重实施。公关活动策划与实施，还有很多技巧可以利用，只要不断总结经验并应用于实践中，一定能策划与实施出更多、更有影响力、更成功的公关活动。

第四节　公关评估

公关评估是在公关活动的实施过程中，发挥其监控、反馈的作用。公关评估应精确地描述整个公关活动过程，简洁地概括活动所取得的主要结果及其存在的不足，科学地预测尚未解决的一些问题在今后的发展趋势，并提出相应的解决办法，为决策者把评估分析用于组织战略决策提供充分的信息根据。

一、公关评估的意义、目的和程序

（一）公关评估的意义

公共关系评估就是根据特定的标准，对公关计划、实施及效果进行检查、评价，以判断其优劣的过程。它在整个公关计划实施过程中都具有重要作用。评估控制着公关实践的每个活动及环节。

（二）公关评估的目的

公关评估的目的就是取得关于公关工作过程、工作效益信息，作为决定开展、改进公关工作和制定公关计划的依据。

（三）公关评估的程序

（1）设立统一的评估目标。

（2）选择适度的评估标准。

（3）将评估过程纳入公关计划。

（4）将目标具体化和明确化。

（5）确定搜集证据的最佳途径。

（6）保持完整的计划实施记录。

（7）评估结果的使用。

（8）将评估结果向组织管理者报告。

二、公关评估的标准与方法

（一）准备过程评估的标准与方法

（1）背景材料是否充分。

（2）信息内容是否正确充实。

（3）信息的表现形式是否恰当。

（二）实施过程评估的标准和方法

在这个阶段中分为四个不同层次的评估标准：发送信息的数量；信息被传播媒介所采用的数量；注意到该信息的公众数量，调查传播信息的实际效果；接收到信息的目标公众数量。

对实施者和实施对象进行调查，再把两者的资料和调查访问实施对象得到的资料进行对比分析，是一种重要的评估形式。同时，分析各种汇报资料。

（三）实施效果评估的标准和方法

1．总结性评估

实施效果的评估是一种总结性的评估。这一阶段的评估标准有：（1）了解信息内容的公众数量；（2）改变观点、态度的公众数量；（3）发生期望行为和重复期望行为的公众数量；（4）达到的目标和解决的问题；（5）对社会和文化的发展产生影响。

2．按照不同实施者评估

关于实施效果的评估方法，按照评估的实施者的不同可以分为三种：（1）对象自我评定法；（2）专家评定法；（3）实施人员的评估。

（四）评估方案的制定与报告

1．评估方案的制定

评估方案的内容包括：确定评估的目标；确定评估的程序；确定评估的标准；确定评估；安排评估的人员；分析评估的环境；整理评估的资料；撰写评估报告；反馈核查等。

2．公共关系评估报告

公关评估报告是评估工作的最终成果，其体现在：（1）评估报告的功能；（2）评估报告的内容。

第五节　城市解读与营销

本节在向读者介绍公共关系理论的同时，力图通过案例介绍一些比较清晰的公共关系管理的层次与模式。本节的特点是具有系统性、层次性和应用性，并对运用公共关系管理成功的组织用案例的方式进行分析，为组织管理者提供系统的决策思维过程。

　　当前，公关调查与公关策划的具体应用就是解读与营销，而解读与营销最好的体现在于城市。因为解读城市是最简单和最直白的方式，对城市的文化积淀与飘动风情的展示，往往是在不经意之间，而为城市赋予了美的气质，使城市实时与你同行。

一、解读城市

　　从 20 世纪 90 年代开始，中国的城市化进程明显加速。现在，我国的城市化率约为 50%。中国，这个世界上最大的农业国，正在步入城市化国家的行列。在这一变化过程中要贯彻落实党的十七大关于"要逐步提高城镇化水平"的精神，倡导全面、协调、可持续的科学发展观，推动中国城市化进程。

　　十七大以后，我国对城市化的进程和城市的发展提出了一系列新的方针和一些具体措施，大家认识到：只有城市本身发展了，我们国家财富的积累和财富本身的总量和质量才会有很大的提高。世界上通常这样认为：城市的成功就是国家的成功。这从一个方面说明了，城市本身健康的发展必然会对创造财富带来巨大效应和推动力。

（一）解读广州——千年广州引导我们飞升

　　[关键词]：城市文化　　自由的市民精神　　沉思默想的生活

　　1. 文明可以共享，文化不可替代

　　（1）文明与文化各自的偏重；（2）新文明不一定能产生新文化；但是新文化可能催生一种新文明。

　　2. 没有文化，城市就像一个工地

　　（1）文化是一种整体性的东西，它与人的精神状态、精神寄托有关；（2）文化与经济并不是相互冲突的。

　　3. 广州缺少沉思默想的生活

　　（1）文化圈理论。文化传播就像一块石头丢到水里，水波纹向外扩，越到外围水波越大，能够保持这种文化特质的恰好是外层，中心反而失去了文化的特征。中国文化在广东文化的边缘地带反而保存得更多，如广州人很讲究人情味，"数字化"思维较淡。

　　（2）文艺复兴与自由的市民精神。西方文艺复兴的结论是：要过积极而活跃的生活。广州很符合文艺复兴时期的市民社会理想，过积极而活跃的生活。但文艺复兴时期精神层面（沉思默想）的生活丝毫也不逊色。广州很具有自由的市民精神，但却缺少沉思默想的生活，更缺少将沉思默想的东西符号化的兴趣。

　　4. 广州人重实践，轻形式

　　（1）广州文化的特点是实践；（2）把文化变成赚钱——实用主义；（3）广州人最早

接受外来文明，但又固守儒家文化的社会实践精神。

5．看骑楼就像看广州的过去

（1）城市文化的感性描述：向往—沉湎—回忆；（2）往骑楼下走，体现了情感的关联。

6．文化发展要"比慢"

（1）现在"传道授业解惑"的教育已经变成一种商业投资；（2）人文重建——比慢。

7．广州文化的三个特点

（1）平民的而非精英的；（2）本土的而非外来的；（3）未完成的而非固定的。

我们可以这样说："文明是干出来的，文化是说出来的"。

（二）解读深圳——发现深圳文化

[关键词]：合金文化　文化"飞地"　松软地带　深圳化　新岭南文化

1．工商发达之城必是文化繁荣之帮

（1）矫正文化贵族化情结。不要认为只有京派文化才是高尚和高贵的。

（2）经济一体化趋势，经济繁荣，文化转移。经济发达文化就发达，这是必然的规律。

（3）新兴移民城市，文化建设不能"比慢"，而是要比快。

这显示了文化的包容，它具有历时性，表现在积淀上；同时，也有共时性，体现在对现实的创造。

（4）深圳文化是"合金文化"，包含了兼容性、产业性和探索性。

2．深圳文化是一种青春型的新质文化

（1）移民文化的特征：第一语言——普通话。

（2）深圳文化与岭南文化、京派文化、海派文化和中原文化对流；与中国港澳文化、台湾文化交融。它包含的特征：海纳百川，兼容并包，与"五湖四海"的文化并存和激荡。

3．"松软地带"和"磁场效应"

（1）文化环境疏松，可塑性强；（2）让八方人士来此安营扎寨。

4．"现代文化名城"与城市的根

（1）不以历史积淀深厚的城市论长短，而以现代城市为坐标。

（2）深圳文化立足于岭南沃土。

5．"香港化"与"深圳化"

深圳与香港进入全方位交流、互动、合作，形成各自特色、风格的文化。

6．期待新岭南文化

（1）实践文化认同；（2）健全文化结构；（3）发展文化产业。

（三）解读佛山——寻找城市的文化面孔

[关键词]：自足性　镜像理论　岭南特色　文化包容性　第三大城市

1. 佛山整合要靠"文化"来凝聚

"软"与"硬"。文化是软的，不是硬的；大佛山的建设缺不了"软"文化的建设。城市文化建立在市民社会的基础上，它是民间的。佛山要把属下的几个区整合成一个整体，必须要有文化凝聚力，要有一个统一的"文化"。城市的品格，主要就是靠文化来建立的。

2. 佛山不太适合文化人生长

做生意的人在佛山比较游刃有余。

饮食上佛山比广州讲究和精致。保存得纯粹，就有一种对外来的饮食文化的排斥，这与佛山文化的包容性有关。

3. 美国也不如佛山

"自足"与"封闭"。佛山人的自足性比较强，认为自己的生活方式是最好的，就不太容易包容其他的生活方式。对外来人的反对意见，佛山比广州强烈得多，这反映了一个城市对外来文化的包容性。

4. 以湖为中心成为一种文化

"梁园"与"千灯湖"。佛山的建筑有园林的意识。梁园就有浓郁的岭南特色，整个设计是和人性的需求结合起来的，园林里有一个大湖，叫"千灯湖"，以湖为中心的岭南园林，是大佛山特色的一种文化。

5. 佛山要少筑"墙"，多修路

（1）缺乏珠江三角地区自身文化个性。

（2）文化的建设需要花很长时间。"城"和"市"。城是一个防卫的意识，所以要筑墙；市是做交易，让四面八方的人来这个地方做交易，那就要修很多路。少筑墙，多修路，从表面看是指硬件建设，更深一层的软性含义是文化心态，要破除固有的封闭性，要像修路一样开放自己的心胸，把各种各样的人和文化包容进来。

6. 要找到一个"他者"

城市要找到一个"他者"作为镜子，从那里照见自己。城市文化是城市个性的生命，在个性形成前，你对周围地区的辐射功能是有限的。把佛山建设成：以水网密布的园林为特色，以市场交易为中心，具有精细、柔和的岭南文化性格的一个城市！

二、城市文化的个性

通过解读城市，我们应该把握住解读城市文化与营销城市的切入点。解读城市文化的切入点：真实生活，文化个性。而营销城市的切入点：全面推行把资源转化为资本。
三个转变：将土地资源转变为土地资本；将人力资源转变为人力资本；将民间资金转变
为民间资本。以下对十个城市文化的个性进行描述。

（一）城市活化石

一座东方的水城，让世界读了 2500 年；一个现代工业园，用 10 年时间磨砺出超越
传统的利剑。它用古典园林的精巧，布局出现代经济的版图；它用双面刺绣的绝活，实
现了东方与西方的对接。这个城市就是——苏州。苏州有 591 万人口，除园林、盆景和
苏绣外，还建立了工业园区（与新西兰合作）。苏州是中国文化宁静的后院，它把中国最
美的历史和最好的历史结合起来。

（二）被山包围、被水滋润的城市

如果把中国东部海岸线比作引领中国经济腾飞的一张弓，长江流域经济带是这张弓
上的利箭，那么这个城市的爆发力将成为决定这支利箭射程远近的关键。当机遇和责任
同时到来的时候，这个最适合漫步的城市选择了飞翔。这个城市就是——成都。

成都有 1044 万人口，就有 1 百万辆私家车。最突出的是它的文化遗产，给人深刻的
记忆，这就是：都江堰和大熊猫。

（三）大气磅礴的浪漫城市

这是一个用服装表达心情，用足球塑造性格，用浪漫装点生活，用巨轮承载雄心的
城市。它的每一次亮相总是携手时尚，它的每一次出场总是彰显力量。这是一个将城市
变成风景，将风景变成了资本的城市。这个城市就是——大连。

（四）打工者城市

一座古城，起步于制造，发达于制造，扬名于制造。它给人们制造快乐，因为它是
"世界玩具之都"；它让人们奔跑如飞，因为它是"世界鞋业之都"；它让人们的表达和
思考提速，因为它是"世界电脑之都"。这个城市就是——东莞。

（五）天堂硅谷

一个将天然优势与现代产业巧妙结合，引领休闲经济潮流的城市；一个生活就像在
旅游，懂得将安宁幸福的感受转化为活力和财富的城市；一个以不温不火的态度和风风
火火的速度，走出了自己节奏的城市。从"西湖论剑"到"钱江弄潮"，这座城市在水到
渠成之后，正一步步海阔天空。这个城市就是——杭州。

（六）啤酒飘香的城市

这是一个随时就能感受到品牌力量的城市。这里诞生的品牌，已经影响了中国，正在影响世界。这座海边的城市，目光早已放之四海；这座追求卓越的城市，正携手奥运，将目标指向更高。这个城市就是——青岛。

（七）中国最年轻的城市

28 岁，用青春把小渔村变成大都市；28 年，用前无古人的速度领跑中国经济，这个城市的名称，已经不只代表地点，也代表一种关于时间的观念，一种重若生命的效率。这个城市的特别就在于：当一切不再特别，它依然把每一个春天的故事书写得特别精彩。这个城市就是——深圳。

（八）共和国装备的城市

20 世纪 70 年现代工业文明的洗礼，成就了"共和国装备部"的美誉。虽然，几千根烟囱的轰然倒塌，让共和国工业的长子经历了阵痛；虽然，数十万产业工人的艰难转型，让国企的发源地感受了改革的任重道远。但是，这座从来都不缺少实力的城市，正在用激情，回应振兴，装备中国。这个城市就是——沈阳。

（九）聚集财富的城市

这是一个善于分工也乐于使用合力的城市，一个喜欢以小见大更会以小博大的城市，一个懂得无中生有的城市。它在创造价值的同时，也创造着生机勃勃的经济模式。作为中国民营经济的领跑者，它清晰的脚印让人们感受到民间的力量和市场的力量。这个城市就是——温州。

（十）人与自然和谐相处的城市

这座拥有千年文明、百年繁华的城市，诞生过中国最早的民族工商业、中国最早的乡镇企业。从"苏南模式"到"外资高地"，这座城市始终在用行动表达：这里不仅"盛产"风景、"盛产"院士，也盛产创造财富的奇迹。这个城市就是——无锡。无锡有人口442 万，《太湖美》是无锡的市歌。

城市是一个有机生命体，每个城市都经历着自身的文化与发展，城市更新是个永恒的课题。旧有的城市肌理在短时间里被新的城市形态所取代，城市记忆在嬗变转换。从目前城市发展的本质来看，城市更新过程中，CBD（商务中心区）的聚合、衰变、复兴，时刻令人瞩目。在城市解读与营销中，我们将沿着混沌城市——普通城市——光辉城市的足迹前进！

案例 2-1

百事互动——节奏大师亮相上海地铁

　　手游在当今社会已越来越火，《节奏大师》是一款老少皆宜的手游产品，今天不仅仅是在手机屏幕端，你更可在地铁 LED 屏幕上玩转它。

　　2014 新年伊始，百事集团率旗下百事可乐、乐事、美年达、纯果乐等品牌在上海数个交通枢纽站点的基美传媒 LED 屏幕上，发布了一款非常有趣的互动游戏——节奏大师。百事集团将自己微电影《把乐带回家 2014》的主题曲——《快乐送》植入节奏大师的游戏中，实现人体互动，让乘坐地铁的旅客们一边玩一边乐，真正实现百事倡导的"把乐带回家"，如图 2-1 所示。

图 2-1　百事互动——节奏大师亮相上海地铁

　　此次互动广告从 2014 年 1 月 13 日起正式在上海地铁上线，持续至 1 月 21 日结束，覆盖四大商业圈地铁站——人民广场、徐家汇、静安寺、陕西南路。在人潮汹涌的地铁站里，当人们经过基美 LED 屏幕时，无一不被节奏大师的经典游戏所吸引，纷纷参与其中。随着音乐节奏，人们挥动手臂摇摆舞动，既可获得游戏带来的乐趣，又能喝到百事可乐的产品。

基美传媒将尖端技术红外感应 Airscan 装置巧妙地应用于百事产品的广告创意中。该装置具有高灵敏度和稳定性，在不影响 LED 显示屏整体外观，抗光干扰、任意物体触摸的情况下，即时捕捉互动人群的动作，让路人获得新奇的互动体验。基美传媒相关负责人表示，"此次创意我们希望通过红外技术，结合当前流行的节奏大师游戏，使受众在农历春节前通过游戏互动，传递'把乐带回家'这一理念。同时在游戏中结合百事的不同产品，使产品更加深入人心。"

据了解，该活动共计 8 天，有近 5000 人次参与，在各大主流商圈的地铁站点吸引了近 85 万人的主动关注。通过基美地铁 LED 屏体、网络媒体、纸质媒体、专业广告媒体的二次传播，活动的覆盖人数近 600 万人次。

试运用公共关系学中的相关知识分析评点这一案例。

剖析：从公共关系学原理角度分析，该案例属于策划新闻。策划具有新闻价值的事件也叫做"制造新闻"或"策划新闻"，是组织争取新闻宣传机会的一种技巧，即在真实的、不损害公众利益的前提下，策划、举办具有新闻价值的事件或活动，吸引新闻界和公众的注意力，制造新闻热点，争取被报道的机会，使本组织成为新闻的主角，以达到提高知名度、扩大社会影响的目的。

在现今社会中，组织自觉地进行战略思维，正是谋求组织最全面长远的利益，获得社会文化发展的新思想理念，能够在实践中实现最优的可持续发展。百事互动游戏的活动里利用了最近流行火爆的《节奏大师》再结合百事产品，通过群众互动，个人亲身参与百事品牌体验的活动，提升了百事集团的知名度和美誉度。这需要公共关系人员具备"新闻脑"，善于开动脑筋，充分发挥创造性和想象力，出奇制胜，方能奏效。

案例 2-2

来自星星的你

《来自星星的你》是韩国 SBS 电视台 2013 年 12 月播出的水木特别企划剧，由张太侑导演，朴智恩编剧，金秀贤、全智贤领衔主演。该剧讲述了从外星来到朝鲜时代的神秘男人都敏俊就此生活至 400 年后的现代，在和身为国民顶级女演员的千颂伊陷入爱情的过程中，不同星球的两人消除彼此之间的误解，克服危险追寻真爱的历程。

该剧在韩国播出时首播收视率达到 15.6%，创下了 2013 年迷你剧最高首播收视率，播毕全剧最高收视率达 28.1%，网络最高收视率达 73.4%，双双位居 2013 年迷你剧首位。此后该剧迅速风靡整个亚洲，仅中国地区网络播放量就超过了 30 亿，成为史上第一部百度指数破 400 万的电视剧，被认为是"中国拥有社交媒体以来最被热议的韩剧"，有关该剧的报道还登上了美国《华盛顿邮报》头版和《华尔街日报》。

在韩国电视界最高奖项百想艺术大赏中，该剧入围最佳电视剧、最佳男演员、最佳女演员、最佳导演、最佳编剧等 9 项电视奖项，全面领跑。全智贤扮演的女主角很有气场，凭借出色的演技深得人心。她时而鬼马搞笑，时而深情催泪，"在女神和女神经病之间自由转换"。她在剧中的穿衣打扮在现实中掀起了时尚旋风，她更是"炸鸡和啤酒"产业的幕后推手。

试从公共关系学原理角度分析《来自星星的你》的销售热潮。

剖析：从公共关系学原理角度分析，该案例也属于策划新闻。

《来自星星的你》选择了当红的人气演员金秀贤和实力派一线女星全智贤为主角，为其奠定了庞大的观众基础。该剧在韩国播出时，剧组成员在全国举行了大范围的记者会；在中国播出时剧中成员也多次赴华出席各类活动来进行宣传。总体来说，该剧充分利用公共关系进行宣传，并以策划新闻的方式吸引观众的注意力，收到了风靡整个亚洲的效果。

第三章

公关宣传与广告

　　了解公关宣传与广告的含义，理解公关宣传的地位和作用，弄清公关广告的要素，分清公关广告与商品广告的联系与区别，掌握公关广告的类型及制作公关广告的原则。了解新闻传播的特征与新闻价值的标准，掌握公共关系与新闻传播的区别与联系。

【导入案例】东江凝结鱼水情、鹅城盛开双拥花

　　2007年7月31日下午，广东省惠州市麦地路金海马家具城门前锣鼓喧天、热闹非凡。十余辆商场送货车一字排开，车头都挂着大红花，车身插满了彩旗，并悬挂着"庆祝八一、拥军优属、拥政爱民、军民一家、鱼水情深、向武警官兵学习致敬、东江凝结鱼水情、鹅城盛开双拥花"等字样的大红宣传标语；由商场员工组建的威风锣鼓队正起劲地敲锣打鼓；身着白、黄、蓝三色制服的商场员工和身披绶带的礼仪小姐们在门前列队整装待发。这是惠州分区在八一建军节来临之际，为答谢惠州市公安消防支队官兵多次支援鹅岭北路金海马家具城的抗洪抢险工作及宣传、展示企业形象，扩大企业知名度和美誉度，推广集团新的VI标志，特精心策划、组织的一次大型公关宣传活动。

　　游行队伍浩浩荡荡地出发，开始巡游惠州街头。车队所经之处旦见锣鼓齐鸣、彩旗飘扬，行人纷纷为之侧目。彩车上身着各色制服的商场员工和身披绶带的礼仪小姐们频频向行人招手致敬；人们微笑着行注目礼。在绕城一周后，来到惠州市公安消防支队驻地，惠州市公安消防支队领导亲自率队在门前迎接；已等候多时的惠州电视台、《惠州日报》、惠州人民广播电台的新闻记者纷纷举起摄像机、照相机、录音机等进行现场采访。

　　在"八一座谈会"上，慰问队代表向公安消防支队赠送了刻有"抗洪抢险勇士、财产保护功臣"字样的铜匾和一些慰问品，对惠州市公安消防支队官兵多次及时对当地支援的抗洪抢险工作表示感谢。惠州市公安消防支队领导也对民众这一拥军行为表示"激动和感

谢"，并对惠州民众所给予的关心、支持表示"非常感谢和备受鼓舞"。会后，慰问队伍全体成员参观了惠州市消防指挥控制中心等。此次慰问活动在热情友好的气氛中圆满结束。

为使此次八一拥军公关宣传活动转向深入，达到更充分地宣扬和展示企业形象，增加企业知名度和美誉度，增强员工的凝聚力和荣誉感等目的。2007年8月1日上午，八一拥军车队再次开上街头进行巡游宣传。此次巡游选择前一日未行经的路线，并重点在鹅岭北路金海马家具城及公司选定的新店址门前做宣传，从而完成了全面覆盖惠州城区的目标。

2007年8月1日至2日，《惠州日报》、惠州电视1台和2台、惠州人民广播电台都相继发布有关新闻，报道此次拥军爱民活动。此次活动较好地宣传和展示了惠州鹅岭北路金海马家具城的企业形象与集团新的 VI 标志等，获得了良好的公关宣传效应和积极、广泛的社会效果。

第一节　公关宣传的概念

公关宣传的主要任务是沟通和协调组织与社会公众之间的关系，以争取公众的理解、认可与合作，实现组织发展的目标。这一任务决定了其工作的主要内容是要正确处理与宣传对象的关系。

一、公关宣传是最好的促销方式

公关宣传是一种效果最好的促销方式，公关宣传一般是指组织利用不付费的各种媒体进行宣传报道，以树立组织的形象，促进商品的销售。公关宣传建立公众对组织产品的兴趣，影响特定的目标公众，树立组织的形象等。公关宣传的要点是选择公关传播工具、制造公关事件与评估公关效果。

（一）选择公关传播工具

以下内容为主要的营销公关传播工具，市场应根据其特点等因素来选择。

（1）公开出版物。企业大量依靠各种传播材料去接近和影响其目标市场。它们包括年度报告、小册子、文章、视听材料、商业信件和杂志，去接近和影响其目标市场。

（2）事件。公司可通过安排一些特殊的事件来吸引对其新产品和该公司其他事件的注意。这些事件包括记者招待会、讨论会、郊游、展览会、竞赛和周年庆祝活动，以及运动会和文化赞助等，以接近目标公众。

（3）新闻。公关人员的一个主要任务是：发展或创造对市场和其他商品或人员有利的新闻。新闻的编写要求善于构想出故事的概念，广泛开展调研活动，并撰写新闻稿。

但公关人员的技巧应超过制作新闻的技巧，争取宣传媒体录用新闻稿和参加记者招待会，这需要营销技巧和人际交往技巧。

（4）演讲。演讲是创造商品及组织知名度的另一项工具。组织负责人应经常通过宣传工具圆满地回答各种问题，并在同业工会和销售会议上演说。这些做法有利于树立组织形象。

（5）公益服务活动。组织可以通过向某些公益事业捐赠一定的金钱和时间，以提高其公众信誉。组织通常要求其经理支持一些社会活动。在另一些场合，组织则在某项特定的事业捐赠金钱。越来越多的组织应用公益事业相关营销，以建立公众信誉。

（6）形象识别媒体。在一个高度交往的社会中，组织不得不努力去赢得注意。组织至少应努力创造一个公众能迅速辨认的视觉形象。视觉形象可通过超市的标识、文件、小册子、招牌、企业模型、业务名片、建筑物、制服标记等来传播，即 CIS 策划所用到的载体。

（二）制造公关事件

组织必须确认自己或某一个商品是否具有有趣的故事可做报道。假设有一个相对来讲不知名的组织希望得到更多的公众认知，宣传人员就要为它寻找可能有的故事。例如，组织中员工有没有什么不平常的背景，或正在从事什么不寻常的项目？有没有开设新的部门及特别的商品或服务？组织里正在发生着什么有趣的事件？

假如可供报道的故事不够充分，组织应该发起做几件有新闻价值的事。这时，组织从事的与其说是找新闻不如说是创造新闻。这类主意可包括召开较重要的顾客联系会，邀请名人到现场促销，举行记者招待会。每一事项都是针对不同目标受众编写各种各样新闻报道的一个机会。

组织的公关宣传促销中一项特别重要的事情，就是应创造许多特别事件。例如，周年庆祝活动、艺术展览会、义演晚会、竞赛、舞会、博览会、时装表演、在不寻常的地方举行聚会、长期连续播放节目。一旦创造了某种类型的事件，其他组织就会纷纷竞相推出新活动。

（三）评估公关效果

执行公关传播要求小心谨慎。就拿在宣传媒体上发表故事来讲，一个重大故事是容易发表的，但大多数故事并不重大，可能通不过细心编辑的审查。组织的公关宣传促销人员的主要任务之一就是通过与刊物编辑建立友谊来了解他们对故事的要求，从而让编辑能采用他们的故事。

由于公关宣传常与其他促销工具一起使用，故其使用效果很难衡量。但如果公关宣传使用在其他促销工具行动之前，则其使用效果较容易衡量。有效营销公关最常用的三种衡量方法是：展露度、知名度、理解和态度方面的变化，销售额和利润贡献。

衡量营销公关效益的最简易的方法是计算出现在媒体上的展露次数。一个较好的衡量方法是由营销公关活动引起的产品的知名度、理解或态度方面的变化（考虑了其他促销工具的影响之后）。如果资料可以获得的话，分析销售额和利润是最令人满意的衡量方法。

二、公关宣传的优势与切入点

公关宣传具有广告所无可比拟的优势，主要体现在以下几个方面。

（一）公关宣传的优势

（1）高度的真实感。由于新闻报道是由记者写出来的，体现了企业外部公众的利益和看法，所以，顾客认为它具有高度的客观性和真实性。在顾客看来，新闻报道是真实的客观信息，而广告则属于自吹自擂的主观信息，影响效果不同。

（2）易为公众接受。对店铺广告或推销人员不予理睬的顾客，一般不会对公关宣传报道反感，因为这是一种新闻活动，而不是店铺推销的信息传播，在心理上不必时时担心受骗上当。

（3）促销效果好。公关宣传和广告一样，都具有把店铺及其产品呈现在顾客面前的潜在作用，远比人员推销的影响效果好。

（二）公关宣传的切入点

公关宣传的切入点主要体现在以下几个方面。

（1）新闻发布。向专业媒体、大众媒体、网络媒体广泛发布大会信息、主要活动安排、赞助商、参展商、主题演讲和会议内容。

（2）媒体广告。在专业媒体、大众媒体、网络媒体上定期刊登广告，保持观众的关注。

（3）媒体专访。在大会指定宣传媒体上开辟展会专栏，邀请参展商介绍本企业的最新产品、最新技术，邀请专家介绍行业应用、前沿开发、成果转化等方面的最新进展。

（4）展会会刊。刊登所有参展商信息，这是观众在日后搜索产品及其供应商的重要资料。

（5）现场新闻中心。参展商可在新闻中心举办项目仪式和新闻发布活动，也可通过新闻中心将稿件分发给媒体。

（6）展会快讯。在展前向已经预先登录的观众提供参展商的技术资讯，主要包括展会期间的各种活动、主题演讲、会议日程等展会信息，方便观众参观和参加会议。

三、公关宣传造势

公关宣传造势能够产生以下效果：通过传媒手段，与公众进行双向交流，与公众交心，赢得公众的信任和支持。同时，顺时造势，实现舆论导向，通过公关宣传造势等手段，提高组织的知名度和美誉度。

（一）造势前"选料"

造势前找准所需的题材是至关重要的，找题材就是"选料"，这是造势工作的核心，所有与宣传造势的有关活动都是要建立在这个核心之上，并围绕其展开的，除了"随机而动"的突发事件之外，这些题材一般都是组织经过研究分析后选定的。

（1）自己造"料"。放眼内部，挖掘潜力，创造对组织有利的新闻，这种"创作"没有一定模式或原则可以遵循，主要是依靠操作者广博的学识和丰富的想象力，以及敏锐的市场嗅觉，去捕捉突如其来的灵感。例如容声冰箱进驻人民大会堂和联合国，香港回归之日科龙集团向香港大厅敬献九龙鼎等，又如"降价"是长虹、苏宁、国美等一类企业造势永恒的题材，每次都会引来媒体的热烈追捧。

（2）紧抓新闻事件。对于发生在身边的各种新闻事件要善于分析和观察，特别是企业，要注意从中找出企业和产品的结合点，利用其中的商机为企业服务。例如南北朝鲜和谈，金大中和金正日碰杯的历史镜头，"邦迪牌"创可贴只简单用一句"没有什么创伤不能弥合"就暗合这一新闻。又如沈阳飞龙抢注"伟哥"商标，就像是引爆了一颗原子弹，媒体迅速跟风狂炒，花了不过万余元注册费，但引发的相关报道若换算成广告价格，价值数亿元，当时"伟哥"商标的资产评估价值接近八亿元。

（3）公益事业不能丢。通过投入一定的时间和金钱来从事一些公益性的活动，以提高品牌在公众中的形象。例如，科龙公司大力开展对江西贫困山区的扶贫活动，赞助亚运会、奥运会等。

（二）实用造势方法

（1）广告。广告不是万能的，没有广告想让自己的产品畅销恐怕也是万万不能的，这个辩证的广告投放原理告诉我们，广告的投放并不一定就会和销售的增长成正比。一般来说，企业做广告都会从自己的产品中或和外部环境相结合来找卖点，即找出宣传的主攻方向，一般有如下几类。

① 功能性卖点。能够干什么，有什么样的作用，能解决什么样的问题或困难。如"排出毒素，一身轻松"的排毒养颜胶囊，海尔的"007即时切"功能冰箱等。

② 技术性卖点。"喜新厌旧"是消费者的共性，宣传中要突出使用新技术的诉求点，把新技术能带来更高层次享受的理念传达给消费者，例如联通的 CDMA 网络、长虹第四

代背投彩电等。

③ 概念性卖点。一般都要给消费者塑造一个高科技产品或从未有过的新感觉、新环境。例如从普通彩电到数字化彩电，从健康空调、换气空调、负离子空调到纳米技术空调，无一不是用概念诉求来制造卖点。

④ 公益性卖点。把企业和企业的产品与公益活动有机地结合起来，搭个"顺风车"宣传自己。例如，"每喝一瓶农夫山泉，就可以为××捐出一分钱"，农夫山泉做了两个版本的广告，从申奥主题到阳光工程的公益广告，与同类产品的明星策略形成明显的差异，塑造了一个关心教育、热爱体育运动的良好品牌形象和社会形象。

（2）召开新闻发布会。不仅具有更为隆重、更高规格的特点，更重要的是记者可以在会上就自己感兴趣的问题和自认为最佳的角度对组织的相关人员进行采访，可以促使双方的联系和合作更加紧密和默契。

组织新闻发布会的原因一般会有：新产品开发、组织管理与经营方针的改变、组织领导或管理人员的变更、组织创立周年纪念日、与组织相关的重大责任事故的发生等。新闻发布会应选择合适的日期和地点，避免与一些社会上的重大活动和纪念日相冲突。

（3）新产品推介会。地点选择在大型商场、专卖店或者购物中心门口，挑选人流比较集中的时间，例如星期天或节假日，搭建舞台或展台，展台结构应便于拆、装，举办活动的前一天应将其布置完毕。为了使会场气氛更为热烈，还应邀请当地的演艺界人士参加，临场献艺，以活跃会场，招聚人气。除了介绍自家的产品如何好之外，别忘提几个比较简单的有关产品的问题，让参与的观众回答，当然答对的观众要给予一些物质奖励，最好是企业的产品或宣传品。

（4）健康咨询会。举办各种与自己产品功能相关的健康咨询会，几乎已经成为了医药保健品企业营销活动当中的"保留节目"，在公园、广场、住宅小区、医院、药品零售店等场合经常可以看到打着横幅、摆着条桌、穿着白大褂、戴着听诊器、使用各种检测仪器的专家或医生在向各种病人做着健康方面的咨询，但更为有趣的是，有些医生给很多病人诊断后，往往会得出几种都涵盖在所推荐药品和保健品治疗及功效范围内的病因，当然最佳的治疗方法就是使用他们的产品。

（5）展览（博览）会。随着经济的不断发展，为活跃市场应运而生的全国及地方性各种展览（博览）会每年多达上万次，例如广交会、糖酒会、贸易洽谈会等。展会上参会者虽然络绎不绝，但在这些创造无限商机的展览会上，并非每一个参展组织都能得到满意的结果。

从历届全国糖酒商品交易会看，国内外实力雄厚的厂商竞相斥资进行广告宣传，对经销商进行公关，利用全国糖酒会各路商家云集的机会，向经销商显示组织实力，建立组织与商家的感情。例如在重要位置，如火车站、机场、广场、会展场馆、城市主要干道等人流集中场所设置厂家的宣传品。例如，充气的拱形门、大型商品模型、气球、彩旗、横幅、产品招贴画、产品宣传手册、宣传单、巨型热气球等。

（6）研讨会。许多企业组织借研讨会之名，行商家宣传广告之实。把研讨会演绎成造势方法，是组织造势的一种最新流行趋势。由组织赞助邀请行业专家和媒体记者参加，研讨题目一般都与组织的新技术和新理念等有关，会上除了阐述组织和行业的最新发展动态之外，主要是组织趁此机会向媒体和业界人士传播自己的形象，让大家对组织有更多的了解。

（7）软文。直接的广告太硬，媒体上也太多，让消费者也越来越反感，相比之下，软文的"功效"最好，"随"报刊潜入消费者的心，"润"消费者于无形，能让消费者在不知不觉当中"信以为真"，脑白金何以火遍中国，像龙卷风一样从消费者口袋掠走几十个亿，若是要论功行赏的话，"软文"应当推首功。

【思维拓展 3-1】　北京奥运会开幕式：世界看见的中国元素

2008 北京奥运会开幕式，当东方文化遇上陌生的观众，中国用一个技压群雄的创意，演一场全世界能懂的中国故事，这是 2008 北京奥运会的梦想，也是中国用公关宣传的方式来解读中国的元素。

1. 夸父追日，宾朋满座

高高吊起的李宁在空中疾步奔跑，他为了理想而孤独奔跑。

（1）夸父追日：夸父诞宏志，乃与日竞走；俱至虞渊下，似若无胜负。

（2）有朋之乐：四海之内皆兄弟也。

2. 角徵宫商，绝世华章

（1）民乐：此曲只应天上有，人间哪得几回闻。

（2）戏曲：人间亦有痴于我，岂独伤心是小青。

3. 人间画卷，空中飞天

（1）中国画卷：身行碧波上，人在画中游。

（2）敦煌飞天：敦煌定若远，一信动经年。

4. 方圆寻道，动静由心

（1）古文字：字是活体字，天是有情天。

（2）太极拳：拳无拳，意无意，无意之中是真意。

5. 四大发明，科技之邦

中国的发明远不止造纸、火药、活字印刷、指南针这四种，还有更多发明渐渐逃离后人的记忆。

2008 北京奥运会开幕式让世界看到了中国元素，仿佛有云雀在夜空思念，有灿烂星汉散落村庄。有那么几十分钟，我们真是邂逅了孔子，三千弟子称颂，击缶声声，竹简声声；真是重回了汉唐，着我汉家衣裳，奏我绝世华章；真是听了一回昆曲的"水磨腔"，歌喉辗转，娇媚性感……真是古意了一把，印象了一把。北京奥运会开幕式匠心独运地打造了一场色彩斑斓的开幕式盛宴。2008，世界看见了这些最为真实的中国元素。同时也坚定地印证了，只有文化的力量，创意的力量，才能最为真实地传播中国元素。

【思维拓展 3-2】　举国办奥运——整个民族雄心与梦想的实现

2008 北京奥运，使中国拥有了一次珍贵而荣光的机会：可以为全世界加油，也接受全世界的喝彩。这部国家奥运史背后的国民奋斗史，是一百多年来中国人民的种种勇气、胆魄和智慧构成的中国成长的全部表象与所有内涵；也是这个国家天翻地覆的沧桑国运，是整个民族拼搏奋进的艰难历程，承载着一个国富民强的大国梦想。举国办奥运，是整个民族雄心与梦想的实现，具体体现在以下几个方面。

1．呼风唤雨，改变花期

（1）人工消雨：奥体中心的天是明朗的天。

（2）空气质量：不放一把火，不冒一股烟。

（3）花团锦簇：400 种花卉为奥运错季绽放。

2．中国民众的奥运梦想与角色感

（1）北京奥运，盛装开演。

（2）赞成的声音压倒性地占据上风。

（3）民间和官方的理念空前一致：举办一场成功的奥运。

3．"一场必须打赢的战争"

（1）三军护航：海陆空全面参与。

（2）全民反恐：奥运安保工作没有旁观者。

4．最多国家领导人出席的奥运会

（1）传播广泛，在国际上产生了轰动效应。

（2）有朋自远方来：八十多位外国政要出席北京奥运会开幕式。

在公关宣传造势中，奥运梦想与强国梦想始终交织在一起。在百年奥运历史当中，或许只有中国人才能最深切地感受到国家强弱与奥运的关系。在经过历史的积淀与洗涤后，今日中国的大国梦想，并非怀念秦汉雄风，并非呼唤唐宋盛世，甚至不能仅仅等同于一百多年来对国富民强的单纯渴望。今日的中国，已经放弃旧日等待万国来朝的封闭与倨傲，代之以向世界、向历史不断学习的开阔心胸，代之以与世界分享所得、共同进步的愉悦心态。2008，盛会开幕。2008，中国梦圆。2008，不是梦想的结束，而是中国新的征程的开始。

【思维拓展 3-3】　　"北京奥运"让世界充满了爱

奥运精神是什么？真正的奥运精神并不仅仅强调"更高、更快、更强"，也崇尚"重在参与、用心拼搏"的精神。2008 北京奥运的目的不在于竞技，而在于沟通，在于对和平、进步的渴望。

2008 北京奥运我中华健儿的赛场表现令人高兴，这些成绩凝聚了他们多年付出的努力和汗水，所承受的伤痛、体能极限和精神压力。今天获得一个又一个的奖牌，得到一波又一波的欢呼、赞赏，就是对他们最好的回报！

除了我国的运动员外，2008 年 8 月 10 日，外国运动员也为我们上演了感人的一幕。当日，北京奥运会女子 10 米气手枪决赛中国选手郭文珺以 492.3 环的成绩勇夺金牌，俄罗斯选手纳塔利娅·帕杰林娜以总分 489.1 环位列第二，格鲁吉亚老将妮诺·萨卢克瓦泽以 487.4 环的成绩夺得铜牌。在女子 10 米气手枪的领奖台上，亚军俄罗斯名将帕杰林娜与铜牌得主格鲁吉亚的妮诺·萨卢克瓦泽相互拥抱，并送上"奥运之吻"。就在这一吻的同时，远在千里之外，格俄战火仍在进行。

与北京奥运会开幕的同一天，格鲁吉亚南奥塞梯地区局势骤然恶化，格、俄处于战争状态。但是运动员们并没有因此退出比赛，他们遵循奥运精神继续参赛，在这样的背景下，帕杰林娜与妮诺·萨卢克瓦泽的拥抱亲吻，让人感动、让人动容。

2008 北京奥运体现了国际公共关系的本质——跨文化传播管理。人们都表达了美好愿望，希望在奥运会期间，停止战争，全身心地享受这场人类的盛会。人们欢聚在一起，和平友爱，共享荣耀，共享一切。

第二节　公共关系与新闻传播

公关和新闻传播与广告息息相关。两者都企图在公众心中将一个商品、想法或服务创造出良好的印象。公关平时除了撰写新闻稿外，还包括发布新闻稿给媒体、替公司发言人安排采访与曝光机会。新闻稿一经媒体采用，或进一步邀约采访时，等于是增加一次免费的曝光机会。由此得知，一流的公关人员必须具备高超的宣传能力、纯熟的写作技巧、敏锐的新闻 Sense（感觉），与媒体也要有很好的沟通渠道，才能多争取一些曝光率。

一、新闻传播与新闻价值

（一）新闻传播的特征

新闻传播是新闻工作者将每天发生的有价值的新闻，通过大众传播媒介告知于社会公众的一种传播形式。新闻传播相对于公关活动中的各种传播形式有其自身的特征，它表现在以下几个方面。

1. 新闻传播客观性

在组织公共关系工作中，新闻传播无论是通过记者采访，还是公关部门自己组织人力采写新闻报道，都是站在第三者的角度，对组织新近发生的有价值的事件进行客观的宣传。这种宣传与广告宣传截然不同。正是由于新闻传播具有这种特殊地位与作用，对传播的内容进行客观的报道，因此，给人一种真实、可信的感觉。

2. 新闻传播免费性

通过新闻媒介，客观地报道一个组织的重大活动或新闻事件，对特定的组织来说是一种免费的"公共关系广告宣传"。因为通过新闻传播来扩大组织的知名度与信誉度，这对于一个企业或组织来说是一种最经济、最合算、效果最好的公关活动方式。但享受这种最优惠"待遇"的企业或组织，只能是那些脚踏实地、认真对待产品质量，不断提高服务水平，注重自身信誉和形象的企业或组织。

3. 新闻传播可信性

新闻报道尽管不需要被宣传的组织或企业支付任何费用，但新闻是有价值的。新闻价值的首要因素就是指新闻的真实性。新闻的真实性要求新闻工作者和公关人员要"根据事实来描写事件"，做到正确、全面、真实、客观。正是由于这种新闻价值的存在，新闻传播才能够赢得社会各界公众的信任。

（二）新闻价值的标准

从新闻学和公共关系学相结合的角度来分析，衡量新闻价值的标准主要有以下几个。

1. 新鲜性

新鲜性要求公共关系新闻具有较强的时效性和较新的内容，这是构成新闻价值的必备要素。受众能从新闻报道里吸取新鲜有价值的资料，如中央电视台的新闻节目、《焦点访谈》、《实话实说》等栏目所提供的大量的有价值新闻的材料，大多是社会热点、经典话题，它们会给观众很多启发，为他们提供富有时代气息的新颖的观点和论据材料。

2. 重要性

重要性是对社会生活中出现的那些为许多人所关注、对社会生活影响较大的事件予以报道。它要求新闻在社会公众中的影响程度较大，要具有显著特性。报纸上刊登的许多种类型的报道，是按照冲突、进步与灾难、及时等新闻价值标准的重要性选择出来的。

倒金字塔结构，也称"倒三角"结构，是消息写作中最常用的一种结构方式。它以事实的重要性程度或受众关心程度依次递减的次序，先主后次地安排消息中各项事实内容，犹如倒置的金字塔或倒置的三角形，因而得名，它多用于事实性新闻。

3．接近性

接近性包括时间的接近性、空间的接近性、职业的接近性等。

（1）目标观众生活区域内的民生新闻。"新闻"关注的那些发生在街头巷尾的家长里短、百姓生活中的柴米油盐等生活琐细之事不具有普适性，它们不像"美伊战争""印尼海啸"或是"两会召开"这样的重大新闻题材易于引起大多数人的关注。因此，按照新闻价值标准的接近性原则来判断，只有发生在接近目标观众生活区域内的民生新闻才会引起他们的兴趣。

（2）受众选择媒体的概率与能提供给人们的报偿成正比。著名传播学家施拉姆提出的"媒介选择的或然率"公式表明：受众选择某一媒体的概率（或然率）与它能够提供给人们的报偿成正比，与受众获得它所需要付出的代价成反比。新闻节目选取的节目题材是轻松而生活化的，主持人的播报语气是口语化和亲切的。比起传统的电视新闻节目，生活化的新闻更容易被普通百姓接受，因为它们更符合老百姓的接受心理。

4．趣味性

公共关系新闻的趣味性以社会公众是否感兴趣为衡量的标准。它要求把趣味性与思想性结合，使趣味性融于知识性之中，把趣味性同人情味结合在一起。

在美国著名编辑们每年评选出来的十大头号新闻中，重大体育赛事和神秘谋杀案、全国性的罢工和战争一直是受欢迎新闻，在新闻商品化的过程中，新闻愈能迎合心理、引人兴味就愈能获得利润，"兴趣即利润"使美国新闻工作者具有较强的把握新闻趣味性的能力和新闻敏感。从《今日美国》中也可以看到，美国新闻价值观中最重要的要素仍是趣味性，但趣味性的内涵已经发生了悄悄的改变，以往美国的大众报纸把趣味等同于色情、暴力、娱乐等感观刺激，用骇人听闻的新闻来塞满人们的新闻渠道，完全抹杀人的社会性。现在新闻传播事业的发展，尤其是社会责任的新闻思潮的流行，美国新闻价值观的趣味性的构成要素也发生了若干变化。

5．需要性

这是指公共关系新闻一定是社会公众所关心、所需要的。当前，法治是全体社会公众共同参与的一项正义的事业，它反映的是社会公众强烈的主人翁的独立意识与自觉意识，表达的是社会公众的积极性与主动性。因此，法治不仅是国家（或政府）所关心并努力从事的事情，而且更是社会公众所关心或者应当关心并努力投身其中的事业；不仅是其他社会公众所关心或者应当关心并为之奋斗的事业，而且同时也是包括自己在内的全体社会公众应当主动地自觉参与的共同事业。

如 20 世纪 90 年代以来，随着新技术革命的蓬勃展开和世界经济全球化的趋势日益显著，企业的竞争力问题成为一个为世界各国的政府和社会公众所关心的热门话题。与此同时，信息和通信技术的突破性发展也为企业在其生产和经营过程中大量采用这些技术提供了条件。在这种背景下，通过信息化来提高企业竞争力就成为一个现实的战略选择。

（三）新闻四大媒体的特点

现代社会的主要新闻媒体有报纸、广播、电视和网络，以下分别分析这四大媒体的特点。

1. 报纸

有人称报纸是"独具慧眼的新闻洞"，因为它具有其他媒体所不能比拟的优点。其优点有：捕捉新闻及时、量大；报道内容深入、细致；读者选择余地大；可以重复阅读；便于查考、检索和保存；通过写作、编辑、排印等方面的精心工作，可以提高可读性，增强吸引力，扩大信息传播的效果。不足之处是：读者数量受到一定的限制；传递新闻的速度不如电讯工具迅速、及时；无感情形象和生动的色彩；报纸较广播和电视缺乏感染力。

2. 广播

广播作为一种电子传播媒体，是通过声音来传递信息的。其有以下优点：传播速度快，覆盖面广；收听广播不受文化水平的限制；收听无独占性；信息传播方式十分灵活；成本低廉，享用简便。不足之处是：收听时间受到一定程度的限制；传播信息稍纵即逝；对听众的教育程度不大，一般很难取得最佳的传播效果。

3. 电视

电视是新闻传播媒体中运用现代科学技术的最佳产物，其发展之快、普及率之高、传播效果之佳，是其他任何新闻媒介无法比拟的。其突出的优点有：电视节目真实、亲切，可信度高；节目传播速度快，感染力强；节目艺术手法多样。不足之处是：电视传播稍纵即逝，不便查找；观众对节目的选择受到限制；节目制作成本高、耗资大。

组织或企业可根据各新闻媒体的优缺点，结合新闻传播的内容、要求及组织或企业的条件，来选择合适的新闻媒体，使公共关系新闻传播达到最佳效果。

4. 网络

网络媒体需要信息整合。网络的本质就是将各个节点关联起来，网络媒体就是在网上将各类信息整合关联起来，这是网络媒体区别于传统媒体的最大本质特征。因此，只有充分利用好这一特征才能充分发挥网络媒体的优势，提高服务质量和获得更多收益。

网络媒体最关键的一点是整合。整合不是简单地将信息汇总起来即可，而是需要进行分析整理，从看似不同的信息中抽取出概念，形成信息的焦点，或者从不同信息中找出关联，从而形成新的意义和新的信息。网络媒体在和谐社会中的四大作用如下。

（1）沟通作用。网络沟通是双向沟通。和谐社会主要讲人际沟通，人际沟通的顺畅是非常重要的，主通道就是一个关键的通道。因此，在双向沟通中，网络媒体起到至关重要的作用。讲和谐社会，不是采取斗争的方法，更多是采取沟通的方式，矛盾的产生是信息的不对称，而网络媒体可以形成信息对称，由不和谐变成和谐，其不是采取剧烈的方式解决，而是采取沟通的方式。

（2）润滑作用。首先，可以缓解公众中的消极情绪，化解潜在矛盾，降低组织压力，化干戈为玉帛，成为社会的减压阀。其次，调节社会舆论，把误会和猜疑变成一些知情和知因。有些社会矛盾，包括上下的矛盾，很多是因为误会和猜疑而导致的，通过网络媒体可以实现社会舆论的调节。

（3）交流作用。网络媒体能够实现自由平等的交流。网络将人、信息和媒介整合为一体，实现了人类跨时空、平等和普遍沟通的梦想，让普通公众拥有话语权，还可以无限制地满足人际交流和心理的需要。人际的交流在各个人群当中都存在，不受年龄、性别甚至地域的限制，人需要交流，这种心理需要的最大满足，就是公众心理的满足。

（4）预警作用。网络媒体一个是传播快，与老百姓无间隙连接的媒体。传播渠道通畅，向上向下传播快，这是危机管理中必不可少的。网络媒体及时把信息反映到上面，上面及时地反映到下面，互通有无。网络媒体能够帮助政府与社会组织及时发现社会民众的情绪，并给予预警、给予及时的解决，把可能发生的问题消灭在萌芽当中，这对和谐社会的构建是十分有利的。

二、公共关系与新闻传播的区别与联系

（一）公共关系与新闻传播的区别

公共关系与新闻传播的主要区别，在于两者的任务和必须为之负责的对象间的差异。公共关系是一个组织为了争取社会了解和支持所采用的活动方式，所以公共关系必须为本组织的利益服务。而新闻传播则必须对整个社会负责。

（二）公共关系与新闻传播的联系

一个组织为了能够长久地在社会中生存下去，就不能只考虑眼前利益，而必须通过

创造社会效益来获得社会的了解和支持，这就是为什么组织需要公共关系实务的原因。所以，公共关系工作的出发点是维护本组织的长远利益。但是，为了实现这一目的，公共关系工作又不得不对社会负责，向社会公众公开事实真相，让社会公众了解本组织。因此，尽管出发点不同，但是在具体行动上，公共关系和新闻还是有着十分相似的地方的，即必须以事实为基础说话。

通过大众传播媒介，新闻可以迅速地在社会中传播出去，产生广泛的影响力。公共关系经常借助新闻所具有的这种特点进行工作，因此，拟写新闻稿、同新闻界人士建立良好的关系等，成了公共关系工作人员的日常工作之一。

公共关系新闻也一样要遵守新闻报道的原则，不能自吹自擂。所以公共关系新闻也必须具有真实性、及时性以及新闻性。

（三）公共关系活动的"制造新闻"

公共关系活动中常常采用"制造新闻"的做法。这种公关活动在组织和工商部门采用的较普遍。对于一个组织来说，要想得到更多的消费者的支持，就必须提高本组织的知名度和美誉度，而如果本组织经常可以在新闻报道中扮演主角，无疑对达到这个目的是十分有利的。

1. "制造新闻"的含义

制造新闻"即在真实的、不损害公众利益的前提下，策划、举办具有新闻价值的事件或活动，吸引新闻界和公众的注意力，制造新闻热点，争取被报道的机会，使本组织成为新闻的主角，以达到提高知名度、扩大社会影响的目的。"[①]因此，公关人员就需要在不弄虚作假的条件下，争取使本组织成为新闻报道的重点。这时，公关人员常要针对社会公众和新闻界的兴趣，有计划、主动地"制造"出一些新闻，以吸引新闻界和社会公众注意。

2. "制造新闻"的特点

相对于一般的新闻报道而言，这种"制造新闻"的特点在于以下几个方面。

（1）由公关人员主动策划和安排。公共关系活动中的"制造新闻"是由公关人员主动策划和安排的，不是偶然发生的，因而更符合本组织的需要。

（2）新闻更有戏剧性。由于经过加工，这种新闻往往更富有戏剧性，更能迎合公众的兴趣，吸引公众的注意力。

（3）新闻效果更突出。在前两点的基础上，"制造新闻"的效果往往较突出。作为新闻报道重点的组织常常成为人们一时交谈的中心，从而提高了组织的知名度。

---

① 廖为建. 公共关系学. 北京：高等教育出版社，2000：248

【思维拓展 3-4】　酒店公关经理怎样"制造新闻"

这是我国改革开放初期的一个经典案例，1986 年 10 月，高莉莉就任上海金沙江大酒店公关部经理时，酒店还默默无闻。1987 年秋，高小姐从她的记者朋友处得知，著名的日本影星中野良子（日本电影《追捕》的女主角）将携她的新婚丈夫来北京、上海访问。她马上意识到这是酒店开展公共关系活动借以提高知名度的好机会。于是，她立即采取了一系列措施争取到了接待客人的机会，然后又直接给尚在北京的中野良子打电话请她来上海时下榻"金沙江"。对方应允后，高小姐立刻带领工作人员进行策划和准备。

客人晚上到酒店后，等待他们的是一个洋溢着浓烈的喜庆气氛的"迎亲"场面。在一片热烈的鞭炮声里，中野良子夫妇被四十多位中外记者及酒店上百名员工簇拥进一个中国传统式的"洞房"——正墙上大红"喜"字熠熠生辉，两旁的对联上写着"富士山头紫燕双飞白头偕老，黄浦江畔鸾凤和鸣永结同心"。在笑声、掌声此起彼伏的"闹洞房"仪式中，新婚夫妇还品尝了象征"甜甜蜜蜜""早生贵子"的哈密瓜、桂圆、红枣等，在异国他乡度过了一个难忘的欢乐之夜。

当晚，在场的记者们纷纷报道了这则绕有情趣的新闻，上海金沙江酒店也随着这些报道在一夜之间扬名海内外，特别是在中国公众和日本公众心中留下了深刻而美好的印象。

1988 年 2 月，高莉莉调到上海华亭宾馆。针对企业急需提高知名度的实际情况，她又策划推出题为"美国食品周"的公关专题活动。"食品周"期间，中外宾客同当地市民一起品尝了火鸡、小羊肉、开胃菜、小甜饼等美国风味小吃，还兴致勃勃地观看了同时展出的好莱坞西部片中老式吉普车、汽油灯、马鞍、竹筐等。虽然当时正值酷暑，但情趣盎然的异国情调吸引着一批又一批的公众流连忘返。一时间"美国食品周"成了大众传媒报道的热点新闻，与此同时，华亭宾馆也成了上海公众津津乐道的热门话题。

问题： 制造新闻应注意哪些问题？

分析： 在公共关系传播中，大众传播能突破时空限制，迅速地把某种信息传遍一个地区、一个国家乃至全世界，从而产生巨大的影响。因此，当一个组织需要提高自己的知名度，赢得社会公众的普遍注意时，大众传播无疑是最理想的宣传方式。而"制造新闻"又是大众传播中最主动、最有效的免费传播手段。

在"制造新闻"的实际操作中，应该注意的是：(1)"制造新闻"必须依据客观事实，这些事实通常是偶然事件或突发事件。(2)这些事件都能被公关人员挖掘出其蕴含的与公共关系目标有某种联系——新闻价值，然后再对其进行有效利用。

日本女影星新婚来中国访问是确有其事；美国食品及西部开发也属客观实在。两则新闻事件的"制造"过程都是公共关系人员根据自己所在组织的公关目标，凭借强烈的公关意识和熟练的公关技能，针对有价值的事实，通过精心策划，巧妙地加工处理，使其增添戏剧性色彩，从而达到引人注目的效果。"金沙江"从默默无闻到在上海林立的大酒店中异军突起占据一方；华亭宾馆则成为中外宾客向往的地方。这些都说明，"制造新闻"带有浓厚的人为色彩，它既表现出公共关系活动的计划性，又体现出专业人员的策划能力。

（四）互动改变新闻价值取向

从学理和功用的层面看，公共关系和新闻传播均将传播学当作自己的理论基础和手段。尽管以人类的信息传播行为为主要研究对象的传播学直到20世纪四五十年代才诞生，但是，人们将公关和新闻（以及广告等）活动等同于传播行为，则远在20世纪之前就有了广泛的实践，并且在20世纪初就已经形成了成熟的看法。正是公关与新闻的互动（当然也包含广告等其他因素），才催熟了这门新兴学科，并很快成为20世纪的显学。反过来说，由于传播学的诞生，使公共关系与新闻传播最终找到了理论上的坚实的支撑点。

新闻媒介在与公共关系互动的过程中，不仅强化了其固有的信息传播功能，而且逐步改变了传统的新闻价值取向。众所周知，新闻价值一向以事实信息中是否包含以及包含多少能够引发受众兴趣、满足受众需要的条件和因素为衡量标准，其功能诉求在于倡导人们向凸显性、变动性事实信息看齐。我们知道，变动是永恒的。

由于公关人文理念与媒体价值观的互动，传统的"报道型新闻传播"正在向"报道——服务型新闻传播"的方向转化。

第三节　公　关　广　告

公共关系广告是为了扩大社会组织的知名度、提高信誉度、树立良好的形象，以求得社会公众对组织的理解与支持而进行的广告宣传活动。

一、广告与传播

广告源于拉丁语"Advertere"，意为"广而告之，诱导注意"。它是传播形式的一种，旨在促进商品的销售和劳务的扩大，影响公众意见，获得公众支持，从而推动某一事业或诱导某种反应。[1]"'传播'又译作'传'或'交流'，源于拉丁文'Comunicazione'，意即'与他人建立共同意识'。"[2]

---

[1] 袁世金. 公共关系辞典. 上海：汉语大词典出版社，2006：271
[2] 袁世金. 公共关系辞典. 上海：汉语大词典出版社，2006：6

（一）广告的含义

（1）广告是营销传播（Marketing Communication）的工具。

（2）广告是由可识别的出资人通过各种媒介进行的有关产品（商品、服务、观点）的、有偿的、有组织的、综合的、劝服性的非人员的信息传播活动。

① 广告是一种传播活动，是一种非常有组织的应用传播形式，由文字和非文字元素构成以填充由资助人控制的预定空间和时间。

② 广告针对的一般是群体而非个体，因此，是非人员的，或者说是大众化的传播。

③ 绝大多数广告是有偿的，也有一些广告是无偿的。

④ 大多数广告会力图劝服人——说服某人接受某一产品、服务或观点。除了可以促销有形的商品，广告还有助于宣传无形服务，越来越多的人利用广告倡导各种观点。

⑤ 广告要表明其资助人。

⑥ 广告经由媒介的某一传播渠道到达受众，广告媒介是一种用于向其目标受众表现某一广告的有偿手段。

（二）广告的独特性

广告的独特性体现在传播上，由广告的独特诉求产生的独特性准确地传播了产品的个性。在广告设计创作中根据客观因素的变化而采取不同的传播方法，使广告设计创作具有针对性，尽量使广告设计创作做到"独一无二"，这是由广告的传播特性所决定的。

1. 人类传播过程

当我们称之为信源的一方形成观点，将其编码为讯息，然后通过某一渠道传递给我们称为受者的另一方时，传播活动就开始了。受者必须将讯息解码才能理解讯息。为了作出反应，受者还要形成新的观点，将其编码，然后将新的讯息通过某一渠道或媒介送出。对原始讯息的理解或反应构成反馈，它也可以影响到新讯息的解码。在广告中，我们可以说，信源就是出资人，讯息就是广告，渠道就是媒介，受者就是消费者或潜在消费者。

2. 传播在广告中的应用

（1）信息层面：出资人、作者和人物。出资人（sponsor，即广告主）要对传播过程负法律责任，并且确实有讯息要传递给消费者。传播活动的作者（author）实际上是某个文案人员、美术指导或更常见的，是广告公司里的一群创作人员。广告文案中包含着一些真正的或者虚构的代言人——人物（person），他们赋予广告某种声音或者基调。

（2）讯息层面：自传式、叙述式和戏剧式。在自传式信息中，"我"向"你"这个虚设的、正在倾听我个人经历的受者讲述"我"的故事；叙述式信息用第三人称向虚设的受者讲述他人的故事；在戏剧式信息中，广告角色干脆就直接在虚设的受者面前进行表演。

（3）受者层面：预定的、资助性的和实际的消费者。这些预定消费者是广告人物讲话的对象，但并不真实，他们只是广告戏剧的组成部分。广告最先的受众实际上是出资方的决策者，这些资助性消费者是决定广告是否可以发布的"守门员"。实际消费者相当于口头传播中的受者，在现实生活中构成广告的目标受众，出资人的讯息最终针对的就是他们，只有出资人同意的条件下他们才可以看到、听到或读到信息。广告主的信息每天都必须与几百条其他商业或非商业信息竞争，这些其他信息就是"噪音"。

（4）反馈与互动。只有通过反馈才能完成循环，证明信息确实被对方接收到了。除了传递的方向是从受者到信源外，反馈采用"信源—信息—受者"传递模式。

广告是伴随着经济的发展而诞生的，传播是广告设计创作的起因。要使自己的产品在竞争中立于不败之地，一方面要创造出优于竞争对手的产品；另一方面要创作出有别于竞争对手的广告设计。而广告传播的"独特性"主要表现在：① 独特的构思，即点子新颖。② 编排独特，即创作出别具一格的编排形式。③ 独特的广告语，创作出朗朗上口的广告标语。④ 独特的色彩。⑤ 独特的广告形象。

【思维拓展 3-5】　孩子是不骗人的

中山大学 2005 级公共关系学专业的一位同学在 2008 年 3 月参加了一个关于胃肠宁冲剂的广告征集比赛，其创意较新颖，现在与大家一同分享。

【药品名称】/【通用名称】胃肠宁颗粒　汉语拼音：Weichangning Keli

【功能主治】/【适应症】清热祛湿，健胃止泻。用于腹泻及小儿消化不良。

广告要求：

1. 突出产品的特性
2. 突出企业的风格
3. 体现广东的特色

广告内容： 孩子是不骗人的

镜头 1： 先拍摄一个典型的三口之家大厅的情景，镜头先对准宝宝用的小车，再滑向宝宝的小熊布娃娃，再回到宝宝可爱的照片，让观众先了解宝宝的存在。

镜头 2： 在镜头移到宝宝照片的同时，有一个很有磁性的父亲的声音响起（但不要出现真人）："宝贝，快点把药喝了，喝了就不拉肚子啦！"

但回应是很不情愿的鼻音（要很像宝宝的声音），表示对吃药的抵抗。

父亲："乖，忍一下苦，马上就喝完了！"

但回应还是同样的不情愿的鼻音（要很像宝宝的声音），继续反抗。

镜头 3： 这时镜头对准对话的两人，原来是爸爸拿着凉茶在劝拉肚子的妈妈吃药，而妈妈不愿意，两岁左右的宝宝则坐在旁边睁大眼睛看，就在父母争执的时候，宝宝突然站起来跑到卧室里。

　　镜头4：爸爸妈妈还在为吃药争执，这时宝宝从卧室跑出来，双手捧着一个奶瓶，里面装着胃肠宁冲剂，他跑到妈妈的跟前，把奶瓶递给妈妈，嘴里说："妈咪，这个甜甜，喝了不拉肚子！"爸爸妈妈听后，都笑了。爸爸说："这是刚给宝宝冲的环叶胃肠宁啊！"妈妈把宝宝抱到怀里，说："宝宝真乖，妈妈马上喝！"然后就把奶瓶放到自己的嘴里。

　　镜头5：镜头聚焦到橱柜高处的胃肠宁冲剂，突出"广州环叶"和"胃肠宁"，然后旁白响起："宝宝的推荐，源自环叶无微不至的关怀，胃肠宁，我们为您的宝宝量身定做的凉茶。"

二、公关广告的性质和特点

（一）公关广告与商品广告的区别

　　公关活动经常要使用广告来扩大影响，但公关广告并非一般的广告，两者有着若干不同，如表3-1所示。[①]

表3-1　公共关系广告与商品广告的区别

	公共关系广告	商品广告
传播内容	与组织形象有关的信息	产品及相关的技术、劳务
传播对象	公众与舆论	顾客及潜在消费者
传播目的	"爱我"：交朋友，树形象	"买我"：卖产品，做生意
传播效果	长远的社会影响	近期的市场效果
营销功能	间接促销	直接促销
传播色彩	公众色彩较浓	商业色彩较浓
影响模式	公众→组织→产品	公众→组织→产品
表现方式	客观性强，报喜也报忧	主观性强，只报喜

　　1. 目标不同

　　广告的目标是以最小花费在最短的时间里推销出更多的产品和劳务。公关的目标是要树立整个组织的形象，增进组织内外部公众的了解，从而使整个事业获得成功。

　　2. 传播方式不同

　　广告的信息传播是以创造性的技巧将产品或劳务的信息撰写成文稿，设计成图案，采用夸张的手法拍成广告影视片，"引人注目"是其基本原则。而公共关系的信息传播同

[①] 廖为建. 公共关系学简明教程. 广州：中山大学出版社，1996：173

新闻传播方式一样，即靠事实说话，绝不能有任何虚假，"真实可信"是其基本原则。公关人员成功的诀窍，不在于运用什么文学的或艺术的传播方式，采用哗众取宠、耸人听闻的表现手法，而在于善于选择适当的时机，采用适当的形式，通过适当的媒介，把有新闻价值的信息及时地、准确地传递给特定的公众。

3．传播周期不同

一般来说，广告的传播周期是短暂的，通常一个时期集中宣传某个产品或劳务，它有比较明显的季节性和阶段性。相比之下，公关的传播周期则是长期的，因为公关的目标是树立组织形象和信誉，这绝非一时努力所能奏效的，它需要长期的、有计划、有步骤的公关工作。

4．工作性质不同

广告在企业管理中属于局部性工作，某一广告的成败一般并不会对企业经营全局产生决定性影响，但公关工作却在经营管理中处于全局地位，属战略性工作。公关工作的好坏决定组织的形象和信誉，并因此而决定组织的生死存亡。

5．效果不同

广告的效果是直接的、可测量的，一项广告的效益可用产品销售量的增加、利润额的上升等指标来衡量。公关的效果与广告大不相同，成功的公关使组织具有良好声誉，组织因此而受益无穷，但所得益处却难以用简单的硬指标来衡量，它既有社会效益也具有整体效益。

公关与广告存在着上述区别，但两者亦有密切联系，其主要表现在：公关需要借助广告形式作为一种工具，而广告业务也需要公关思想作指导。出于全局性的考虑，开展公关工作也经常需要做广告，即所谓"公关广告"。但这种广告不是推销企业的具体产品或劳务，而是重点介绍企业的管理、人员素质、服务宗旨以及为社会承担的义务和责任、所做的好人好事等，其目的是塑造企业的良好形象。一般商业广告需要接受公关指导，并纳入公关工作的整体战略中。一个企业的公关工作效果和成绩，可能因一则言过其实的广告而功亏一篑。

（二）公关广告的主题和类型

公关广告，实质上是一种带有某些广告特征的，但不限于商业活动的，不以盈利为目的的传播行为。

1．形象广告

广告是形象传播与推广的重要途径和手段，是组织外部行为系统的重要方式之一。广告通过生动、富有成效的宣传，向社会公众传递组织优良的产品、服务，良好的组织精神、经营方针、价值观念，一流的管理水平和生产技术，从而在社会公众心目中形成美好的组织形象，获得他们对组织的认同、理解和支持，促进组织的继续经营与发展。

【思维拓展 3-6】 公关在左、广告在右

从来没有一刻像今天一样，市场激烈如战场，一次失误就可能让企业陷入万劫不复之地，原本毫不起眼的弱小对手转眼间就成了最强劲的竞争对头。作为市场推广的最主要两种手段，如何对公关与广告进行有效运用是许多经理人所关注的重点。

1. 公关在左、广告在右的合围式推广策略

广州是全国房地产行业竞争最激烈、发展最成熟的城市，几大房地产巨头势力均衡，市场竞争格局非常微妙。在这种市场背景下，任何一个大的楼盘想要在激烈的市场竞争中突出重围，就必须有一套独特的市场策略。

数年前，凤凰城经过长时间的准备，在"五一"前夕开盘，并立即开展狂风暴雨式的市场推广攻势。在短短几个星期之内，投放各种媒体的广告额达 3000 万元。无论是广州的日报、晚报、都市报、电台、公共汽车车身、候车亭、电视台等传统媒体及户外媒体，密密麻麻全都布满了有关凤凰城的广告。只要你打开报纸、坐上公共汽车、打开电视、收听广播，都难以躲开凤凰城广告信息的围追堵截。

目之所触、耳之所听、抬头所见、翻报而读，全都写着凤凰城三个字。如此强力的媒体推广方式在广州的房地产业是很少见的，虽然信息的过度轰炸引起一部分人的反感，但效果也是显著的——五一黄金周在短短七天时间中，凤凰城的成交量就突破 7 个亿。可以说，凤凰城的合围式的市场推广策略是非常成功的。这种策略的要点就在于在短时间内将产品的信息以多渠道的方式，向目标客户群发起总进攻。无论是偏好哪一种信息接收方式或者媒体阅读方式的消费者，在如此密集的信息投放面前，始终都无法躲过其信息的轰炸。

这种合围式的推广策略并非适合所有的企业及产品的市场推广。只有产品信息相对透明、企业无须花长时间培养市场对产品的认识，同时市场上同类产品竞争激烈，众声喧哗、小打小闹广告投放很难见效果的情况下，才可以考虑使用此策略。

2. 公关在前、广告在后的慢热式推广策略

任何市场推广策略都必须是有的放矢、精心策划而后定的，而产品的市场周期性则是制定有效推广策略的重要依据。

产品可以分为市场启动期、市场成长期、市场成熟期及市场衰退期。而从产品宣传的目的看，可以分为提升产品知名度、打造品牌美誉度、树立产品形象等不同目标。不同的产品入市时期及不同的产品宣传目标，其应采用的市场推广策略就会大相径庭。

广告，是指通过语言、文字、图像等媒体向社会公众进行有目的的、广泛的宣传告

知活动。形象广告是适应组织 CI 战略需求而提出的一种广告新策略。它主张广告的重点应突出组织标志、组织社会责任感和其特殊使命等非产品因素，强调同消费者和广告受众进行深层的交流，以产生情感的共鸣。在全国性大众媒体上，包括中央电视台，经常可以见到这类组织形象广告。如奥妮的"长城永不倒，国货当自强"、红塔集团的"天外有天，红塔集团"、海尔的"海尔，中国造"等。同一般的产品广告不同，组织形象广告突出组织个性、追求和优势，全面反映组织形象的内涵和实质。所以，形象广告是以提高组织知名度，树立组织整体形象为目标的公关广告。形象涉及的面很广，形象广告的类型也多种多样，大致可归纳为以下五种类型。

（1）理念广告。理念是 CI 的核心。理念广告是向社会传播管理哲学、价值观念、理念风格、组织精神的广告。理念广告把组织的价值观念宣传出来，对内会产生凝聚力，对外会产生号召力，使组织形象连同它的观念和口号深入到大众心中。例如，太阳神集团的"当太阳升起的时候，我们的爱天长地久"；长虹的"长虹以产业报国，民族昌盛为己任"；爱多的"我们一直在努力！"；海尔的"真诚到永远"；潘婷洗发水的"拥有健康，当然亮泽"；太太口服液的"十足女人味"；蓝天六必治牙膏的"牙好，胃口就好，身体倍儿棒，吃嘛嘛香"。

（2）实力广告。实力广告是用广告的形式向公众展示组织生产、技术、营销、资金等方面的实力，主要目的在于使公众通过对该组织的经济、技术、人才实力的了解，增强对该组织及其产品的信任。例如，科龙集团的"容声冰箱连续七年全国产销量第一"、春兰的"世界级品牌、春兰空调"。特别是 TCL 之"今天进入未来"的广告词，意念很深刻：自由是人类的天性，而"3C 融合"为主的人机互动智能恰恰满足了人类追求自由的天性。TCL 正对这一必然趋势提出：拥抱 3C，今天进入未来！

（3）社会责任广告。社会责任广告是显示组织对社会公共事业和公益事业热情关心的广告。它或以广告的形式响应社会生活中某个重大主题，以求得社会各界的理解与支持；或以组织的名义率先发起某种运动或提倡某种有益的观念，表明组织积极参与社会生活的态度；或以广告的形式表明组织对社会存在某种问题的看法等。这样做的目的是表明组织不仅为自己打算，而且善于从全社会角度考虑问题，愿为社会的整体繁荣做出努力。这类广告从表面看有时根本未涉及组织，但它产生的影响却很深远，是树立组织形象的一个重要手段。曲靖卷烟厂连续不断地在《经济日报》中缝做"高标准、严要求、做贡献、创一流"及"建设有中国特色社会主义""深化改革是国有企业的唯一出路"等广告，就属于此类型广告，它既突破了大众传媒对香烟广告的限制，又传播了组织形象。

（4）活动类广告。通过举办各种活动，如举办展览会、讲座、举行会议、搞纪念活动、赞助活动、体育比赛、文艺娱乐活动以及其他社会公益活动等，争取机会，显示实力，借以提高组织或产品的知名度和信誉度。这类广告在各式各样的活动中比比皆是，这里不再赘述。

（5）征求类广告。通过征求方式吸引社会公众的注意力，增加其对组织的兴趣，借以提高公众对组织的记忆与熟悉程度。例如征求组织的名称、徽标、商标、品牌、意见、稿件、答案等。

形象广告除以上五种类型外，在实际应用中还有多种多样。应用时，不必拘泥于某种固定的形式，可以多种形式混合穿插，以达到强化形象广告的目的性，使宣传效果更佳。

2. 公益广告

【思维拓展 3-7】 这就是公益广告！

CNN 播过一则广告：两个幼儿亲密地在一起玩耍，下面分别写着以色列人、巴勒斯坦人；紧接着又出现波斯尼亚和塞尔维亚幼儿、伊拉克和科威特幼儿等几组亲密玩耍的镜头，然后打出字幕：停止战争，为了孩子。署名：联合国儿童基金会——UNICEF。

这就是一则典型的公益广告。像这种不是以收费性的商业宣传来创造经济效益，而是"免费推销"某种意识和主张，向公众输送某种文明道德观念，以提高他们的文明程度，获取良好的社会效益的广告，就是公益广告。公益广告是为了营造一种气氛和声势，即某种社会氛围。从某种意义上说，一个城市、一个地区、一个国家公益广告的水平，是这一城市、地区、国家民众文化道德水准和社会风气的重要标志。公益广告的主要作用有两个：一是传播社会文明，弘扬道德风尚；二是组织通过它树立自身良好的社会形象，巩固自己的品牌形象。公益广告指组织为社会公益活动提供服务的广告传播，包括完全以公益性主题制作的广告。

（1）公益广告的类别

从广告发布者身份来分，公益广告可分为以下三种。

第一种是媒体直接制作发布的公益广告，如电视台、报纸等。我国中央电视台就经常发布此类广告。这是媒体的政治、社会责任。

第二种是社会专门机构发布的公益广告。如联合国教科文组织、联合国儿童基金会UNICEF、世界卫生组织、国际野生动物保护组织分别发布过"保护文化遗产""儿童有受教育权利""不要歧视艾滋病人""保护珍稀动物"等公益广告，这类公益广告大多与发布者的职能有关。

第三种是企业发布制作的公益广告。如波音公司曾发布过"使人们欢聚一堂"、爱立信发布过"关怀来自沟通"等公益广告。企业不仅做了善事，也确立了自己的社会公益形象。

从广告载体来看，可分为不同媒体的公益广告，如电视广告、报纸广告和户外广告，以及绘制在车站、巴士、路牌上面的公益广告。

从公益广告题材上分，可分为政治政策类选题，如改革开放 30 年、迎接建国 60 周年、科技兴国、推进民主和法制、扶贫等；节日类，如"五一""教师节""重阳节""植树节"等；社会文明类，如保护环境、节约用水、关心残疾人等；健康类，如反吸烟、全民健身、爱眼等；社会焦点类，如下岗、打假、扫黄打非、反毒、希望工程等。

（2）公益广告创作的原则和特征

公益广告的创作，既要遵循一般广告的创作原则，又要体现公益广告的个性原则。公益广告创作的个性原则包括以下几个方面。

① 思想政治性原则。公益广告推销的是观念。观念属上层建筑，思想政治性原则是创作公益广告的第一要旨。思想政治性原则还要求公益广告的品位高雅，就是说要把思想性和艺术性统一起来，融思想性于艺术性之中。第 43 届戛纳国际广告节上，有一个反种族歧视的广告，画面是四个大脑，前三个大小相同，最后一个明显小于前三个，文字说明依次是非洲人、欧洲人、亚洲人和种族主义者的（均标在相应大脑下）。该广告画面简单，主要让受众自己去思考、去体会，其独特创意令人叫绝。

② 倡导性原则。公益广告向公众推销观念或行为准则，应以倡导方式进行，传受双方应是平等的交流。传播者摆出教育者的架势，居高临下，以教训人的口气说话，是万万要不得的。这并不是说公益广告不能对不良行为和不良风气发言。公益广告的倡导性原则要求传播者采取以正面宣传为主、提醒规劝为辅的方式，与公众进行平等的交流。这方面成功的例子是很多的，如"珍惜暑假时光""您的家人盼望您安全归来""保护水资源""孩子，不要加入烟民的行列"等。

③ 情感性原则。人的态度，是扎根于情感之中的，如能让观念依附在较易被感知的情感成分上，就会引起人的共鸣，更何况东方民族尤重感情。如福建电视台播出的一则"两岸情依依，骨肉盼团圆"的广告，成功地将祖国统一的观念诉之于情。

3. 观念广告

观念广告是通过提倡或灌输某种观念和意见，试图引导或转变公众的看法，影响公众的态度和行为的一种广告。观念广告可以是宣传组织的宗旨、信念、文化，或者是某项政策，也可以是传播社会潮流的某个倾向或热点。转变或培养观念是长期的，广告策划应该分阶段实施，不可急于求成。

观念广告是在一段较长的时间内持续投入稳定费用，逐渐使所要传播的观念为受众所接受。一是改变某种偏见而建立某种观念；二是逐渐培养起某种新观念。观念广告活动持续时间长，见效慢，要确定长期稳定的广告预算策略目标难以量化，需要定性的认识，让受众对社会提倡的新观念有一个深入了解。

（1）观念广告策划

通过广告，在消费者心目中建立或改变某种观念，从而促进组织发展的活动。观念广告传达的观念有两种：消费性观念和社会性观念。消费性观念广告是引导消费者改变原有的消费观念，树立新的消费观念和消费方式。社会性观念广告是指在广告中发表某一社会性问题的意见，以影响舆论，达到改变特定的政策或法规的目的，从而为组织的经营发展服务。

观念广告策划的要点：① 转变或培养观念是长期的，广告策划应该分阶段实施，不可急于求成；② 观念广告活动持续时间长，见效慢，要确定长期稳定的广告预算策略；③ 目标难以量化，需要定性的认识；④ 对产品所代表的消费观念要有深入了解。

（2）观念广告分类

① 政治性的观念广告，是通过广告宣传，把组织对某一社会问题的看法公之于众，力求唤起社会公众的认同感，以达到影响政府立法或制订政策的目的。在这里组织所关心的社会问题，一般是能直接影响到组织的利益的。立法或政策将直接影响到组织的长远利益。如美国伯明翰钢铁公司通过观念广告向美国人民公告他们对进口钢铁的看法，从而赢得公众支持，使美国的保护钢铁工业的法案得以顺利通过，就是典型的一例。

② 务实性广告，是建立或改变消费者对组织或某一产品在心目中的形象，从而建立或改变一种消费习惯或消费观念的广告，而这种观念的建立是有利于广告者获取长久利益的。例如，在国外饮料市场中，在可口可乐独霸天下的情况下，生产七喜汽水的厂商有意识地通过广告宣传，把饮料分为可乐型与非可乐型两大类，从而使七喜饮料脱颖而出，打破了可乐型饮料的垄断地位，就是一个很成功的例证。

观念广告还以倡导全新生活方式和居住时尚为广告目的。例如"广州后花园"这一楼盘的广告就是传播一种在繁忙紧张工作之余，去郊外居所里享受轻松生活的新观念。观念广告是通过提倡或灌输某种观念和意见，试图引导或转变公众的看法，影响公众的态度和行为的一种公关广告。

4. 响应广告

响应广告即用来表示组织与社会各界具有关联性和共同性的一种广告。群体心理就是个体需要与动机的共同性和一致性在群体中的反映，这种反映进一步发展后则成为社会态度。人们在群体情况下所接受的响应广告的影响，与在个人情境下的情况有着明显的差别。在群体情境下，接受广告宣传的影响的作用规律是特有的。一般而言，广告宣传的群体心理过程要涉及人们在群体情况下相互模仿、相互感染、社会性遵从这样一些过程。这些过程影响广告宣传，同时也可以指导广告宣传。

【思维拓展 3-8】　齐来运动、发放活力

2005 年 6 月 18 日香港商报：香港民建联 43 巴士刊运动广告，响应联合国国际体育运动年暨把本港建设为健康活力城市。为响应联合国"2005 国际体育运动年"，民建联启动名为"齐来运动、发放活力"宣传计划，并花费 20 多万元，在全香港 43 辆巴士车身上刊登广告，标榜以运动来把本港建设为健康活力的城市。

市民在未来 1 个月将会在街上看到这批巴士上抢眼的长条型广告，由民建联多名"重量级"成员一起化身成为"运动健将"，宣传各类运动，如篮球、排球、棒球、羽毛球、壁球、射箭、太极等，适合普罗大众，市民可一睹平时严肃的政治人物，在穿上活力迫人的运动装模样。

为了提高社会对运动的重视，民建联建议设立运动日，鼓励市民齐来支持运动，他们并且就运动的正确资讯制作锦囊，向公众派发。民建联副主席谭耀宗表示，近来有很多打工仔向他们反映，经常因为工作时间太长而无法运动，影响身体健康，他呼吁户主应该体谅员工，给予员工多些时间和机会运动，促进身体健康，这对香港未来各方面的发展都会更加好。谭耀宗指出，香港人越来越重视健康，除了饮食、健康检查外，最重要的就是多做运动。这次活动希望推动香港成为一个"健康活力的城市"，在未来的日子，民建联将举办一连串的活动，当中包括在父亲节举办的父亲带队郊游比赛、动感 AV 短拍摄比赛、街头汇演等。

（三）公关广告的特点

公关广告既属于公共关系活动的一部分，又属于广告的范畴，它集公共关系的特点与广告的特点于一身，形成了一种特殊的广告。其特殊性有以下几点。

1. 特殊目的

公关广告的特殊目的是推销组织的形象，其主要目的是引起社会公众对组织的注意，激发社会公众的兴趣，争取社会公众的信赖与好感，取得社会公众的理解、支持与合作，并表现出自身对社会的贡献，扩大自身的影响力，树立组织良好的形象。

2. 特殊手段

公共关系广告是通过间接的手段让社会公众了解组织及其产品与服务。

3. 特殊观念

公共关系广告在选择目标上注重长期性和系统性。因为无论生产何种产品或提供何种服务，组织自身都需要长期稳定地发展下去，从而要求组织为自己树立良好的信誉和形象。这是一种具有战略性的思想观念。

（四）公关广告与新闻宣传

1. 公关广告对新闻宣传作"主题补充"

公共关系与广告的区别，可以这样形象地比喻：广告的作用，就像赛马时，将马骑上跑道，鞭策以加快。而公共关系则像清除跑道上的砂石障碍，从而使马跑得更好的一种工作。一般广告旨在说服，公共关系广告则是一种教育方式；一般广告是推销商品，公共关系广告是推销公司。

公关广告作为一种专门业务，在整个社会经济体系中，不可避免地存在着同行业之间的"形象竞争"。每个组织都希望自己的形象比对方更"光彩"，更吸引公众，更能"先声夺人"。新闻宣传是公共关系的一项重要工作，这一方面是因为，在现代社会中，许多信息必须通过新闻渠道（包括报纸、杂志、电视、广播）才能传播出去；另一方面也是因为，通过这种方式易于取得较好效果。公共关系广告"不是要大家买我，而是要大家爱我"，即是为组织机构树立形象服务，这与一般的广告有很大的区别。公关广告通常对新闻宣传作"主题补充"或"主题修正"。

2. 用新闻宣传为广告作心理铺垫

新闻宣传能够以有高度和深度的新闻报道形式为广告作心理铺垫，再配合专家评述（软广告）和形象（硬广告）作项目的宣传引导。从心理学的角度来说，人们的情感普遍存在一种由此及彼的扩展和迁移的特性，可以利用公关广告把握住新闻宣传中公众的心理，集中力量宣传组织的形象和声誉，体现了创新力和冲击吸引力，而又不失自然亲和力，让公众感受到彼此之间的距离是越来越近。

3. 建立新闻宣传与广告的良性循环

（1）从新闻宣传引出广告。这得益于一贯坚持的新闻操作思路，应该拥有"三独"——独家的新闻资源、独特的新闻眼光、独到的新闻操作思路。从新闻敏感、采访技巧、新闻策划、新闻追踪等四个具体的过程阐述这"三独"，才能从新闻宣传引出广告。

（2）用广告激活新闻宣传。应该提出一个口号：没有新闻就制造事件，没有事件就制造概念。事实证明，广告激活新闻宣传在组织新闻传播上是非常有效的。

（3）用新闻宣传确认广告。在新闻宣传的同时，利用广告，用新闻炒作形式即时作宣传，以形成一种新闻热点；以报纸广告和电视广告为主要媒体，配合电台、DM广告、促销活动和现场广告，来形成强烈的宣传攻势，增加与目标公众的接触频次。

（4）用广告重复新闻信息。不同时段的广告重复着相同的新闻信息，表面看起来起到了重复传播的效果，实际上对受众产生对信息的印象不断加深。同时，媒体的生命力在于内容的"新"，在于信息的及时更替，不断起到告知、指导和沟通的作用。

最后会得出这样的结论，广告的信息：简单、相对稳定、可重复。公关的信息：复杂、不断变化、难以重复。

案例 3-1

QQ 浏览器广告——我不耐烦，我要的现在就要

闪婚、微博、贩卖机、微电影、速食、宅急送、动车……这些近年来出现在网络上的热词，看似毫不相干却都有一个共同的特质——快！伴随着网络时代成长起来的年轻一代，他们是渴求成功、不愿等待的一代。他们不愿意阅读长篇大论的文章、去看一个长视频，最最不能忍受的就是浏览网页时蹦出来的那行字——请耐心等待……

当现代社会庞大的竞争压力遇上网络速食文化，刺激年轻人追求一种快速致富、快速成名、快速生活的态度，但这些求快的信仰，也饱受批评，说他们沉不住气、鲁莽、善变、不耐烦……然而"快"节奏也铸成了他们希望掌握最新世界的性格和心底"追求梦想，立即行动"的渴望。基于这样的洞察，QQ 浏览器推出最新的广告 Campaign[①]，共包含四支电视广告片（TVC）和相应的平面稿。

这个由台湾奥美为其打造的最新广告 Campaign，首波已上线三支 TVC 及三张平面（见图 3-1），将目标人群锁定为18～29 岁的 80、90 后年轻一代，即喜欢

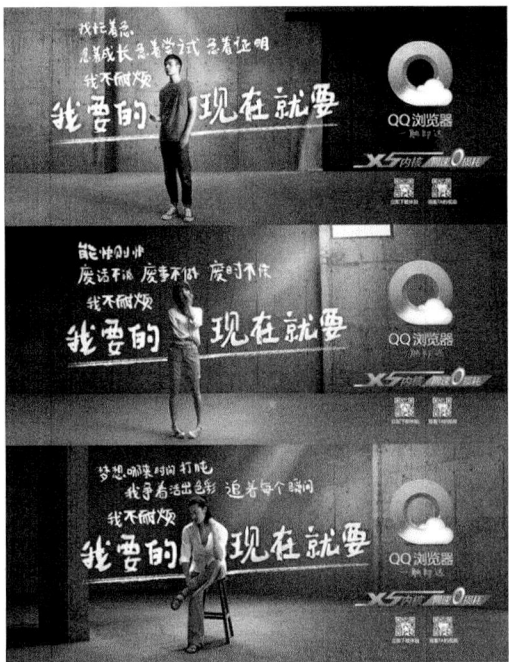

图 3-1　QQ 浏览器平面广告

追赶潮流的尝先族、爱现族。TVC 中极富紧迫感的节奏表现出了年轻一代的态度——"我不耐烦，我要的现在就要"。

试从公共关系学原理角度分析 QQ 浏览器广告的公关效果。

剖析：从公共关系学原理角度分析，该案例应用了求新欲望的理论。求新欲望是人的一种基本欲望，即想要从自己周围环境中寻求新刺激的欲望，来满足自己的好奇心。而流行之所以能够存在，正是因为它本身具有新奇性的缘故。人们的求新欲望与流行的新奇性、短暂性密切相关。

[①] 广告 Campaign 是指广告主在一段明确的期间里（如一年），推出一系列拥有共同主题或讯息的广告，以期建立广告讯息的累积效果，塑造品牌与企业一致的形象，并给予目标受众持续而深刻的刺激与冲击。

人们即使生活上自由自在，精神生活与物质生活十分满足，但若长期处于没有任何变化的社会情境中，会逐渐感到厌倦，甚至不堪忍受，最终会产生摆脱陈旧生活模式的欲望，而流行能够创造新的生活方式，用不断变化的新的面貌来满足人们的求新欲望。该案例有以下几个切入点。

（1）三支 TVC 广告①都使用了节奏快、令人感到紧张的背景音乐，快速的叙述语速，以及独白之外广告主人公"抖脚""按笔""咬指甲"等均是人们在着急与不耐烦的情境中下意识感情流露的动作，给观众营造了与广告主题高度相符的氛围。广告中看似陌生的面孔却是身边普通人的代表，他们用畅快的独白表达了 QQ 新一代浏览器所带来的畅快浏览体验。

（2）年轻的 80、90 一代，是市场新生的主流消费群体，这也正是 QQ 浏览器的主要目标人群。广告挖掘出当今年轻人的生活与个性的特征，在探索消费者心态上做到了细致入微，引起年轻人的强烈共鸣，成功地抓住了消费人群，是成功的营销。

案例 3-2

2014 年首期《新闻联播》结尾——2014 爱你一世

央视《新闻联播》是全国乃至全球收视人数最多的新闻类节目，它的一举一动都具有"风向标"的意义。近年来，此档新闻在逐渐改版，改版后的节目"更接地气"、更有亲和力和活力。

一直以来，中央电视台的《新闻联播》给人留下的都是严肃的印象，而就在 2014 年元旦当晚，《新闻联播》在结束时首次向全国观众进行了一场浪漫的"告白"，并配以全国各地新年日出景色的风光片。此"告白"举动一经播出，立即引发网友热烈讨论，不少网友都大赞《新闻联播》的此次"卖萌"之举。以往的《新闻联播》在每天节目快结束时，都是由两位主持人伴着背景音乐做简短结束语，然后打出结束字幕。而就在 2014 年 1 月 1 日当晚，《新闻联播》也表现了新年新气象，不仅以全国各地新年日出景象的风光片为结尾，主播者的画外音也适时响起："朋友们都在说，2013 就是爱你一生，2014 就是爱你一世，那就让《新闻联播》和您一起传承一生一世的爱和正能量！"

节目一经播出，立即引起网友热议。"今天的《新闻联播》太浪漫了！""《新闻联播》配着这温暖的背景音乐和这样的文字，觉得真是温馨，好有爱！"从反响来看，大多数网友都对央视此举大大点赞。细心的网友会发现，近年来《新闻联播》一直在改版，包括播出文娱、体育类的预告性节目，还让青春偶像剧在《新闻联播》上"露脸"。改版后的节目更加接地气，网友、观众也愈发喜欢《新闻联播》走这样的"亲民"路线。

---

① 这三支广告可通过互联网搜索观看。

请用公共关系的有关理论分析这一案例。

剖析：从公共关系学的理论可以看出央视传递了这样的信息：传递一种和谐的人文精神，这是公共关系的终极价值：宽容、传播和竞争。和谐的人文精神体现了：要做一个健康、积极和乐观的人，要将正能量辐射到周围，建立更和谐的公共关系环境。而这种和谐的人文精神又是建立在国家繁荣昌盛基础之上的，是与"中国梦"息息相关的。

案例 3-3

湖南卫视战胜其他卫视的制胜法宝

2013 年 10 月，湖南卫视引进韩国 MBC 电视台的亲子户外真人秀节目《爸爸！我们去哪儿？》，改编成为湖南卫视的真人秀节目《爸爸去哪儿》。节目一播出就引起了社会的热议，收视率急剧上升，吸引了各个年龄段的观众。此外还有也是从韩国引进并改编的大型歌唱真人秀《我是歌手》，同样也收视大热，使得其他的各大地方卫视纷纷模仿，推出相同类型的真人秀节目来争夺收视率。

从地方卫视的收视率排行榜来看，湖南卫视可以说一直都是其中的佼佼者，稳居第一。也有相关的调查显示，湖南卫视早已成为了大部分的观众最喜爱的地方卫视。

分析湖南卫视的节目为何能打造得如此成功。

剖析：从公共关系学原理角度分析，该案例同样应用了求新欲望的理论。

先拿《爸爸去哪儿》来说，一个节目的播出少不了宣传造势，这种宣传是从播出前一直持续到播出之后的。这部亲子真人秀节目早在电视播出前就进行了首映观影礼，观影礼中，除了节目中的五对父子嘉宾与全国近百家媒体互动交流，还邀请了现场的 30 对父子到台上与嘉宾互动。这样的宣传造势使得节目没有播出前就引起了社会公众以及媒体的广泛关注。一旦经过媒体的宣传形成了媒体效益后，观众心理就会潜意识地认为这个节目很红，会很好看，等到播出的时候自然收视率表现不俗。

再来看节目内容，《爸爸去哪儿》体现了本土的创意，就是明星真人秀+儿童真人秀+户外实拍+亲情牌，同时满足了观众八卦好奇的心理需求，从而牢牢地抓住了观众的眼球。此外节目中无论是爸爸还是孩子，都具有很鲜明的形象特征，成功地为人物塑造了个人品牌。节目播出后还有后续跟进的宣传，例如改编成电影，一下子提升了湖南卫视的媒体和大众的关注度。

接下来谈谈另一个收获高收视率的节目：《我是歌手》。同为歌唱比赛节目，这个节目与浙江卫视的《中国好声音》的不同之处在于参赛的歌手都是在华人圈内拥有较高知名度的实力歌手，而且赛制的设计很特别，明星参赛，观众当评委，令观众有常看常新的感觉。同时，观众能够在演唱会之外聆听到歌手高水准的现场演唱，更让许多歌迷兴奋不已。这样集聚了明星效应和竞赛效应的表演，怎么能不吸引广大热爱音乐的观众呢。

自 2004 年以来，湖南卫视秉持着"快乐中国"的理念，力争打造中国最具活力的电视娱乐品牌。该电视台的节目无论是选材还是形式都不断创新，不断去适应观众的需求，给观众带来了很多快乐美好的回忆，也许也正是这些与观众拥有的共同回忆与带着观众的期盼，湖南卫视才能在同行业中成为佼佼者。

第四章

公共关系在营销中的应用

　　谈到公关与营销，人们很容易陷入一种非常传统的思维定势之中，把公关简单地理解为一种促销工具。这种看法在一定程度上限制了人们的思维，使得公关不能把它拥有的能量更好地发挥出来。公关作为促进机构与公众之间相互沟通与了解的重要手段，有着广泛的涵盖领域，这包括了机构（主体）不同、受众（客体）的广泛性和传播手段的多样性。而公关作为企业为主体的一种营销手段时，也并非仅仅是产品的广告、促销宣传这么简单，同时还包括了企业战略层面各种关系的协调与处理，是一种更高层面上的营销战略。公关能够在更高的空间维度上，协调促进企业战略、品牌建设、产品营销等各方面的协同发展。

【导入案例】蒙牛成功的原因

　　2003年3月份伊拉克战争期间，蒙牛集团抓住央视大规模战争报道形成的收视高峰，率先进行事件营销，获得了极大成功。此后，他们与央视协商建立了一个应对突发新闻事件的快速反应机制，以确保蒙牛广告能在第一时间赢得商机；"非典"期间，很多企业纷纷停下广告，蒙牛集团不但没有撤出广告，反而加大投放，并增加了公益广告的力度，"非典"过后，马上得到了市场的回报。

　　2003年10月份，蒙牛又利用获得"航天员专用牛奶"称号这一机会进行大规模"举起你的右手，为中国喝彩"的公关活动；到11月，蒙牛则一举夺得中央电视台的广告标王，再次成为社会关注的焦点。可以说，正是这一娴熟的公关营销技巧使蒙牛品牌知名度和美誉度大幅提升，并由此树立起一个具有民族内涵的大品牌形象，同时使蒙牛的产品销量一路奋进，目前已由行业的乳业第四一举上升至榜眼之位，而液态奶部分更是攀升为行业霸主，值得我们借鉴推广。

问题：分析蒙牛的每一次公关活动，尤其是借助神舟 5 号成功飞天事件的"航天员专用牛奶"公关活动，你认为其成功的原因在什么地方？

答案：蒙牛营销人员成功的原因是抓住了公关营销策划的四大精髓：

（1）永远不忘产品的核心优势和品牌的核心价值。

（2）始终警惕转瞬即逝的市场机会。

（3）坚持感性路线和理性路线的完美结合。

（4）清醒认识执行是保证公关成功的关键。

第一节　公关与营销

从 20 世纪 90 年代到 21 世纪，这十几年是我国营销发展最快的一个阶段，也诞生了很多伟大的营销传播概念，它们或一举成就了一个企业、一个品牌，或一举转变了市场运行规则。公关营销创造了奇迹的营销概念，在大家都在"拼体力"（如渠道争夺战、价格战、促销战等）的时下，公关营销的经典案例应该会给中国的营销管理和操作者一些深刻的启发，值得 21 世纪的营销者们再度深思。

一、营销的内涵

（一）营销的概念

营销是指对观念、商品及服务进行策划并实施设计、定价、分销和促销的过程，其目的是引起交易，从而满足个人或某个组织的预定需求、欲望和目标。

而传统营销方式却带来了尴尬，对于传统营销方式来说，人们都存在一点疑虑，因为人们很难衡量传统营销方式的成本与收益。而按照基本经济学原理，只有当产出大于投入时，人们的某种经济行为才是合理的、有价值的。

传统的广告方式是这样操作的。中央电视台的黄金时段的广告很贵，对于商家来说，在中央电视台投放广告，意味着每次就是拉进去一辆"桑塔纳"，至于能不能换回一辆"奔驰"车，则事先不得而知。因此，对于商家来说，此种营销方式就带有很大的不确定性。

回想当初的标王"秦池"：其从名不见经传的地方小厂一跃成为年产销量数十亿元的"大户"。恐怕"秦池"与中央电视台当初都没有想到这个广告的效果，否则中央电视台必会进一步抬价。那么，为什么中央电视台没有采取与"秦池"分享利益的方法呢？这可以归结为两点：一是中央电视台很难去衡量由于其"广告"所给"秦池"带来的业绩，且双方很难达成一致意见；二是中央电视台可能并不愿意承担"风险"，而更愿意收取一个固定的费用。

通过传统营销方法，很难确定它给企业带来的直接销售效果，而只带来更多的"知道啦"效应，至于这种"知道啦"是否能转化为企业的销售业绩却是未知的。同样，对于广告商，由于采取了平均定额收费方法，一方面可能吓退不少客户，同时也不能分享其给客户带来的直接经济效益。因此，整合营销传播是当今企业经常采用的一种传播方式。整合营销传播（Integrated Marketing Communications，IMC），又称统合营销传播，有人称它为新广告（New Advertising），是近年出现的营销广告新概念，其核心思想是将与企业进行市场营销有关的一切传播活动一元化。①

（二）营销概念的误区

营销咨询的误区来源于企业对营销的误区，其内容是：企业把销售和营销等同起来。

1. 营销的工作

（1）产品有没有需求，消费者愿意不愿意购买的问题，并达成消费者愿意购买意向。

（2）消费者有了需求之后，如何满足需求的问题，并让消费者能够买得到。

2. 销售的工作

企业的销售工作是在消费者有了需求之后，如何满足需求，让消费者能够买得到自己的产品。但是企业却常常把管理和营销等同起来。管理的工作是：根据企业在市场所在的位置和市场的竞争状况，设计符合营销策略条件下的管理方式，这种管理方式是以营销策略方式为前提的。

3. 营销咨询的误区

根据上面的概念误区可以看出，企业在寻找咨询公司的时候，往往把销售和营销等同起来，因为销售是解决消费者能不能买到的问题，它不管消费者是否愿意购买，所以，就造成很多误会。

（1）很多企业只希望咨询公司帮助自己招商，它并不知道这个时候如果市场的需求处于启动或者导入阶段的话，简单招商带来的是产品在渠道成员中的囤压现象。营销咨询是解决有没有需求，并且根据需求的显现形式进行满足的方式设计。而如果不了解需求方式的市场，销售带来的只能是强行的推销形式。

（2）对于产品上市的方案设计是营销咨询的基本内容，但很多企业认为只要把产品顺利地送上市场就是产品上市了，于是在选择咨询公司的时候，会忽视产品的企划作用、市场的启发作用和渠道的利用方式设计等内容，而只是简单地从价格上进行选择，而一些曾经有过销售经验的人在各地组织经销队伍，然后再和企业做咨询的过程中，主要是

---

① 廖为建. 公共关系学. 北京：高等教育出版社，2000：328

以销售产品为主，所以，价格是很低的，造成目前市场上出现了很多经销商式的销售咨询公司。

（3）在选择公司的行为上也存在着误区，有时认为这个咨询公司很大，很有名望，就认定一定能够做好它们的营销咨询，这是一个严重的误区，因为很大的公司很多都是管理咨询公司，而它们兼做的业务营销咨询并不是企业管理顾问们的优势，所以，它们对营销咨询内容上的理解存在着偏差，造成报价和工作内容的不完整，使很多企业咨询结束后产生后悔的现象。

（4）对认定方式上的误区，往往企业认为很多培训老师可以帮助它们做营销咨询，这也造成很多培训公司试图承揽营销咨询的项目，俗话说："艺高人胆大"，但是现在出现了很多培训老师或者很小的咨询公司也敢承揽营销咨询的现象，行里有句话叫做："无知者无畏"。造成这种现象的原因是因为很多老师承揽了一些管理方案给学生做，使得很多培训公司认定这些方案应该是很容易的，所以，经常对老师和企业约法三章，如果有咨询意向一定要通过这个培训公司的中介才可以。另外，企业很难分出老师当中哪些是咨询专家？哪些是老师？所以，才有了很多这样的状况出现。

（5）现在很多大型的管理公司内部有一个不成文的规定，营销的案子轻易别碰，可见营销方案的复杂性。但是很多企业往往又要找这些大型的管理公司，使得有些公司在社会上找一些认定有潜力培养的，有一定工作经验的人，并且敢接这些案子的人，让他们通过这些找来的企业进行磨炼，所以，从报价上也并不是很高，往往通过该咨询企业的品牌很有杀伤力。

（6）企业往往认定如果它真的是一家营销咨询的公司，就无须认定是否有行业经验了，因为只有销售型的咨询公司才设定行业，营销是做人的需求工作的，只要这家公司可以很好地找到人的需求方式，它就应该知道如何进行满足，而只有销售型的公司只进行满足工作的咨询，不涉及需求方式的选择，所以，只能需要经验进行对需求方式的预估，而没有这个经验的销售型咨询公司，就只能针对行业进行销售型的咨询了。

（7）简单的广告表现，认为只给企业提供一个很到位的广告表现就是营销咨询了，忽视了产品定位、市场定位及根据产品和市场进行表现对接的表现定位，使得企业获得的往往是一个天马行空的创意思维，对市场的结果缺乏充分的预估及合理的操作方式的配合，造成企业资源的极大浪费。

（三）新型营销概念

营销是战略过程，它是一连串按顺序发生的、经过策划的活动或方法，包括开发产品、定出适当的价格、通过分销渠道使消费者有机会获得产品服务以及通过销售和广告活动对产品进行推广。新型营销概念包括以下内容。

1．网络营销

它是借助计算机网络、计算机通信和数字交换式媒体的威力来实现营销目标。网络营销是一种软营销，是遵守网络礼仪的同时对个性化顾客的服务。这种互动式的营销模式，改变了中间商在营销渠道中的作用，利用网络虚拟化的特征，降低了营销成本。

2．基准营销

基准化就是对企业内部的行为、职能、经营进行全面分析研究，并把本企业的情况与行业领域的情况做比较分析，即努力向高手学习，从而确定一套管理和营销的基准，以此指导企业发展。

3．直复营销

直复营销是一种为了在任何地方产生可度量的反应或达成交易而使用的一种或多种广告媒体的互相作用的市场营销体系。其特点是："双向交流信息"使营销的效果可测定。基本形式包括邮件广告、电话营销等。

4．关系营销

关系营销思想以与顾客建立良好关系为中心，强调企业间合作，共同开发市场，协调与政府关系，创造良好的营销环境。

5．服务营销

服务营销的特点是在传统市场营销的 4P 策略（产品、价格、渠道、促销）上外加 3P，即人员、环境、程序三个因素。其重点在于以高质量的顾客服务反映独具特色的企业文化。

6．虚拟营销

虚拟营销是指由若干成员企业为共同获得某一市场优势，依靠信息手段，以最快捷的速度进行全球资源重组组成的没有企业界限、超越空间约束的临时性动态联盟，市场机遇一旦消失即解散的一种组织结构形式。虚拟企业实质上是企业间的暂时联盟形式。联盟基础在于企业间是否具有技术上的优势互补性。

二、公关与营销的联系与区别

（一）公关与营销的联系

1．公关与营销的发展同步

公共关系学与市场营销学有着共同的前提条件。公共关系本身就是市场经济高度发达的产物，是与营销一同发展起来的。

2．公关与营销工作对象一致

作为工商企业的公共关系，最重要的外部公众是消费者、顾客。而消费者的总和就是"市场"，这也正是市场营销的对象。因此，企业公共关系的对象与市场营销的对象是共同的。

所以，公共关系工作所面对的一种重要公众——消费者，也是营销工作的对象。

3．公关与营销相互沟通

两者都需要使用传播的工具和技巧去与工作对象相互沟通。最后，两者工作要获得成功，都有赖于同一种正确的观点和哲学，即所作所为必先利他才能利己。

（二）公关与营销的区别

1．公关的范畴比营销大

从企业组织来说，除了市场事物的管理外，还有生产管理、财务管理、人事管理等，公共关系在其他管理方面同样能够发挥重要作用。公关的对象不仅仅限于消费者，还有企业组织内部的职工、原材料供应者、生产协作者、股东、新闻媒介、政府部门等。这种公众关系的管理已日益成为企业管理的一项专门业务。

2．公共关系的运用范围比营销广

它不仅仅局限于工商企业组织，其他许多非营利的组织，如政府、文化、教育、科技、医疗、体育等组织乃至社团，都需要公共关系。

3．公关比营销更注重社会效益

营销主要是为了指导消费，建立商业信誉，它给组织带来的是眼前利益和经济效益。而公共关系要树立的是组织的整体形象，追求的是组织社会效益和长远利益，这项任务绝非营销所能代替的。

三、公关营销新法则

卖产品的时代已经过去，在高度同质化、竞争激烈的消费纪元，筑希望、给梦想，通过调动客户情绪，最终建立情感联系的感性营销已成为新趋势。公关营销成为企业发展最重要的课题。它的目的在于发现、定位目标市场潜在的情感消费需求，提供解决方案，并与客户建立关系，形成企业与市场联盟、多赢的关系。企业怎样从经营管理的层面做好感性营销？企业怎样与客户的情绪、情感对话，打动消费者，留住客户？企业怎样获取市场的情感认同，为企业发展累积市场的情感资本？以下公关营销法则供参考。

（一）从信任到情感一致的客户沟通

1．与客户沟通，调动客户情绪

公关营销从以产品为核心的 4P 发展到以客户为核心的 4C，到未来以关系为核心的 4R，公关营销越来越关注客户、关注客户的情绪与情感。解密客户购买过程中的"黑匣子"，了解顾客心声与购买动机、掌握客户心理需求以及内心深处的欲望成为成功销售的关键。

沟通的意义取决于对方听到了什么，而不单单是企业、营销人员想表达什么。正如沟通中说什么并不重要，重要的是对方听到了什么。所以，必须了解目标客户的思维方式，他们是如何进行信息的读取、筛选和编码。然后，用适当的方式与客户进行沟通，不仅仅关注、设法满足客户的需求，同时也影响客户的需求，让客户在不知不觉中受到企业、产品、销售人员的引导。

充分沟通的目的在于让客户知道：企业愿意以有意义的方式接触他们的生活，从而积极响应客户同一个方向上的情绪，对客户进行影响。在客户与企业不同的接触点（包括销售人员、电话、电邮、传真、广告、渠道等）持续的影响最后形成客户对企业、产品的情感。

2．取得客户信任，达到情感一致

赢得客户的信任是营销成功的一大关键。无论是广告还是公关活动，当客户通过不同的渠道了解到企业信息时，他们会建立关于企业以其提供的产品的期望。如果期望能够在购买、使用的过程中得到实现，客户就将会成为满意的客户。极度满意的客户是企业最好的销售人员，并会帮助企业形成良好的口碑。

诚实是企业和销售人员的基本责任。信任拉近企业、销售人员和客户的距离、展现品牌魅力，能够与客户的情感达成一致。企业应争取、维持消费者的信任，并牢记这份信任随时可能被消费者收回。而一旦失去客户的信任，企业、营销人员将会面临生存危机。同时，员工是企业产品最早的购买者，只有极度满意的员工才能制造出客户极度满意的产品，因此，在企业内部也必须建立良好的信任机制。

以往，我们常常用输赢的观念来看待这个世界，一方的"得"必然导致另一方的"输"。现在，越来越多的情况下，我们发现多赢、双赢才是企业、销售人员和市场、客户都想看到的局面。如何营造多赢的关系？首先是认同双方利益的一致性。企业想要和客户站在同一立场时，首先就要取得客户的信任。当彼此关系处于一种信任的状态中（即肯定彼此立场一致），才能达到情感的一致性。

（二）公关诚实与感性诉求

1．公关诚实塑造渴望

相信"今年过节不收礼，收礼只收×××"的广告大家都记得，但是真正喜欢这项产品，出于喜爱的情感而购买该产品的客户又有多少呢？拥有品牌知名度不代表深受消费者喜爱。从孔府宴酒到秦池，到爱多，以及央视的"标王"用钱作堆，很快取得了相当高的品牌知名度，但是却没有与客户建立丝毫的情感联系，企业最后命运多变。

企业要诚实，要诚信，是因为诚信是有价值的商业道德，它可以支持企业走得更远。

企业呈现的真实，要响应消费者内心的渴望。金龙鱼"1∶1∶1"的广告推出后，同时被 7 家粮油名企围剿，但销量没有明显下降，而品牌也没有受到太大的影响。正是因为金龙鱼所推出的广告响应的是消费者对健康的内心渴望与情感需求，"1∶1∶1"信息本身是真实的，油的品质是过关的，金龙鱼在某种程度上呈现了真实，而非完全的不真实。

2. 感性诉求推动购买

了解目标客户情感需求与心理需求，是企业成功的关键。为什么企业越来越关注市场、社会的趋势是什么？人们将会更喜欢、更关注什么？下一个情感冲击波将会影响到企业的生存与发展。顺势而为的企业将会得道多助，逆势而为则会事倍功半。产品发展、设计创意与感性诉求才能打动人心。感性品牌与塑造品牌识别，是强化产品研发的一大关键。

【思维拓展 4-1】　　"酷"与"新"

诺基亚一向以生产直板机为主，而在亚洲市场，更多的人喜欢用翻盖机。诺基亚当年打败摩托罗拉登上了全球手机的冠军位置。但是，直板机慢慢在中国及亚洲得到的评语为："好用，科技领先。但是不好看。"

一句不好看，让诺基亚痛失不少市场份额。直板机真的没有翻盖机好看吗？不见得。真正的原因是什么呢？是因为手机在很多人看来是自己时尚形象的组成部分，他们希望通过手机来彰显自己的品味。在很多人用翻盖手机的时候，手机盖与机身发出的轻微的碰击声可以引起周围人的注意。所以，大部分人会更喜欢翻盖机。

而诺基亚的竞争对手摩托罗拉情形正好相反：摩托罗拉就是为中国调整其全球品牌定位策略的最好案例。"智慧演绎无处不在"的摩托罗拉最初在中国确定了四个目标用户群：以科技为主导，以时间管理为主导，以个人形象为主导，以社交生活为主导的四个用户群。当时它完全涵盖了移动电话的主要用户群：企业管理人员和富有的企业主。但当新生代（白领、大学生、高中生等）成为发展速度最快的市场群体时，摩托罗拉在中国市场重新诠释了它的形象，围绕着"酷""新"两个主题。

（三）创造感性经验，打造公关形象

1. 通过体验为消费者创造感性经验

品质决定价格，钟爱创造销量。追求成功最重要的是谨守诚信道德与服务承诺。如果能将客户的愿望、希望、想法纳入产品形象、企业愿景、产品服务中，将可创造出令人印象深刻的感性经验。同时，根据市场的趋势、目标客户群的变化不断地调整企业形象，为消费者塑造不同的体验，企业才能更好地生存与发展。

【思维拓展 4-2】 "第三空间"的定位

星巴克通过"第三空间"的定位，为客户营造出一种无法取代的体验，体验在客户心中留下记忆，形成情感，从而塑造了星巴克的成功。对此，星巴克的说法是："每个人都需要归属感，所以需要为自己开辟一个处之泰然的空间，当生活变得越来越复杂时，就越渴望与他人沟通，在此信息革命的时代，人与人的疏离感越来越重，心与心的距离越来越远，Starbucks 提供的是一种抗压剂。"

而百事可乐的胜利也来源于此。通过广告、公关活动、音乐赛事，围绕着"渴望无限"，百事不断塑造出更自由、更年轻、更独立、更多机会……所有的推广活动都以百事的目标客户群——年轻人的自我形象为核心开展，支持百事取得了越来越多的成就。

2．从视角识别到个性特质打造公关形象

除了利用 VI 视觉识别系统的传统视觉方式呈现企业外，企业塑造的公关形象对客户的认知也起着重要作用。客户情感认同正是透过品牌传递洞察力、个性与人性。一家没有个性的企业，一个没有特质的产品是不可能取得市场的最终胜利。每一个产品都代表一个独特的销售主张（USP），代表一种张扬鲜明的个性，才能吸引消费者的眼球与注意力。打造企业的感性形象就需要：

（1）满足消费者的情感需求。通过广告、营销通路的设计，满足消费者的情感需求。有一种专门针对中老年人开发的紫砂茶具，厂家针对目标市场"不服老"的心理，将"老夫喜作黄昏颂，满目青山夕照明"的诗句刻在茶具上作为广告词，拨动客户心弦，在心理上满足客户，从而促使茶具畅销。

（2）对客户提供有针对性的服务。商品提供给消费者的价值有两种：一种是硬性商品价值，是指商品实际能提供给消费者的功能，如化妆品就是保护皮肤，服装就是御寒；另一种是软性商品价值，价值，则是指能满足消费者感性需求的某种文化，像香水就是品牌的高贵感、魅力感等。产品附加值在市场上的地位越来越高了，它与产品卖点难以分割，日益融为一体了。企业要了解目标客户群真正的心理需求是什么，他们想通过购买产品解决什么问题？除此之外，还有什么方法向客户提供产品的更大附加值？

（四）功能到感觉再到感性风格

1．从功能到感觉，公关让销售成功

产品功能反映品质，感官设计创造经验。产品设计表现企业本色，它是最有效且影响深远的渠道，发出强而有力的讯号，传递企业文化，影响大众对企业的认知。在卖方为主的市场中，以产品为中心的营销模式决定了企业更加关注产品的功能是什么，企业通过规模生产来控制成本，赚取更多的利益。而现在，高度的同质化市场中，同类型的产品越来越多，如何向客户提供差异服务成为最重要的问题。差异化成为吸引客户眼球最重要的因素之一。

塑造差异化的关键是：在于客户对于购买、使用产品的感受是什么？客户从中解决了什么问题？满足了哪方面的情感需求？而又帮助自己克服了哪方面的问题？

如同样买一瓶可乐，客户买百事还是买可口可乐是由客户对于品牌的公关认知造成的。可能在客户的认知中，可口可乐代表了经典，而百事代表了潮流。而客户的自我定位是新潮，那么他买百事可乐的可能性会更大一些。

品牌通过感觉为客户设计的公关认知将决定客户最后的购买决策。公关最终将赢得目标客户的心。例如 QQ 的定位就是年轻人的第一辆车，奔驰的目标客户群是生活成功的绅士，奥迪则是四平八稳的商务车典范……即使是同等价位的车型里，POLO 和毕加索定位的客户群也是不同的，所以它们所营造的公关形象也是不同的。同样的功能，不同的公关塑造不同的公关形象，取得不同的区隔市场的成功。

2. 从普遍存在到感性风格

成功的公关营销除了必须出售产品，也必须积极参加到创造公关的品牌风格的过程中，企业必须对消费趋势保持高度敏感力，掌握、了解、响应客户的消费心理。公关风格成为产品吸引客户的一个重要因素，也是竞争中取胜的关键法宝之一。

【思维拓展 4-3】　手机的感性分格

我们以手机市场为例进行观察：截至 2007 年 12 月底，据不完全统计，目前国内市场上正规渠道销售的手机有近 1000 个品种，加上水货品种已超过 1500 种。如此多的选择使手机消费完全进入了买方市场。而除了价格这个敏感的杠杆之外，手机的细分感性定位也极大地影响了消费者的购买决策。从感性分格上，可以根据消费者的性别将手机分为女性、男性和中性化的三种感性分格。

1. 女性手机

外观小巧轻薄，曲线柔美，多采用大弧面过渡，比"男性手机"或"中性手机"更具时尚美感，具备一些特定功能。产品导入期价位较高，以彰显时尚、品位的诉求。女性手机并不是说所有的女性都要用这种类型的手机，也不是说男性就完全不可购买使用这种类型的手机，关键在于这种类型的手机更多地考虑了女士的要求，以更小、更轻、更漂亮作为卖点，至于性能如何并不是其关注的首要因素。

2. 男性手机

男人用的手机，需要能突显持有者特有的男性品味，体现男性气质，和男性化的衣着打扮相协调。典型的男性手机一般是功能强、外形偏大、颜色稳重、铃声清晰的产品，线条多比较硬朗，色调也以冷色调为主。

3. 中性手机

相对于性别分明的手机，还存在大量希望模糊性别界限的人群，因而厂家在此类产品设计上采取折中路线。精致小巧的外壳整合多元化的功能，强调外观的够炫、够出彩，功能丰富，想怎么玩就怎么玩，以达到网罗更多消费者的目的。这也成了很多手机厂商对此类消费人群广告的主导方向：性别不是差距，玩的只是时尚。

（五）感情互动到公关推动

1. 从表达到感情互动

表达是单向度的；对话才是分享，互动才能了解客户真正的需求。曾经有一个餐馆在进行客户满意度调查时，发现只有一个部门受到的投诉最少：自助餐部门。为什么？因为自助餐的部分工作是由客户自己完成的，客户与餐厅之间有互动，所以他们更加满意这种沟通方式。

在设计品牌广告、产品和行销计划的过程中，邀请消费者参与，提供意见或创意思考是目前最新的品牌策略。而这种策略也广泛地应用在广告中。电子游戏中加入广告是最新的广告形式，它的目的就是让广告与消费者互动，以达到更好效果的目的。

2. 从提供服务到建立公共关系

服务是销售，关系是认可。销售是从什么时候开始的呢？就是从客户购买的那一刻开始的。只要把顾客服务好，其余事情都会解决。消费者购买产品不仅仅是购买产品，如音响，从消费者的角度看，很少有客户是为了买音响设备而购买音响设备，客户真正购买的是一种高质量的音乐感受。简单地提供一套音响并不能引导消费者进入到这种高质量的生活状态中。只有通过服务才能更好地满足消费者的感性需求与心理需求。

（1）在购买的时候，由经过专业训练的销售人员向消费者提供专业、亲善的服务，令消费者感到正在进入他所希望的高尚和令人尊敬的生活。

（2）通过销售后的服务向客户提供提升他的音乐素养和知识的途径和渠道，如举办沙龙和邮寄各种音乐杂志、向客户传递经典的和流行的音乐资讯，帮助客户广泛和便利地获得好的碟片，从而找到客户所需要的感觉。

（3）了解客户的生活、工作变化情况，及时捕捉对方生活中的一些变化，了解客户的心理疲倦周期，并适时地提供服务，阻止竞争对手的进入。

企业需要提供内容完整、层次丰富的服务，通过服务来满足客户潜在的心理需求与情感需求，造成竞争的差异化，为企业、产品塑造更好的感性形象，为客户塑造无法取代的感性经历。当客户愿意与企业保持关系时，企业才真正赢得了客户这一票。所以，热情的员工是最佳的品牌大使。他们热情、专业、具有激情的服务将是最好的销售工具。

企业做好公关营销，通过塑造感性经验，建立能最大程度吸引目标客户的公关形象与感性品牌。企业生存的活力是什么？创新。公关营销正是摒弃了冷冰冰的面孔的创新之道，是跨过理性的面具直指人心的有力手指。

第二节　公关营销策略

当今市场竞争是一种注意力的竞争、人心的竞争、传播的竞争、关系的竞争。公共关系是提高企业形象竞争力的法宝。它运用各种沟通的策略、传播的手段、协调的方法，使企业营销进入一种艺术化的境界。在营销中常用的公关策略有以下几种。

一、进攻型策略

进攻型策略即组织主动积极公关的策略。它以组织的营销目的为主，主动推广组织的产品服务、知名度，反映组织的销售目标、市场选择、定位等，目的是强化组织形象，增加销售额。它包括以下几种具体策略。

（一）服务策略

营销所讲的服务是社会组织向消费者提供的旨在让其满意的、基本上是无形的活动或利益。它包括售前、售中、售后服务，体现的是"顾客第一"的战略思想；体现了服务宗旨：为客户创造价值；强调服务策略：想客户所想和没有想到的。

服务策略的关键在于服务项目，应根据组织的实际条件，推出具有可操作性的服务项目，在服务理念统帅下长期为公众提供特色化的服务，以相对稳定的服务业务强化组织的服务品牌。应该把了解客户需求，长期、稳定地为客户提供支持和服务，提高客户的满意度，并使客户获得最大利益，同时创建社会组织的服务品牌作为公司的一贯策略。社会组织应把服务作为立业之本，将服务意识贯彻到工作项目实施的全过程中。

（二）品牌策略

品牌是与某种产品或服务有固定联系的总名称、术语、标记、符号或设计，或是它们的组合运用。品牌使用的目的是借以辨认销售者的产品或服务，并使之同竞争对手的产品和服务区别开来。组织在营销中要树立品牌意识，争创名牌，培育名牌，并要有效保护名牌。

🔑 **【思维拓展 4-4】 舒肤佳——后来者居上称雄香皂市场**

1992 年 3 月，"舒肤佳"进入中国市场，而早在 1986 年就进入中国市场的"力士"已经牢牢占住香皂市场。后来者"舒肤佳"却在短短几年时间里，硬生生地把"力士"从香皂霸主的宝座上拉了下来。根据 2001 年的数据，舒肤佳市场占有率达 41.95%，比位居第二的力士高出 14 个百分点。舒肤佳的成功自然有很多因素，但关键的一点在于它找到了一个新颖而准确的"除菌"概念。

在中国人刚开始用香皂洗手的时候，舒肤佳就开始了它长达十几年的"教育工作"，教中国人把手真正洗干净。看得见的污渍洗掉了，看不见的细菌你洗掉了吗？ 在舒肤佳的营销传播中，以"除菌"为核心概念，诉求"有效除菌护全家"，并在广告中通过踢球、挤车、扛煤气罐等场景告诉大家，生活中会感染很多细菌，"放大镜下的细菌吓你一跳"。然后，舒肤佳再通过"内含抗菌成分'迪保肤'"之理性诉求和实验来证明舒肤佳可以让你把手洗"干净"，另外，还通过"中华医学会验证"增强了品牌信任度。

🔑 **【思维拓展 4-5】 农夫山泉，甜并快乐着**

1998 年，娃哈哈、乐百氏以及其他众多的饮用水品牌大战已是硝烟四起，而且在娃哈哈和乐百氏面前，刚刚问世的农夫山泉显得势单力薄，另外，农夫山泉只从千岛湖取水，运输成本高昂。农夫山泉在这个时候切入市场，并在短短几年内抵抗住了众多国内外品牌的冲击，稳居行业三甲，成功要素之一在于其差异化营销之策。而差异化的直接表现来自于"有点甜"的概念创意——"农夫山泉有点甜"。

"农夫山泉"真的有点甜吗？ 非也，营销传播概念而已。农夫山泉的水来自千岛湖，是从很多大山中汇总的泉水，经过千岛湖的自净、净化，完全可以说是甜美的泉水。但怎样才能让消费者直观形象地认识到农夫山泉的"出身"，怎样形成美好的"甘泉"印象？这就需要一个简单而形象的营销传播概念。"农夫山泉有点甜"并不要求水一定得有点甜，甜水是好水的代名词，正如咖啡味道本来很苦，但雀巢咖啡却用味道好极了说明雀巢是好咖啡一样。中文有"甘泉"一词，解释就是甜美的水。"甜"不仅传递了良好的产品品质信息，还直接让人联想到了甘甜爽口的泉水，喝起来自然感觉"有点甜"。

（三）概念策略

在同质化市场中，营销很难发掘出"独特的销售主张"（USP）。感冒药市场同类药品甚多，市场已呈高度同质化状态，而且无论中、西成药都难以作出实质性的突破。但是，利用崭新的产品概念，能使产品名称和广告信息都清晰地传达产品概念。

【思维拓展 4-6】 白加黑——治疗感冒，黑白分明

1995 年，"白加黑"上市仅 180 天销售额就突破 1.6 亿元，在拥挤的感冒药市场上分割了 15%的份额，登上了行业第二品牌的地位，在中国大陆营销传播史上，堪称奇迹。这一现象被称为"白加黑"震撼，在营销界产生了强烈的冲击。一般而言，在同质化市场中，很难发掘出"独特的销售主张"（USP）。感冒药市场同类药品甚多，市场已呈高度同质化状态，而且无论中、西成药都难以作出实质性的突破。康泰克、丽珠、三九等"大腕"凭借着强大的广告攻势，才各自占领一块地盘，而盖天力这家实力并不十分雄厚的药厂，竟在短短半年里就后来者居上，其关键在于崭新的产品概念。

"白加黑"是个了不起的创意。它看似简单，只是把感冒药分成白片和黑片，并把感冒药中的镇静剂"扑尔敏"放在黑片中，其他什么也没做；实则不简单，它不仅在品牌的外观上与竞争品牌形成很大的差别，更重要的是它与消费者的生活形态相符合，达到了引发联想的强烈传播效果。

在广告公司的协助下，"白加黑"确定了干脆简练的广告口号："治疗感冒，黑白分明"，所有的广告传播的核心信息是"白天服白片，不瞌睡；晚上服黑片，睡得香"。产品名称和广告信息都在清晰地传达产品概念。

【思维拓展 4-7】 乐百氏——27 层净化

经过一轮又一轮的"水战"，饮用水市场形成了三足鼎立的格局：娃哈哈、乐百氏、农夫山泉，就连实力强大的康师傅也曾一度被挤出饮用水市场。综观各水成败，乐百氏纯净水的成功相当程度上得益于其"27 层净化"的营销传播概念。

乐百氏纯净水上市之初，就认识到以理性诉求打头阵来建立深厚的品牌认同的重要性，于是就有了"27 层净化"这一理性诉求经典广告的诞生。

当年纯净水刚开始盛行时，所有纯净水品牌的广告都说自己的纯净水纯净。消费者不知道哪个品牌的水是真的纯净，或者更纯净的时候，乐百氏纯净水在各种媒介推出卖点统一的广告，突出乐百氏纯净水经过 27 层净化，对其纯净水的纯净提出了一个有力的支持点。这个系列广告在众多同类产品的广告中迅速脱颖而出，乐百氏纯净水的纯净给受众留下了深刻印象，"乐百氏纯净水经过 27 层净化"很快家喻户晓。"27 层净化"给消费者一种"很纯净，可以信赖"的印象。

27 层净化是什么？是其他纯净水厂家达不到的工艺吗？非也。USP，一种说法而已，营销传播概念而已。

（四）包装策略

通过包装这一媒介，宣传组织，提高组织的知名度和美誉度，同时与顾客取得沟通，达到服务顾客，取信于顾客以及赢得顾客的目的。组织可通过标志、图案、包装等具有较强的视觉效果的形式来展示组织和其产品的风采，便于公众理解和记忆。所以说，包装是无声的推销员。

商品包装在现代市场营销活动中的地位和作用越来越令人瞩目。在市场营销学界，有的学者把包装（Package）称为与市场营销 4P 组合平行的第 5 个 P；在市场营销实践中，企业利用包装把成千上万的商品装扮得五彩缤纷、魅力无穷。世界上最大的化学公司——杜邦公司的营销人员经过周密的市场调查后，发明了著名的杜邦定律：63%的消费者是根据商品的包装和装潢进行购买决策的；到超级市场购物的家庭主妇，由于精美包装和装潢的吸引，所购物品通常超过她们出门时打算购买数量的 45%。可以看出，包装是商品的脸面和衣着，它作为商品的"第一印象"进入消费者的眼帘，撞击着消费者购买与否的心理天平。

1. 不可否认的事实

沉重的代价，昂贵的学费。由于过去我国的企业对包装不够重视，包装技术落后，每年给国家造成的损失数以百亿计。根据中国包装技术协会的统计，我国每年因包装不善造成的经济损失在 150 亿元以上，其中 70%是由运输包装造成的。如水泥的破包率为15%～20%，每年损失 300 万吨；玻璃的破损率平均为 20%，每年损失达 4.5 亿元。另据外贸部门的统计，由于出口商品包装落后，每年使国家至少减少 10%的外汇收入。

在国内和国际市场营销中"一等的质量，二等的包装，三等的价格"的惨痛教训，举不胜举。

【思维拓展 4-8】

案例一

我国传统的出口产品——18 头莲花茶具，因包装问题让外商赚了一大笔钱。18 头莲花茶具本身质量很好，但由于采用简易的瓦楞纸盒做包装，既容易破损，又不美观；既难以辨别是什么商品，又给人以低档廉价的感觉，所以销路一直不好。后来，一个精明的外商将该产品买走后，仅仅在原包装上加了一个精制的美术包装，系上了一条绸带，使商品显得高雅华贵，一时销路大开，身价陡增，销售价格由一套 1.7 英镑提高到一套8.99 英镑。

案例二

众所周知，人参是名贵的稀有药材，价格昂贵。但是在改革开放以前，我国的有关单位在出口人参时，像捆萝卜干似的将人参捆扎起来，用麻袋或木箱（每包 10 千克）包装。可想而知，这种"稻草包珍珠"的包装方式，不能不让人对其商品的真实性表示怀疑。同时也极大地降低了人参的身价。在这种情况下，尽管价格很低，但是销路仍然不佳。在市场给我们上了一堂生动的"营销学"课程和外商赚取大笔利润后，我们的有关单位终于明智地改变了包装策略——采用小包装（一到两支），配上了绸缎锦盒，或使用木盒外套玻璃纸罩，这样的"装束"雅致大方，使人参的稀有名贵充分表现出来了。结果是不仅销路打开，而且每吨的售价比过去增加了 2.3 万元，使商品利润倍增。

案例三

四川人在销售其"拳头"产品——榨菜时，一开始是用大坛子、大篓子将其商品卖给上海人；精明的上海人把榨菜倒装在小坛子后，出口日本；在销路不好的情况下，日本商人又将从上海进口的榨菜原封不动地卖给了香港商人；而爱动脑子，富于创新精神的香港商人，以块、片、丝的形式把榨菜分成真空小袋包装后，再返销日本。从榨菜的"旅行"过程中，不难看出各方商人都赚了钱，但是靠包装赚"大钱"的还是香港商人。

现在，我国的大多数企业虽然有了"货卖一张皮"的观念，在重视包装的保护功能的同时，也重视了包装的促销功能、增值功能，承认了包装这一"无声的推销员"的作用，但毕竟付出了沉重的代价和交了高额的"学费"。

【思维拓展 4-9】　给人启示的三个故事

（1）"买椟还珠"新解

一个郑国人从楚国商人那里买到一只有外饰漂亮木盒的珍珠，竟然将盒子留下，而将珍珠还给了楚国商人。原因是那只"为木兰之柜"，再"熏以桂椒"，又"缀以珠宝"的精美包装盒（椟）"掩盖"了盒中珍宝的光泽，无怪乎郑人不爱珍宝而爱美椟了，这则故事的本意是讽刺郑人舍本求末的愚蠢行为的。但是，今天从市场营销的角度可以将该故事理解为：在市场营销中要时刻注意商品的包装，要善于利用"精椟配美珠"的神奇包装效果来取悦买者，招徕顾客，达到"爱椟及珠"扩大商品销售的目的。

（2）"茅台酒"金榜题名

1915 年的巴拿马国际博览会上，我国名酒——茅台酒，因为包装粗糙，造型不雅，使外国人瞧不起，没能进入预选行列。在这"紧要"关头，我国参展的一商人急中生智，"不慎"将一瓶茅台酒打烂在地，顿时香气四溢，吸引了所有的人，征服了评审官的心，才使茅台酒"金榜题名""笑傲国际市场"。这则故事说明，当时的"茅台人"缺乏商品的整体概念，只重视了商品的内在质量，而忽略了商品的外在质量。它告诉我们，在现代市场营销中，要内在质量和外在质量一起抓，做到"好马要配金鞍"，好商品一定要有好包装。如果仍坚持"只要商品质量好，就一定有销路"的老观念，仍坚持"金玉其中，败絮其外"的做法，其结果必然是重蹈茅台酒之覆辙。

（3）白兰地"荣华日贵"

法国以生产柯纳克白兰地而著名的马尔戴勒公司，从1715年就生产专供皇室、高级大饭店宴会用的白兰地。为了使这样的珍品不至于降低身价，公司都给予了相应的包装。他们生产的畅销的白兰地酒——XO，是装在水晶玻璃瓶里的，瓶子又装在印着金字的精致的盒子里；另一种比XO更好的白兰地酒，外包装盒是丝绒的，像首饰盒一样可以开启。这样的包装和装潢又反过来衬托了名牌商品的价值，使商品的附加价值大大提高，其目的是让人感受到里面装的是稀世美酒，赢得那些追求名牌、追求豪华的顾客。另外，为了让顾客熟悉、喜欢其产品，为了留住顾客，该公司近百年来保持它传统的包装，坚持不改变包装策略。

2．包装制胜的技巧

（1）表里如一

就是要树立正确的商品包装观，既要防止"金玉其中，败絮其外"的现象，更应防止"金玉其外，败絮其中"的行为。如果你用"绣花枕头"式的手段去欺骗顾客，那么到头来是"搬起石头砸自己的脚"。市场营销专家的忠告："一朝被蛇咬，十年怕井绳"，上一次当的顾客，不会再上第二次当。"上当的顾客会对11个熟人说该产品的坏话；而满意的顾客只会对3个人说产品的好话。"

（2）权宜应变

① 包装应随商品本身用途的不同而各异。著名的法国香水业有句名言："设计精美的香水瓶是香水的最佳推销员。"法国香水分五个香型，每种香味不同的香水，它的包装瓶都有不同的造型。如有种香味类似森林和木料的男用香水，它的包装瓶子被设计成细高如树的造型，又配上能让人联想到木板的本色细条纸盒外包装；另一种叫"高山"的香水，包装瓶子被设计成旋转升天式。这些造型别致、富于联想的包装，自然能激发顾客的购买欲望。

② 包装应随销售方式的不同而不同。如果你的商品是在开架销售的超级市场、连锁商店、便民店中出售的，是由顾客自己从货架上挑选的，那么应该从以下两个方面重视商品的包装：一是包装要吸引人，让顾客从货架旁边走过时能留意它，想把它从货架上拿下来看一看；二是因无人售货，所以产品说明书一定要让顾客一看就懂，看了就能使用。否则，顾客看不懂如何使用，哪敢购买？

③ 包装应与商品的价值相称，就是按照商品价值的大小分成高、中、低三个档次分别设计，使用与其价值相匹配的包装材料和包装装潢，以满足不同消费水平消费者的需要。我们提倡适当的商品包装，反对过分包装，反对小商品大包装。相宜的包装能反衬商品的价值，会使商品的附加价值大大提高。

（3）心理策略

消费者对商品包装的不同偏好，直接影响其购买行为，久而久之，还会形成惯性的购买心理。因此在商品包装的造型、体积、重量、色彩、图案等方面，应力求与消费者的个性心理相吻合，取得包装与商品在情调上的协调，使消费者在某种意象上认识商品的特质。例如，女性用品包装要柔和雅洁、精巧别致、突出艺术性和流行性。男性用品包装要刚劲粗犷、豪放潇洒、突出实用性和科学性；儿童用品包装要形象生动、色彩艳丽、突出趣味性和知识性，以诱发儿童的好奇心和求知欲；青年用品包装要美观大方、新颖别致、突出流行性和新颖性，以满足青年人求新心理和求异心理；老年用品包装要朴实庄重、安全方便、突出实用性和传统性，尽量满足老年人的求实心理和习惯心理。

（4）巧用色彩

在商品包装设计中，色彩的运用十分重要，这是因为不同的色彩能引起人们不同的视觉反映，从而引起不同的心理活动。例如，黑色、红色、橙色给人以重的感觉。绿色、蓝色给人以轻的感觉。如果笨重的物品采取浅色包装，会使人觉得轻巧、大方；分量轻的物品采用浓重颜色的包装，给人以庄重结实的感觉。美国色彩研究中心曾做过一个试验，研究人员将煮好的咖啡分别装在红、黄、绿三种颜色的咖啡杯内，让十几个人品尝比较。结果品尝者们一致认为咖啡的味道不同——绿色杯内的咖啡酸，红色杯内的咖啡味美，黄色杯内的咖啡味淡。在系列试验的基础上专家们得出结论，包装的颜色能左右人们对商品的看法。药品适于用以白色为主的文字图案包装，表示干净、卫生、疗效可靠；化妆品宜于用中间色（如米黄、乳白、粉红等）包装，表示高雅富丽、质量上乘；食品适于用红色、黄色和橙色包装，表示色香味美，加工精细；酒类适于用浅色包装，表示香醇浓厚、制作考究。另外，需要指出的是，包装的色彩图案要考虑各民族不同的偏好和禁忌，特别是进入国际市场的商品更应如此。

二、防御型策略

防御型策略又叫追随策略，这种策略的目的是企业不抢先研究和开发新产品，而是在市场上出现成功的新产品时，立即对别人的新产品进行仿造或者加以改进，并迅速占领新市场。

防御型策略即组织考虑自身行为对环境的危害性，预计自身行为会引起社会舆论的批评或社会公众的反感，因此提前出击，防患于未然的一种策略。选择这种战略要具备以下几个条件。

（一）企业要有高水平的技术情报专家

情报专家能够及时、迅速地掌握别的企业的研究方向和研究成果，有计划地收集信息，收集信息的范围要包括所有能够影响本企业竞争力的领域。

（二）企业要有高效的吸收创新的能力

企业能够迅速而巧妙地对别人的研究成果加以利用、改进和提高，在目标市场受到严重影响之前，推出与竞争对手水平相当的或者更为先进的产品。

（三）企业要有较强的研究与开发条件

企业的工程师们必须反应敏锐，行动迅速，具有理解与发挥别人科研成果的能力，采用此策略的企业其研究与开发重点应放在不断提高通用技术的水平上，其研究与开发组织应该极富有弹性，当企业决策者一旦作出决定，研究与开发机构应该与企业内各部门合作立即组成研究小组，争取在短期内造出与创业厂商相当的或者更为先进的产品。

三、矫正型策略

矫正型策略即社会组织因自身行为或外在因素而使组织的形象受损时，为消除对营销的负面影响，积极挽回影响的一种公关策略。化险为夷是矫正型公关常用策略，矫正型公关是指企业在形象受到损害时进行营销活动的技巧。如上海霞飞日用化工厂曾几次受到舆论界责难，该厂每次都主动承担责任，用真诚的解释、负责的态度来赢得公众的理解，最终被消费者认可。

【思维拓展4-10】　拨云见日

杭州市钱江啤酒厂是一家新兴企业，年生产啤酒10万吨，它生产的钱江啤酒，酒色清亮，味道醇美，荣获省优、部优称号，畅销国内，远销美国。可是，在一次质量抽检中，钱江啤酒质量出了问题。中央电视台、《人民日报》两家最权威的新闻机构点名批评了钱江啤酒厂。一时风云突变，该厂声誉陡落，几天工夫就损失一百多万元。

厂家经过紧急商议，定下两条应急对策：第一，通过杭州电视台向杭州市的消费者表态：如果钱江啤酒经当地防疫部门检验，发现质量不合格，可以就地销毁，一切费用由厂方负责。第二，召开全厂紧急会议，号召职工行动起来，采取措施，严把质量关。

这两招很灵，不仅稳住了杭州市的消费者，而且厂内的质量关把得更严了。但是，企业是被中央新闻机构点了名的，坏名声已传到全国，怎么向全国的消费者解释呢？厂长黄伟成被"逼上梁山"，进京申诉。因为他坚信自己厂生产的啤酒质量绝对没有问题。厂里的主要设备都是从德国引进的，在国内是最先进的。他们还花了 35 万美元进口了一套国际先进的检测设备，成立了啤酒检测中心。黄伟成是自信的，可是这次抽查为什么出了问题呢？他要弄个水落石出。

可申诉谈何容易？他首先找到了主管部门，人家一听厂名，便是满脸看不起，说："你们钱江啤酒厂，是个乡镇企业吧？"为了让人家了解自己，黄伟成详细介绍了自己厂的设备、规模、生产能力，特别介绍了本厂的啤酒已经出口的情况，接待的同志吃惊道："真没想到你们厂这么大，设备这么先进！"

黄伟成又来到负责这次抽查的某发酵所，所长听了介绍后，说："你们检测手段比我们先进，我们是第一次搞，设备很差，水平有限，也许不够科学，很对不起你们！"

于是，决定再次抽查，检验报告出来了，结果是"完全合格"。当天，北京市副市长张百发在中外记者招待会上，用钱江啤酒招待客人，黄伟成应邀参加。席间，张百发举杯说："钱江啤酒质量不错，钱江啤酒厂厂长上来，干杯！"后来中央电视台、《人民日报》都相继刊登了更正报道。

钱江啤酒厂从"风云突变"到"拨云见日"，关键在于临危不乱，稳住阵脚，采取积极主动的措施，进行矫正型公共关系活动，将事实真相公布于众。在商品经济活动中，企业难免被误解，碰到麻烦，使自己蒙受损失。消除误解的好办法，是让公众充分了解自己，开诚布公，制定出行之有效的公关策略，通过新闻媒介披露事情的原委。钱江啤酒厂的案例还给我们这样的启示：企业面对的是一个开放的社会体系，要同社会各界打交道，彼此要经常沟通信息，做好公共关系工作，发现问题，要及时矫正，使之不至于扩散蔓延，酿成不良后果。

四、沟通型策略

（一）完整的公关策略

将公关视为营销工具而非管理工具，外部的客户、供应商、经销商，内部的员工都是服务的对象，具体又可分为以下几种策略。

1. 攻击型公关策略

主动积极性公关，以公司的行销目的为主，致力于推广公司的产品服务、知名度，反映公司的销售目标、市场选择、定位等。简单地说，强化公司形象，增加营收。

2. 防守型公关策略

处理的是一连串公司处于劣势的问题，例如公司的产品、人事或营运方面出了问题，因此要努力地恢复公司的元气，借此修补名声，防范市场侵蚀，重新夺回已失的销售额。

（二）完备的危机管理

近年来许多企业所发生的危机，多因为主事者从不相信这种事会发生，缺乏"先天下之忧而忧"的危机意识，常徘徊在"可能"与"不可能"之间，不知如何是好。以制药业推出新药品而言，是相信产品有效才推出，至于致命的副作用，也许要等到上市一段时间才会发现，所以药厂很难判断产品研究该做到什么阶段，才足够该产品安全上市。因此，危机管理的重点，不仅在于如何处理已出现的危机，同时应未雨绸缪，制定一套完备的"危机管理机制"。

（三）完善的沟通策略

员工与员工，员工与公司，公司与外界，都必须要有一套完整的沟通工具和渠道，尤其是企业面临突发危机时，如何沟通就更显重要。

（四）创造顾客终生价值

假如没有说服大众某项产品或服务确实能提供某些好处，是卖不出去东西的。若不向大众一再保证，营销该产品或服务的公司是可靠的、财务健全、管理良好的公司，很难卖得出东西。

当前，企业将面临激烈的竞争，更需要企业以良好的态度作诚恳的沟通，而公共关系正是处理这类问题的最好工具。所谓"实力"乃是采取"推力策略"，由内向外推动大众对企业的支持，所谓"公关"则运用"拉力策略"建立关系笼络人心，未来市场上真正受人瞩目的新产品，都将是由已有良好形象的企业所推出，不论是为消费者提供信息或服务，为产品创造与消费者关心的议题或赞助，参与高曝光率的活动，激发消费者的"营销公关"，都是一个企业可以量身定做维护其形象资产的工具。

第三节　公关营销技巧

营销人员发现，要接近消费者的心愈来愈难，从无线、有线到卫星直播，电视媒体的全球影响力，以及网络通信科技的种种突破性发展，都将使得营销人员面对空前的复杂局面，可以推断当消费者拥有更多的产品选择与更广泛的信息接触时，他们将越加挑剔，也越难被说服。营销人员不仅要创造消费者对产品的价值认知，也要创造所有信息的可信度，因此新千年将是营销公关的时代。

营销公关关键在于两方面：一为营销；二为公关。营销公关不仅可以让消费者听见企业的信息，也可以在消费者心中留下印象，何况在很多情况下，传达的信息更好。更好是指消费者以新闻而非广告的方式接触信息，例如企业在赞助文体等有意义的活动时，会得到消费者的注意和尊重。在现在的营销话题中，常见的营销公关技巧有以下几种。

一、消费引导

消费引导即引导顾客消费，它是通过对顾客进行新的消费观念和消费行为方式的宣传、灌输、培训，使顾客的盲目消费变为自觉消费，从而为组织创造稳定的顾客队伍。顾客教育的方法有组建会员俱乐部、技术示范、举行技术培训班和讲座、编印说明书等。当市场供求状态由卖方市场转向买方市场以后，在面临国际市场开拓难度加大的情况下，如何通过消费引导，使消费发展更快、更有序、更健康，从而带动内需扩大，促进经济较快增长，是值得研究的重要课题。

（一）消费引导的必要性

消费是人们为满足某种特定需要，用货币在市场上购买商品和劳务从而予以消耗的行为。消费发展与扩大内需有着密切的关系，因为消费占内需的比重最大。萨缪尔森指出："消费是家庭用于食物、衣着、汽车、医药和住房等物品和劳务上的开支。消费是GNP 中最大的一个单独的成分，近十年来它占总开支的65%"。[①]

我国改革开放以来，在最终消费、资本形成、净出口三大最终需求对 GDP 增长贡献度中，最终消费一直是贡献最大的，一般都在 55%以上，有的年份超过 65%。我们要充分理解消费需求在社会再生产中的重要性，它是经济发展最主要的推动力。在扩大内需的过程中，只有成功扩大消费需求才能扩大投资需求和提高投资效率。消费虽然是家庭个人的个体行为，任何两个家庭都不会以完全相同的方式使用它们的货币。然而，根据人们对食物、衣着、住宅和其他主要项目上消费的追求，以及社会经济发展的可能性，从总体上加以适当的引导，是很有必要的。

例如，美国在 20 世纪初期，就对全民汽车消费作了战略考虑，道路框架和城镇建设均按此要求规划，促进了汽车工业的高度发展。消费引导是一种积极主动的行为，它虽然带有一定的主观性，但在科学技术高度发达的当今社会，在许多发达国家有了许多可资借鉴的具体实践情况下，结合中国的发展实际，对消费从总体上、战略上作前瞻性的

[①] [美]萨缪尔森. 经济学. 第 17 版. 萧琛译. 北京：人民邮电出版社，2005：132

考虑和规划，是完全有可能的，也确实应该这样去做。

中国的市场很大，这是大家的共识。但是，巨大的市场有待开发。如果善于引导，市场的力量就会迸发出来，就会给我国国民经济的发展带来强劲的增势。凡事预则立，不预则废。通过消费引导，激发蕴藏在广大人民群众中的巨大消费潜力，是整个宏观经济管理中必须重视的问题。只有激活这盘棋，才能保持国民经济持续快速健康发展。

（二）消费引导的战略性

应当确立消费发展的战略目标。确立消费发展的战略目标，需要考虑两方面的因素：一方面，绝大部分消费事项的发展是没有底的，是不断变化、不断提升的，故不能确立消费发展的终极目标，而只能明确消费发展的方向，并按此方向确立一定时期中争取达到的目标。另一方面，消费发展与国民经济发展紧密相关，因此确立消费发展战略应当与国民经济的总体发展目标相适应。基于以上两方面的因素，根据我国国民经济下一个发展目标是基本实现现代化，达到中等发达国家水平的要求，我国消费发展的战略目标应当是，使我国的广大人民群众的消费享有现代化的成果，达到中等发达国家广大人民群众的消费水平。其次，围绕消费发展战略目标，对各类消费总体发展确立具体、可行的引导目标。

人们的直接消费需求体现在各个方面，包括饮食、穿着、住宅、家具、交通、文化、教育、体育、通信、旅游、医疗等，每一类还可以细分为许多具体消费内容。消费引导的任务，就是要在各种消费事项中，分析研究可以引导发展的分类目标。例如，对饮食消费，目前有三个方面可以引导：一是在农副产品供应充足的情况下，应当引导优质无公害农副产品的生产和消费；二是在许多宴请营养过剩、影响健康的情况下，应当在传统佳肴的基础上引导发展科学健康的餐饮文化；三是在少数贫困人口严重缺乏营养的情况下，通过一定的调节扶助，引导他们得到基本营养的饮食。

（三）消费引导的规则性

围绕引导先进消费，可以运用先进示范法和高位存差法。

1. 先进示范法

榜样的力量是无穷的。示范主要是通过先进企业的事迹来激励顾客，有时则就在企业中发现和培养先进，树立榜样，然后号召社会组织向其学习。先进示范法就是鼓励、宣传、倡导先进的消费行为和消费方式，给民众以启发。

2. 高位存差法

高位存差法就是在较高的消费水平上，允许存在一定的差别，以保持一定的特色和激励。例如，汽车消费是一种高消费，但允许不同特色、不同品牌、不同档次的汽车存在。

围绕改变落后消费，可以采用落后淘汰法和低位前推法。落后淘汰法，就是对某种消费设立最低消费准则，达不到消费标准的予以淘汰。目前在经济结构调整中，对落后的生产方式和不符合规模经济要求的企业，采取坚决的淘汰办法，已有较好成效。

（四）消费引导的构造性

需要依托现代经济的良好机制，需要大力发展知识经济。在现代经济中，绝大多数消费品的升级换代以及传统优良消费品的维持是靠市场竞争机制实现的。因此市场引导战略的一个重要任务就是要培育良好的市场竞争环境，通过市场的行为推进众多消费品的发展。此外，要搞好消费战略的引导，应当特别注重发展知识经济。因为在知识经济社会，经济增长几乎没有极限，知识可以使经济实现可持续增长。知识经济发展有着巨大的优势，正是消费引导所不可缺少的。

二、借名促销

借名促销即在营销中利用专家评价、名人推荐、名店出售、优质认可等具有权威性的因素证明产品，可收到事半功倍的效果。同时，还可以借名借势创名牌机理。借势创名牌主要指在生产经营过程中，企业通过借用各种各样的势能从而以最小的代价快速创造名牌产品。

借名促销有以下几条途径。

1. 借用名牌市场与产品创名牌

在当前激烈的市场竞争中，一个企业要生存、要发展，没有在市场上叫得"响当当"的名牌不行。名牌本身就是一种效应，创造名牌的目的就是要谋取最大的经济效益和社会效益，与名牌产品互补或形成配套，借用名牌市场创名牌。同时，与名牌产品展开正面竞争，引人注目，如方法得当，可以创造名牌。抗日战争时期，天津东亚毛纺厂的"抵羊牌"毛线借抵制洋货而一举成名。

2. 借系列核心概念创名牌

（1）借某个社会事件，如赞助某运动会而一举成名等。（2）借政府、政策或某些领导之势，巧做市场创名牌。（3）借用名人、名店、名牌、名物、名事、名城等多种著名事物的知名度达到产品短期内创名牌目标，如"邓亚萍"服装、"李宁"运动服；利用名人做广告等；借名地创名牌；直接使用其他著名品牌等。

借名促销，借名扬名，靠"优"发展，积极与国际、国内名城名店开展贸易往来，与名城名店建立战略伙伴关系，借名促销；靠优质产品、优质服务促企业发展。在当今消费心理趋向名牌、名优情况下，企业在自己的产品旺销以后，不可盲目提价或在无人厚爱时才想到降价，而应当在消费者对自己的产品尚有好感，未形成竞争高潮的时候，就应当借名促销，薄利多销。这样，才能保持企业产品在市场上的高占有率和销售增长率，牵制竞争对手，吸引回头客，并能增加产品在市场上获利的黄金时间。

3．借文化营销创名牌

在营销中，既要适应已经被广泛认同的目标顾客的意识形态，更要善于发现并利用文化的力量，影响和激发深埋于目标顾客内心深处的意识形态，文化营销的核心就是要发现并建立一种品牌与消费者在某一意识形态上能和谐共鸣的契合点，正所谓"高山云雾长，流水叹知音"，通过成功的传播手段，最终给消费者的感受是：企业了解我，品牌代表我。文化营销必须根植于品牌和企业文化，是借文化传递和提升品牌的内涵与价值的一种手段；文化营销的最高境界就是："随风潜入夜，润物细无声"。例如，卖车就是卖文化：任何一个东西，都不如文化这个载体。别克君威品牌通过文化营销定位了契合自己产品的目标客户，而目标客户也找到了最了解他内心深处感受的知音。

【思维拓展 4-11】 蒙牛赞助"超级女声"推广酸酸乳品牌

蒙牛通过赞助"超级女声"推广酸酸乳品牌的文化营销活动，应该算得上近年来以文化营销定位品牌形象、聚集目标顾客，并在短时间内获得成功的经典之作。

2004 年，蒙牛推出了一款新产品——"酸酸乳"，如何在短期内推向市场并且达到高销量，对于蒙牛人来说是一个挑战。几经周折，湖南卫视做的第一届"超级女声"节目引起了蒙牛的兴趣，因为这个节目的受众群体是 12～24 岁的年轻女观众，与蒙牛酸酸乳的消费者重合。于是，蒙牛酸酸乳改变了传统的产品营销方式，2004 年蒙牛广告词是"美味加倍蒙牛酸酸乳"（宣传比某品牌好喝），2005 年主题词就变成了一句"酸酸甜甜就是我"，而不再提酸酸乳好喝。其后，蒙牛集中所有的资源，都在宣传超女有多好看，一切活动皆与超女挂钩。结果成千上万的 12～24 岁的年轻女观众爱上了超女，形成了一个强大的媒体，让蒙牛酸酸乳的知名度、美誉度、可信度、销售量等迅速提升。

正如央视品牌运营顾问、超女总策划袁方博士所说：传统的品牌成长模式是：知名度—美誉度—可信度—忠诚度—依赖度，可这样的传递速度太慢。蒙牛的广告投入从"节约"思维提升到"作战"思维，不是靠铺天盖地的广告，而是利用年轻女孩这一强势媒体，直接跨越美誉度和可信度，短时间内实现了从零做到中国酸酸乳第一品牌的跨越。

三、顾客化营销

顾客化营销也称为定制营销，是根据每个顾客的不同需求制造产品并开展相应的营销活动。其优越性是通过提供特色产品、优异质量和超值服务满足顾客需求，提高顾客忠诚度。顾客化营销 20 世纪 80 年代在西方兴起，90 年代呈现蓬勃发展趋势，将成为 21

世纪最重要的营销方式。

依托现代最新科学技术建立的柔性生产系统，可以大规模、高效率地生产非标准化或非完全标准化的顾客化产品，成本增加不多，使得企业能够同时接受大批顾客的不同订单，并分别提供不同的产品和服务，在更高的层次上实现"产销见面"和"以销定产"。

实行顾客化营销的企业要高度重视科学研究、技术发展、设备更新和产品开发；要建立完整的顾客购物档案，加强与顾客的联系，合理设置售后服务网点，提高服务质量。顾客化营销即根据每个顾客的不同需求制造产品并开展相应的营销活动。通过提供特色产品、优质产品和超值服务满足顾客需求，提高顾客忠诚度。

【思维拓展 4-12】　顾客化营销的切入点

日本有些服装店采用高新技术为顾客定制服装，由电子测量仪量体，计算机显示顾客穿上不同颜色、不同风格服装的形象并将顾客选定的款式传送到生产车间，激光仪控制裁剪和缝制，顾客稍等片刻就可穿上定做的新衣。

日本东芝公司在 20 世纪 80 年代末提出"按顾客需要生产系列产品"的口号，计算机工厂的同一条装配线上生产出 9 种不同型号的文字处理机和 20 种不同型号的计算机，每种型号多则 20 台，少则 10 台，公司几百亿美元的销售额大多来自小批量、多型号的系列产品。

美国一家自行车公司发现自行车的流行色每年都在变化且难以预测，总是出现某些品种过剩，某些品种又供不应求，于是建立了一个"顾客订货系统"，订货两周内便能生产出顾客理想的自行车，因此，销路大开，再也不必为产品积压而发愁了。

"海尔"集团根据消费者意见，研制生产出一种能根据主人需要，自动调温、送风、开关机的空调。当主人一踏进门，它会自动感知主人的到来，主动"嘘寒问暖"，出门时又会自动关机，避免能源的浪费。可以根据人的远近、人员的多少、光线明暗、室内温度变化，自动调节风速、自动调频，使主人始终处在一种舒适的最佳温度中。"海尔"的这种顾客化设计受到了顾客的欢迎。

四、社会理念营销

在消费者购买相关产品时，企业就代替他们对有意义的事情做某一程度的捐献，有些捐献根据标签或折价券来处理，有些是购买特定产品或服务作为捐献来源，这种方式不仅能做善事，对拓展生意也有很大的帮助，赞助厂商相信当消费者知道企业的捐助行为时，对该公司的产品或服务应更为支持。

【思维拓展 4-13】　麦当劳的"爱心晴雨伞"

　　麦当劳在其店内设立"爱心晴雨伞"，无论晴天还是雨天，只要有任何一个人到麦当劳店去借伞，只需付 25 元押金，就能借到一把麦当劳的"爱心晴雨伞"，并同时获得一张"爱心捐助卡"。在一个月内，凭"爱心捐助卡"将"爱心晴雨伞"送回任何一家麦当劳店就能取回押金。同时将"爱心捐助卡"投入餐厅内的收集箱中，麦当劳餐厅就替借伞人捐上 0.10 元作为一份爱心慈善捐款，用于帮助社会上最急需帮助的人。麦当劳通过向人们宣传"爱心"这一社会理念的同时，也使公众记住了麦当劳及其产品。

五、事件营销

　　事件营销（Event Marketing）是组织通过策划、组织和利用具有名人效应、新闻价值以及社会影响的人物或事件，引起媒体、社会团体和消费者的兴趣与关注，以求提高企业或产品的知名度、美誉度，树立良好品牌形象，并最终促成产品或服务的销售目的的手段和方式。简单地说，事件营销就是通过把握新闻的规律，制造具有新闻价值的事件，并通过具体的操作，让这一新闻事件得以传播，从而达到广告的效果。

（一）事件营销的手段

　　事件营销是国内外十分流行的一种公关传播与市场推广手段，集新闻效应、广告效应、公共关系、形象传播、客户关系于一体，并为新产品推介、品牌展示创造机会，建立品牌识别和品牌定位，形成一种快速提升品牌知名度与美誉度的营销手段。

　　20 世纪 90 年代后期，互联网的飞速发展给事件营销带来了巨大契机。通过网络，一个事件或者一个话题可以更轻松地进行传播和引起关注，成功的事件营销案例开始大量出现。

（二）事件营销的特点

　　1. 目的性

　　事件营销应该有明确的目的，这一点与广告是完全一致的。事件营销策划的第一步就是要确定自己的目的，然后明确通过怎样的新闻可以吸引目标受众的注意从而达到自己的目的。通常某一领域的新闻只会有特定的媒体感兴趣并最终进行报道，而这个媒体的受众也是相对固定的。

　　2. 风险性

　　事件营销的风险来自于媒体的不可控和新闻接收者对新闻的理解程度。假如企业通过事件营销扩大了知名度，可是一旦市民得知了事情的真相，很可能会产生一定的反感情绪，从而最终伤害到该企业的利益。

3．成本低

事件营销一般主要通过软文形式来表现，从而达到传播的目的，所以事件营销相对于平面媒体广告来说成本要低得多。事件营销最重要的特性是利用现有的、非常完善的新闻机器，来达到传播的目的。由于所有的新闻都是免费的，在所有新闻的制作过程中也是没有利益倾向的，所以制作新闻不需要花钱。事件营销应该归为企业的公关行为而非广告行为。虽然绝大多数的企业在进行公关活动时会列出媒体预算，但从严格意义上来讲，一件新闻意义足够大的公关事件能充分引起新闻媒体的关注和采访的欲望。

4．多样性

事件营销是国内外十分流行的一种公关传播与市场推广手段，它具有多样性的特性，它可以集合了新闻效应、广告效应、公共关系、形象传播、客户关系于一体来进行营销策划，多样性的事件营销已成为营销传播过程中的一把利器。

5．新颖性

大多数受众对新奇、反常、罕见、有人情味的东西比较感兴趣，事件营销往往是通过当下的热点事件来进行营销，因此它不像许多过剩的垃圾宣传广告一样让用户觉得反感，毕竟在中国体制下，特别有创意的广告不多，而事件营销能通过它的新颖性吸引用户点击。

6．效果明显

一般通过一次事件营销就可以聚集到很多用户一起讨论这个事件，然后很多门户网站都会进行转载，其效果显而易见。

此外，做好事件营销，还涉及其特性，包括针对性、主动性、保密性、不可控的风险、可亲性、趣味性等。既是新闻价值的要素同时也是事件营销成功的要素有：接近性、显著性和趣味性等。

【思维拓展 4-14】　《奔跑吧兄弟》的事件营销

浙江卫视于 2014 年推出的节目《奔跑吧兄弟》受到了观众的热捧，收获了高收视率。该节目由七位明星邓超、王祖蓝、王宝强、李晨、陈赫、郑恺及 Angelababy（杨颖）主持，每期有不同的嘉宾加盟。

《奔跑吧兄弟》引进韩版《Running Man》，由韩版制作团队 SBS 和浙江卫视全程联合拍摄制作，是浙江卫视全新推出的大型户外竞技真人秀节目，于 2014 年 8 月 28 日正式开机，10 月 10 日接档《中国好声音》登陆浙江卫视周五黄金档。与韩版相同，中国版的节目也设置了真人秀的编剧，目的是给每个参与的明星设置性格标签，注重对明星活动中细节的描述。

分析评点：

（1）事件传播要与社会热点相结合。《奔跑吧兄弟》节目引进韩版《Running Man》，并保留了原节目中真人秀的编剧，旨在注重对明星活动中细节的描述，这体现了电视新闻中的细节表现。细节是指在电视屏幕上构成人物性格、事件发展、社会情境、自然景观的最小组成单位，对表现对象的局部或者细微变化的展示。《奔跑吧兄弟》邀请七位明星参与拍摄，每一位明星都有专属的摄影师，拍摄他们在节目中每时每刻的表现，展现了明星们的真性情，同时将一些细节放大化，使其更加生动形象。由此可见这个娱乐节目的大背景是"体现明星们的真性情，以满足隐藏着的观众迫切的市场娱乐需求。

（2）事件营销要与娱乐节目产品对接。细节可分为动作细节、神态细节、物件细节、环境细节。动作细节主要指用身体特别是四肢所表现的细节。从节目中可以看出，明星玩游戏时行为大胆夸张、不顾形象给观众们留下了深刻的印象。神态细节主要是指人物面部、眼睛表现出来的细节。节目中王宝强的经典笑容，王祖蓝的"王氏笑声"，都在节目中作为细节予以突出，让观众们喜爱不已。

（3）事件营销要快速释放价值。《奔跑吧兄弟》节目播出后，浙江卫视的品牌影响力和关注达到一个新的高度，一时间成为娱乐品牌的热点项目。

案例 4-1

从《我是歌手》中看公关营销策略

《我是歌手》是中国湖南卫视从韩国 MBC 引进的大型歌唱真人秀节目。节目规则是：七名知名歌手同台竞赛，每场由 500 名现场听审决定歌手名次，两周累计票数（第一轮）或得票率（第二轮起）最低的歌手被淘汰，由新加入的歌手顶替。参加该节目的歌手都是在华人圈内拥有较高知名度，曾发行过唱片的实力派歌手。本节目的音乐总监是梁翘柏。《我是歌手》节目与其他歌唱比赛节目最大的不同之处是，其他节目都注重从平民中挖掘草根明星，而该节目是选择已经成名的歌手来进行竞赛。

2013 年开年之初，由湖南卫视重磅打造的《我是歌手》一夜之间红遍了大江南北，其风靡势头不亚于 2012 年的《中国好声音》。这两档节目都是通过购买国外版权引进的，无论是从参赛者上还是节目形式上都给人耳目一新的感觉，颠覆了之前传统的选秀节目。很多人认为《我是歌手》是"明星版"的中国好声音。这两档节目的确有很多相似之处，如两者首期播出后在用户关注度上不相上下，《我是歌手》首播时的百度指数为 222 418，《中国好声音》的则为 269 318，但前者的收视率仍在不断攀升。

试从公共关系原理的角度剖析，为什么《我是歌手》受到观众的热捧？

剖析：该案例应用了公共关系原理中的整合营销传播。整合营销传播（Integrated

Marketing Communications，IMC）又称统合营销传播，是近年出现的营销广告新概念，其核心思想是将与公司进行市场营销有关的一切传播活动一元化。一方面把广告、促销、公共关系、直销、CI、包装、新媒体等一切传播活动都涵盖到广告活动的范围之内；另一方面则使公司能够将统一的资讯传达给消费者，所以整合传播也被称为"Speak with One Voice"（用一个声音说话），即营销传播一元化策略。

《我是歌手》在整合营销传播中的应用是：节目播出的时间是在周五晚上，这正是小周末的时间，观众有很多空闲时间，而节目的宣传力度也十分强大，无论是在网络上，还是在生活中，随处可见该节目的宣传，使《我是歌手》在开播之前就收到了高度关注。

《我是歌手》是湖南卫视从韩国引进的大型歌唱真人秀节目，开拓了歌唱比赛的先河，是以已经成名的歌手为比赛人物进行角逐，大胆的题材吸引了大众的眼球，使观众的期待值大大增加。同时，明星效应是节目高收视的主要因素之一，该节目所邀请的明星来自不同的年代，有乐坛的老唱将，也有乐坛的新星，当然也就吸引了各个年龄段的观众。

案例 4-2

《花儿与少年》

2014 年 4 月 25 日起湖南卫视每周五晚 22:00 播出《花儿与少年》，这是接档《我是歌手》的明星户外真人旅行体验纪节目。该节目属于韩国综艺节目《花样姐姐》的自主创新改良版，全面甄选明星姐弟另类组合，卸下光环，背包穷游。

这个夏天，姐姐弟弟错位搭档，开启奇妙囧途之旅。第一期节目由"导游"张翰、"会计"华晨宇，带领"大姐"郑佩佩、"二姐"张凯丽、"三姐"许晴、"四姐"刘涛、"五妹"李菲儿组成"欧洲自助远行团"，卸下明星"光环"，开启一段历时二十余天，受到没有经纪人、不准带助理、每天 120 欧元生活费的限制，在人生地不熟，甚至语言都不通的国度，完成一段异域的背包奇妙之旅。此次《花儿与少年》的网络播放权并没有卖给任何一家视频网站，而是选择在湖南卫视下属的视频网站芒果 TV 进行独播，这让人略感意外。

试从公共关系学原理角度分析《花儿与少年》的推广战略。

分析： 从公共关系学原理角度分析，该案例应用了整合营销传播。

《花儿与少年》的整合营销传播战略有以下三个方面。

（1）节目形式（原创性）。该节目是韩国综艺节目《花样姐姐》的自主创新改良版，在各种选秀节目铺天盖地的时候，推出这么一档原创旅行节目，给人一种耳目一新的感觉。而节目的穷游主题更接近大众的生活，生活费的限制让观众很好奇这些平时"娇生惯养"的明星们如何完成穷游。此外，七位明星年龄差异巨大，在相处的时候更是带有矛盾，这让节目更具有悬念。

（2）节目明星效应（品牌性）。利用明星效应，节目的参与者是各个年龄阶层的明星，有着各自的支持者，有一定的地位，他们本身已成品牌，这么多知名品牌汇聚起来的力量和知名度可想而知。

（3）播出时间选择（时效性）。该节目选在每周五晚 22:00 播出，在这个时间段，正是大家最悠闲的时候，上班族回到家，忙了一周，隔天就是星期六、日，或许大家正打算周末好好地出去小旅游一下，该节目正符合人们需要放松的心理。

在三屏合一大趋势下，电视台纷纷积极推出自己的视频网站，布局新媒体业务，重点扶持自有的视频网站，这对于独立的视频网站将是直接的竞争。未来电视台会将更多的优势内容资源留给自己的新媒体网站，通过大力发展自身的网络视频业务来遏制目前独立网络视频网站对用户时间的占领，而有资金实力的独立视频网站也会通过自己原创自制节目，减少对购买节目版权的依赖。内容是核心竞争力，电视台将不再轻易出卖节目播出权，因为它们已经意识到优秀的自制内容在竞争中建立的绝对优势作用，各卫视将更加重视自己的内容资源，一些核心原创节目或许将不再出卖网络播放权。

案例 4-3

微信，兴起的公关整合营销的推广方式

微信是腾讯公司于 2011 年 1 月 21 日推出的一个为智能终端提供即时通信服务的免费应用程序，作为大众传播媒介的一种，它从一个便捷的通信软件一步步升级，逐渐延展为一个营销与推广的平台，截至 2013 年 11 月，微信的注册用户已突破了 6 亿，用户主要以年轻人、白领、学生和高端人士为主，因此微信营销市场的前景十分乐观。

企业和商家通过扫二维码、摇一摇，甚至利用最近兴起的"微生活特权"的平台来吸引消费者，打出商业广告，推广其产品，其目的并不是在短期中获取利益，而是通过微信树立良好的信誉形象从而维持持久宣传的品牌效应。

试分析微信兴起的推广方式。

剖析：从公共关系学原理角度分析，该案例应用了公共关系营销理论。公共关系营

销是指直接支援企业营销的公共关系活动。也就是说，营销公共关系（也有称为营销公关），是由营销与公共关系相结合所诞生的，实施整合营销传播的战略，它能够在信息混乱的状态下提供再次获得顾客支持的机会。在微信兴起的公关整合营销推广方式上，做了如下工作。

1. 直接针对微信用户传播商业信息

微信拥有庞大的用户群，无论是企业、商家，甚至是个人用户都可以借助这个平台进行宣传。企业首先要设立微信的公共账号，而传播出的信息并不只单纯的是他们的商业信息，往往携带着一些与商品有关的却又能引起用户关注的信息。例如屈臣氏的微信公众账号，除了有商品的介绍、提醒优惠促销之外，还会分享一些美容护肤的方法或者顾客的反馈等。微信账号的宣传与电视广告相比，更能形成一种企业与公众用户互惠互利的关系。更直接地说，企业的品牌在微信上更容易被用户信任。

同时，企业还可以在微信中与用户直接互动，并把用户留在自己的账号中，从而进行用户分析。企业通过这种免费的推广宣传的方式，完美地融合到了这个沟通交流平台当中，为商业的发展与推广提供了一个契机。

2. 全方面融入微信

如今有不少人通过微信朋友圈来赚钱，他们在朋友圈中发出一些商品的信息来吸引通讯录中的好友去购买。除此之外，还有一些新成立的品牌通过扫二维码免费赠送礼物的途径来让用户了解这个品牌。再如就是上面提到的"微生活特权"，吸引微信用户办理微生活会员卡，从而促使用户进一步了解相关的企业，从而变成企业的顾客。

3. 企业通过微信进行公关传播的技巧

大部分的用户上微信的时间都有一定的规律。例如早上七点到九点，是人们开始一天工作前的时间，通常会上微信浏览一下各种新的信息，然后就是中午休息和下午下班后的时间，人们会利用微信来消遣娱乐。这些时间段的产品宣传有更大几率被用户留意。

同时，名人明星、休闲生活及新闻传媒等公众号是最容易被用户关注的三种类型。如果在企业宣传时与这几个方面相结合，受大众欢迎的可能性会高很多。此外还有图片，图片可以说是微信中的核心，因为图片往往比文字更加能够吸引用户的注意，因此企业或商家的品牌宣传应更多地发挥图片的作用。"微信，让世界找到你"是微信的口号，正因为它的存在才让我们的生活更加多元，更充满可能。

第五章

大型公关活动策划和实施

　　大型公关活动策划和实施是公关工作常用的技术手段。要有效地进行大型活动策划与实施，首先要弄清楚几个基本问题，例如，如何界定大型活动？哪些单位或在什么样的情况下使用大型活动？大型活动策划有什么技巧？策划的程序、方法是怎样的？这样有利于把大型活动组织得更加完善。

【导入案例】把组织的重要信息传播出去

　　在公关、广告、促销甚至社会活动中，经常见到一些大型公关活动。像白兰地酒进入美国市场，是一个很成功的案例，虽然是 50 年前历史很悠久的公共活动案例，但今天我们看起来还像白兰地酒一样那么醇香有味，它非常有感染力。在我们现实活动中，经常有类似的展览会、宴会、文艺演出，以及众多的房地产开业，这都是在大型活动这样一种传播媒体的启动下，把组织的重要信息传播出去，这就是大型公关活动的社会作用。

第一节　大型公关活动的概念

　　大型公关活动是以公关传播为目的，有计划、有步骤地组织众人参与协调的社会活动。它可以集中传播公关的主题，推进公关策划，通过富有创意的专题活动把许多目标公众集中在一起，进行有效的信息传播、沟通协调，实现组织形象、知名度、美誉度、认可度的有效提升。公关是针对特定目标，建立共同价值，以赢得信任的科学。这个特定的目标群可以是政府，也可以是意见领袖；可以是企业内部员工，也可以是普通消费者。

一、大型公关活动的定义与内涵

（一）大型公关活动的定义

1. 公关意识

在公共关系要义里，经过周密的"研究思考"就是公关意识。公关意识是一种自觉用公共关系理论和原则指导自己思维和行动的观念，又称"公关观念"，是某些公众通过长期的学习和实践，把公共关系的理论和原则融化为自己的思想，融化为自己内在的习惯和行为规范。同时，公关意识是对公关的本质属性、特征、作用及活动规律、方法等经过思维得到理论认识，并形成概括性的见解。公关意识是指"人们对公共关系认识的内化和自觉化，即人们具有的从公共关系角度去行为处事的敏锐性与自觉性"[①]。公关意识的主要内容强调：尊重公众、为公众服务与公众合作；注重自身形象，真实、真诚、公道、讲信誉；注重沟通，实行公开化；讲求平等和利益上的互惠；谋求整体协调；寻求长期和谐发展。所以，公共关系是一种思想和意识，是行为主体关于塑造自身形象的一种思考，其又分为服务意识、声誉意识、未来意识和沟通意识等。

2. 大型公关活动定义

制订出计划而且埋头苦干，以成绩获得他人的称赞就是公关活动，它运用多种多样的方式，开展有声有色的具体实践活动，在社会公众面前展示自己，表现自己，给公众留下好的形象。同时，对组织的优良评价就是公关状态，指行为主体在社会公众心目中印象的总和；还有是传递开去是公关传播，公关与传播密切相连，公关的最终目的是把组织信息传达给社会公众，使其产生认知和认同。大型公关活动本身就是一个媒体，它为组织集中传播了大量的各种信息。大型公关活动的策划理念产生于公关意识。大型公关活动是一项复杂、系统的工程，是要依靠扎扎实实地工作和自身长期的良好形象塑造，绝不是靠一时的投机取巧。

在公关意识的基础上，要清晰地看到："双向传播与沟通"是贯穿整个公共关系的一条基线，是现代公共关系理论的精髓，是公共关系的本质属性。它渗透到公共关系原理和实务的各个方面，是准确理解公共关系的关键。而大型公关活动就是在这样一种理论指导下进行的，我们可以给大型公关活动下一个定义：大型公关活动是一项在公共关系意识的指导下，有目的、有计划、有步骤地组织众多人参与的社会协调行动。

（二）大型公关活动的内涵

1. 目的性

大型公关活动要有鲜明的目的性。大型活动往往耗费很多资源，包括人力、物力。

---

① 赵宇峰. 公共关系学. 北京：高等教育出版社，2006：11

如一个产品要进入一个中心城市，恐怕要花数百万元的传播费用。这样大的花费，为什么还要组织这样的大型活动呢？当然是为了企业的传播需要，为了吸引更多的人去购买它的股票或产品，这是大型公关活动的目标。没有目的而耗费资金搞活动是不可能的，目的不鲜明也是不值得的。所以，无论是企业上市举办公关活动，还是现在世界各国政府举办的奥运会、社会团体举办的公益活动、群众组织举行的品牌活动都具有明确的目的性。没有明确目的的活动不可能成为公关活动。

2．计划性

英国思想家培根说过："善于在做一件事的开端识别时机，这是一种极难得的智慧。"[①]凡事预则立，不预则废。凡事都应有计划，大型公关活动更不例外，而且更要求有周密的计划。大型公关活动的策划就是要先做好市场前景预测工作，掌握一定的商机，并制定出可行性分析报告。这是关系整个活动能否顺利进行并达到预期目标不可缺少的环节。没有一个组织会冒"市场"之大不韪，"以身试法"。公关活动预测势在必行，要掌握预测成败的关键。周密的计划包括策划、活动现场执行计划、传播计划、组织计划和突发事件计划。

3．众多人参与

众多人参与是大型公关活动重要的概念。既然是大型公关活动，就应该有众多的人参与，但并不是参与人数多就是大型公关活动。一个单位有一万名职工，要开一个全体大会，也是众多人参与，但不能说这是大型公关活动。大型公关活动和小型公关活动的根本区别不在于参与人的数量，而在于活动的社会化程度。大型公关活动的概念主要不在于数量，而是在于其和社会发生的联系到底有多大？我们把它看作是一个社会性的协调活动，才是大型公关活动。

二、大型公关活动的特点

一个大型公关活动的推出需要耗费大量的人力、物力和财力，如果仅仅为了一次活动，这样大的投入似乎与收益不相符合。所以，一个好的创意和一次活动的投入，要让它产生连动的效果，使效果尽可能的最大化。因此，大型公关活动的特点就在于以下几点。

（一）鲜明的目的性

不是一般的目的，而应该是围绕整个组织机构的组织形象策略和近期公关目标而确立的目的。在讨论这个问题的时候，有人喜欢问：假如一个机构的公关目标与社会需求发生矛盾时，你作为该机构的公关顾问，应该怎样处理这个问题？其实这样的问题非常

[①] [英]培根. 培根论人生. 张毅译. 上海：上海人民出版社，2002：126

简单，一个组织的形象只有永远与社会协调同步，才有可能在社会环境中树立起它的良好组织形象。如果靠欺骗的手法，即使一时占领了销售市场，或者说提高了市场占有率，但最终还是要退出这个市场的。

我们讨论公关案例的时候，对公布的案例有很多是有争议的。国内过去有这样一个案例：为了商场促销，组织工作人员买了很多商品，在商场走来走去，这是符合公关职业道德的案例吗？这绝对不是，这是一种欺骗的行为，并不是我们为了做好传播应该使用的手段，这样对企业将来的形象是没有好处的。因此，活动的目的性应该站在社会综合的立场上，并不仅仅是站在某一个企业的立场上。公关活动的推出要与组织目标相一致，才能极大地提升组织形象。公关活动本身并不是目的，活动类型与宗旨应与组织的整体目标相一致。

（二）广泛的社会传播性

公关的大型活动本身就是一个传播媒体，其作用像一个大众传播媒介，只不过这个传播媒介在大型活动没有组织之前是不发生传播作用的，一旦这个活动开展起来，就能产生良好的传播效果，还应该注意到活动本身吸引了公众与媒介的参与。

大型活动的信息是通过媒介或者是通过公众传播的，这是在策划大型活动的过程中必须考虑到的一个很重要的特点。所以，公关活动的目的性应该站在受众（目标公众）、社会综合的立场上，只有这样开展的公关活动才能具有传播性，才能引起社会的关注。如开展大型会展、文化节、体育赛事、企业上市、新产品上市、公益活动等。

（三）严密的操作性

在组织大型活动的过程中，给我们成功或失败的机会只有一次。因为大型活动不同于拍电影、电视，拍电影、电视能拍三四组镜头，最后再重新编辑，但是策划大型活动每一次都是现场直播，一旦出现失误就无法弥补了。在现实生活中，很多活动由于组织过程中管理不善而导致策划人员、组织人员甚至领导人员坐牢，大型活动很容易出危险和出问题。拍电影也好，拍电视也好，他能拍三四个版本，在编辑室重新编辑，但是做大型活动，每一次都是现场直播，错就是错了，永远错了，我们有深刻的教训。

【思维拓展 5-1】　成功与失败的机会仅有一次

2004 年春节，北京密云彩虹公园发生了严重的踩踏事故，导致数十人死亡的惨案。这个活动的领导者、策划人员、组织人员及相关人员因此被撤职至判刑。所以，公关活动的策划与实施的周密性，绝对不能掉以轻心。这也是现在举办活动中讲究细节的地方，细节把握好了才能决定公关活动成功举办。

香港回归以前，广州举行过一个港澳经营的大联欢的公关活动，本来组织者对媒介很早就发布了一个信息，说我们要在港澳青年联欢开幕式上，举行一次象征性的仪式，交换三地的旗帜，由三地青年领袖交换旗帜，结果很简单的失误造成很大的事故。工作人员把已经做好的旗帜放到办公室，没有带到现场，结果现场按议程进行，检查道具才发现，这个旗帜没有带到现场，结果现场被迫取消了这个环节的活动。马上引起了香港媒介的关注，是不是政策又变了？这是非常遗憾的事情。因此，可以得出这样的概念，每次公关活动成功的机会只有一次。

（四）高投资性

大型公关活动费用是组织支付所有活动费用中评估难度比较大的费用，即便不是评估难度比较大，也是投入与产出的预算难度比较大的费用。一个大型公关活动往往要投入的资金和费用都是比较大的，绝对不可能用很少的资金作出很大的活动。我们可以提倡一个铜板掰成两个甚至是多个来花的精神，但高投资是最基本的特点。如果不是特别的需要，一般不要动辄使用大型活动的手段。

第二节　大型公关活动策划与技巧

企事业单位在管理经营发展过程中经常有新闻发布会、周年庆典、各种节庆活动、高层论坛和大型文艺演出等，这都是在大型公关活动范畴内的项目，企事业单位通过各种活动将重要的信息传播出去，达到预期的目的。从某种意义上来说，大型公关活动本身就是一个媒体，这个媒体本身就为我们集中传播了大量的各种信息。

一、大型公关活动策划执行

（一）公关活动四步工作法

从程序上说，大型公关活动策划和实施，要完全按照公共关系管理过程的基本模式中公关四步工作法的要求执行，这就是公关活动调查、公关活动策划、公关活动实施和公关活动评估。

1. 公关活动调查

（1）项目确定，就是要把大型公关活动作为一个项目确定下来，这个活动要不要做？为什么做？一定要很清晰。不同的工作需求会影响项目的结果。如果仅仅建立项目范围而没有建立范围内的工作需求，同样会影响项目所需的资源、时间、功能、质量，更直接影响服务的价格，从而导致项目的全面失败。所以，项目确定就必须事先确定工作需求。

（2）项目可行性研究。做调查，大家很清楚，不必详细阐述，但大型活动策划调查有其特殊性，例如调查的内容：国家关于大型活动方面的政策和法规、公众关注的热点、历史上同类个案的资讯、场地状况和时间的选择性，都是调查的内容。可行性研究是一个十分重要的工作步骤。研究范围包括大型活动的社会适应性、社会环境和目标公众的适应性，以及财力适应性和效益的可行性。从效益的角度考虑，做这样的活动是否有利于宣传方面节省费用？如果投放媒介做广告，比做大型活动更有效，大型活动就不一定做了。还有社会物质水平的适应性，大型活动需要动用许多社会物质，许多创意也需要物质的支持，因而需要策划人员把握现代科研成果。最后一个是应急能力的适应研究性，需要哪些应变措施？如户外活动要考虑天气的情况，野外活动考虑更多的是安全设施问题，这些都是要进行可行性研究的范畴。

2. 公关活动策划

大型公关活动策划是根据组织环境设定关系目标，并围绕关系目标创意和制定公共关系方案的过程。通过大型公关活动策划可以增强组织形象塑造的目的性、计划性，有效调配关系资源，提高公共关系活动效率，确保关系目标顺利实现。通常应遵循以下几个步骤，如图 5-1 所示。

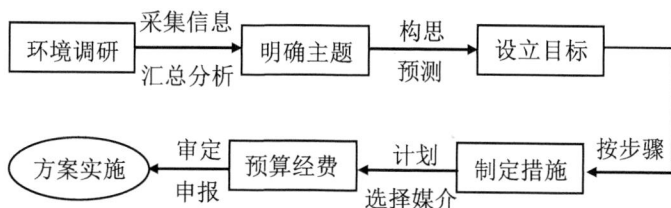

图 5-1 公共关系策划程序

（1）公共关系环境调研。对公共关系环境状况的资料采集、统计与分析过程。进行环境调研的主要作用是采集、统计公众对组织形象的评价信息、数据，把握公众舆论，了解公众对组织的整体印象，求证组织形象与公众期望形象的差距。同时，清楚组织内部人力、物力等可支配的公共关系资源，为大型公关活动策划和决策提供可靠的依据，保证大型公关活动策划方案的切实可行。

（2）明确主题。依据环境调研分析结论，组织应确立大型公关活动的目的和内容，并根据公众的审美标准、情趣和文化风俗，紧扣活动的目的和内容提炼主题。提炼的主题可以是一句口号，也可以是一句陈述，总之要力求个性突出、形象生动、朴实真切、简洁鲜明、便于记忆、朗朗上口、吉祥喜庆，如电信公司公共关系活动主题"五湖四海、永结同心"。

（3）设立目标。目标是指开展大型公关活动欲达到的效果和目的，也是评价公共关系活动成功与否的标准。它可以分为总目标、阶段目标；共性目标和个性目标。

（4）制定措施。措施是指达到目标采用的方法、手段。制定措施需要了解公众的特点、性情、文化背景、职业习惯、经济状况及各媒介的受众群体、覆盖面、传播速度、成本费用等内容，并根据这些内容来构思活动的主题和步骤。制定措施的关键点是要了解组织的资源配置，清楚公众的兴趣点。只有根据公众兴趣点制定的方案，才能增强活动的感染力，提高活动的效果。

（5）预算经费。公共关系活动既要保证效果，又要考虑成本，这就对策划提出了较高的要求。为确保公共关系活动能顺利开展，组织应根据制定的措施来进行经费预算。按费用支出项，经费主要包括直接费用和间接费用。直接费用是直接用于活动的各项费用，如现场布景、赞助、广告费、活动场地租赁费等；间接费用是支持活动开支的辅助费用，如劳务成本（工资、补贴、奖金等）、管理费（办公耗材、差旅费、水电、房租等）、设施材料费（器材、报刊、展览设施等）。

3．公关活动实施

（1）实施大型公关活动的全程跟踪。大型公关活动方案报经领导层决策审批后，就可进入实施阶段。由于大型公关活动处于动态的环境之中，一套策划方案在执行过程中，很难完全符合、适应客观环境，并且受执行能力、沟通障碍及新情况、新问题的影响，策划方案很容易偏离计划轨道。为此，组织需要对大型公关活动策划方案的实施全程进行跟踪，及时处理、协调突发事件，以确保大型公关活动顺畅开展。

（2）提炼主题，进行创意。除了个人创意外，我们要特别强调群体创意的概念。当今的时代已经不像三国演义时代要有一个诸葛孔明，靠一个人掐指算出什么妙计来，而是靠不同学科的组合群体策划。这不是泯灭个人的创意，集体创意的过程也始终贯穿着个人的创意过程，作为现代策划，需要的是多个学科的综合和集体的智慧，而不是某个大师的杰作。

4．公关活动评估

（1）公共关系评估的意义。公共关系评估就是根据特定的标准，对公关计划、实施及效果进行检查、评价，以判断其优劣的过程。它在整个公关计划实施过程中都具有重要作用。评估控制着公关实践每个活动及环节。

（2）公共关系评估的目的。目的就是取得关于公关工作过程、工作效益信息，作为决定开展、改进公关工作和制定公关计划的依据。

（3）公共关系评估的标准与方法。背景材料是否充分；信息内容是否正确充实；信息的表现形式是否恰当。在方案论证上，方案不仅要有论证，而且要有科学的论证，方案论证通常使用定位式优选法、轮转式优选法和优点移植法。

（二）操作实施过程应注意的问题

1．实施操作设计

我们应该非常重视实施方案的操作设计。我们看到一些单位组织的活动，甚至是专业机构承接的活动，都存在这样的问题：创意很好，但是由于缺乏操作设计，在操作过程中出现很多问题，违背了原创精神或者没有达到原创水平。所以，在原则方案确定以后，还要进一步进行操作设计，操作设计必须包括比较准确的财务预算。

2．办理审批手续

有人觉得办审批很繁琐，怕麻烦。但在实际工作中，我们应该积极主动地争取得到有关单位的审批。

3．实施操作程序的管理

程序化管理是一种科学的管理意识，只有程序化实施，才能有标准化、科学化管理。因而实施设计，重要的是设计出操作的规范程序。

4．方案培训

在大型活动里，假如参与的工作人员不了解全局的策划意图，他们就不能为大型活动策略实施提供建设性的劳动，因而需要对工作人员进行方案培训，只有知情才能出力。

5．设计评估标准

一个大型活动的评估应该有一个准确的评估标准。现在很多方案做好以后，往往忽略做评估标准方案，包括客户很少要求做评估方案，更不愿意付出费用，让专业公司给他做评估报告。评估标准，应该在策划的时候把它设计出来，这样可以让客户在完成这个方案以后，根据设定的标准作出科学评估。

二、大型公关活动策划技巧

大型公关活动策划有常规的方法可供遵循，但也有不少技巧。七分策划，三分实施。策划即智慧，智慧是推动人类社会前进的最大生产力。缜密而又激荡心灵的策划需要具体的实施活动予以实现。下面笔者就在公关活动策划实施过程中需要把握的几个要点拙笔于众，与各位策划界同仁商榷。

（一）目标一定要量化

公关活动，特别是大型公关活动往往耗费很多人力、物力、财力资源。一个新产品在中心城市的上市传播费用，一般都在百万元以上。为什么要进行这样大的公关投入？为了企业组织的传播需要，为了建立品牌的知名度、认知度和美誉度，为了更多的目标消费者去购买他的产品，这就是新产品上市公关活动的目标。没有目标而耗费巨资做活动是不可取的，目标不明确是不值得的。有一些保健品企业，看到同行做节日公关活动，他也要做，而且要求活动规模更大、规格更高、发稿更多，但说不清楚为什么要做，要传播什么样的卖点、概念，没有设立目标。有的企业做公关活动，设定了不少目标，如提高知名度、美誉度来促进销售等，但是没有量化（提高知名度、美誉度的百分比，促进销售的货币额度），方向模糊，错把目的当目标。目标一定要量化，它不是希冀式的观测，而是指日可待。只有量化目标，公关活动策划与实施才能够明确方向，才会少走弯路。

（二）集中传播一个卖点

公关活动是展示企业品牌形象的平台，不是一般的促销活动，要确定活动卖点（主题），并以卖点作为策划的依据和主线。很多公关活动，花了不少钱都不知是什么活动，留不下很深的印象。只有提炼一个鲜明的卖点，创造公关活动的"眼"并传播，才能把有关资源整合起来，从而完成活动目标。这里的卖点是公关活动环节设计中最精彩、最具传神的地方，活动事隔多年，情节大多被人淡忘，但仍能让人记起的一个情节。公关活动策划需要创造这样一个非常精彩的高潮，要把这个高潮环节设计得更有唯一性、相关性、易于传播性。当然，集中传播一个卖点，并不是只传播一条信息，而是把活动目标和目标公众两项因素结合起来，重点突出一个卖点，提高活动的有效性。

（三）公关活动本身就是一个媒体

随着公关新工具、新技术的不断涌现，同新闻媒体、广告媒体一样，公关媒体也在发生着革命，网络等新兴媒体被应用于公关活动。殊不知，公关活动本身就是一个传播媒体，它具备大众媒体的很多特点，其作用和大众传媒相比，只是公关活动实施前不发生传播作用，一旦活动开展起来，它就能产生良好的传播效应。公关活动因其组织利益与公众利益并重的特点，具有广泛的社会传播性，本身就能吸引公众与媒体的参与，以活动为平台通过公众和大众传媒传播。在策划与实施公关活动时，配备好相应的会刊、通讯录、宣传资料等，实现传播资源整合，能提升公关活动的价值与效果。

（四）策划要周全，操作要严密

公关活动策划，要注意的就是"周全"，这是因为公关活动给我们的成功机会只有一次。公关活动不是拍电影、电视，不能重来，每一次都是现场直播，一旦出现失误无法弥补，绝不能掉以轻心。

1. 创造活动的"眼"

"眼"的概念是从文章的文眼、歌曲的歌眼中引申出来的。大型活动策划同样需要创造这样一个非常精彩的地方，要有高潮，要把这个环节设计得更有传播性，这是大型公关活动创意的核心和关键。

2．主题的氛围设计

应该有一个比较能够表达我们主题的氛围设计，应该重视通过场地的设计、气氛的设计，把活动的主题氛围带出来，这点往往有很多人不太重视，他们只考虑某一个活动环节上的创意，而忽略了场地上的创意。在大型公关活动的策划和实施过程中，还有很多技巧可以利用，只要不断总结提高，就一定能创作出更多、更有影响力的大型公关活动。

（五）公关手段化危机

1．化危机为机遇

大型公关活动有一定的不可确定性，为了杜绝意外事件发生，公关人员在策划与实施的过程中要抱有强烈的危机意识，充分预测到有可能发生的各种风险，并制定出相应的对策。只有排除了所有风险，制定出的策划方案才有实现的保障。发生紧急事件时，要随机应变，不要手忙脚乱，不要抱怨，应保持头脑清醒，要冷静，迅速查明原因并确认事实的真相。解决负面影响有两种方法：一种方法是及时向公众谢罪，防止再发生类似的事件，与不同媒体建立合作关系，避免负面报道，策略性地处理媒介与公众关系，否则修复较难；另一方法是化危机为机遇，借助突发事件扩大传播范围，借助舆论传播诚意，争取公众的支持，化被动为主动。

2．用公关手段解决公关问题

社会上对公关活动的认识不同时期存在不同误区，加之部分媒体的错误引导，更加深了这种错误认知的蔓延。近年来，对公关的认识又有了新的误区，把公关活动等同于促销活动。实际上两者的目的、重心、手段不同。公关活动的目标是提高美誉度，提升亲和力；促销活动的目标是提高销售额、市场占有率。公关活动的重心是公众、媒体、政府，促销活动的重心是消费者。企业同时需要营销、公关两种职能，两种职能不能通用。公关是社会行为，营销是经济行为，公关活动关注公众，促销活动关注消费者，公关与市场区别较大，营销的手段不适用于解决公关问题。公关活动的公众非常多，消费者只是公众的一种。不同的公众，使用的公关手段也不一样。因此，要走出"公关活动就是促销"的误区，用公关手段解决公关问题。

（六）调查研究，全面评估

1．没有调查就没有发言权

国内不少公关公司做公关活动，因缺乏公众研究意识或公众研究水平有限、代理费少、时间紧等原因，省略公众调查这一重要工作环节已是司空见惯的事情。想一个好的点子，找一个适当的日子就可以搞公关活动，笔者对此不敢苟同。"没有调查就没有发言权"。"知己知彼，百战不殆"。只有摸清自己的优劣势，洞悉公众心理与需求，掌握竞争对手的市场动态，进行综合分析与预测，才能扬长避短，调整自身公关策略，赢得公关活动的成功。公关实践表明，公关活动的可行性、经费预算、公众分布、场地交通情况、相关政策法规等都应进行详细调查，然后进行比较，形成分析报告，最后作出客观决策。

2．全方位评估

我们在对公关活动进行评估时，往往是只评估实施效果，评估不够全面。如能在评估时，除实施效果外再评估活动目标是否正确、卖点是否鲜明、经费投入是否合理、投入与产出是否成正比、公众资料搜集是否全面、媒体组合是否科学、公众与媒体关系是否更加巩固、社会资源是否增加、各方满意度是否量化等，则公关活动的整体效果才能体现出来。这种全方位评估有利于活动绩效考核、责任到人，更能增加经验，为下一次公关活动的策划与实施打好基础。

总之，公关活动是最累人的，同时也是最能学到经验教训的，公关活动策划与实施需要大量经验的积累，只要不断总结经验并应用于实践中，一定能策划并实施出更具影响力、更为成功的公关活动。

三、贯彻大型公关活动的公关策略

公关策略涉及创意方案、团队执行力和评估体系。要贯彻大型公关活动的公关策略，首先就要了解公关活动的作用和大型公关活动的社会作用。公关活动的作用是集中传播了公关的主题，推进了公关计划的目标管理，创造了一个传播媒体。大型公关活动的社会作用是创造强烈的社会传播效果，有力促进社会文化的发展，有效促进公关专业技术的提高，这样才能清晰地分析大型公关活动与公关策略的关系。

（一）公关活动的内容

1．公关活动的类型

（1）按公关专题活动的规模可分为大型系列活动、大型活动、小型活动。

（2）按公关专题活动的场地可分为室内活动、户外活动、野外活动。

（3）按公关专题活动的性质可分为商业性活动、公益性活动、专业性活动、社会工作活动、综合性活动。

（4）按公关专题活动的形式可分为会议型活动、庆典型活动、展示型活动、综合型活动。

2．公关专题活动的定义

为了某个公关主题有效传播目的，有计划、有步骤组织目标公众参与的集体行动，叫公关专题活动。公关专题活动具有与其他一般性活动不同的特点：针对性、传播性、协调性和效率性。公关专题活动的背景资料包括国家有关的政策和法规、历史资料、目标公众的需求热点和活动场地的情况。

3．大型公关活动

以公关传播为目的，有计划、有步骤地组织众人参与协调的社会活动。它可以集中传播公关的主题，推进公关策划，通过富有创意的专题活动把许多目标公众集中在一起，进行有效信息传播、沟通协调，实现组织形象知名度、美誉度、认可度的有效提升。

大型活动的特点：鲜明的目的性、广泛的社会传播性、严密的操作性和高投资性。大型活动的策划原则：社会性原则、科学性原则、实效性原则、创新与可操作性相结合原则。

（二）公关策略的内涵

1．公关策略的定义

公关策略即运用各种各样的手段去争取政府、媒体、知名人士、大众对公司的关心，对品牌的注意，改善、提高公司的影响力，也可以理解为企业为取得外界对企业品牌的支持而采取的解决方案。大型公关活动必须明确这个活动主要针对的公关环境、主要解决的问题，这个针对企业当前公关环境及面临问题而提出的解决方案，就是大型公关活动的公关策略。

2．公关策略的类型

根据公关活动面临的公关环境及活动目的不同，公关策略分为激进型、稳重型和危机型。

（1）激进型。"激"代表着"激励、积极、热情"；"进"代表着"进取、进步、实现效益"。企业通过良好的"激进"型的公关策略，促成产生经济效益，其形式包括业务技能提升、客户关系管理沟通和公关礼仪交流等。

（2）稳重型。稳重用在形容人时，就是具有涵养、宽容精神和积极乐观。用在企业上，就是管理经营有策略、有分寸、有原则，办事深思熟虑，工于心计，善于计划。企业由于凡事三思而行，一般不会犯大错误。

（3）危机型。危机管理该遵循及时性、准确性、诚实性和积极主动性原则，并应该根据危机发展的不同时期（萌芽期、恶化期、后续期）制定相应的公关策略。

（三）公关策略的系统

在大型公关活动中贯彻公关策略，应着重贯彻活动目的、目标受众和活动预算等。值得指出的是，其中目标受众并非企业或产品的一贯受众，而应根据具体活动确定具体的目标受众，如进行政府公关时，其目标受众是政府部门；进行媒体公关时，其主要目标受众是媒体。要在活动中始终贯彻公关策略，需要注意以下几个方面。

1．站得住脚的公关策略是活动能贯彻始终的前提

一个站得住脚的公关策略是使自身能够始终贯彻的前提。在开展大型公关活动时贯彻公关策略，是为了确保在指定时间内以既有预算在目标受众中达到预定效果，并尽量避免产生不良副作用，并不是为了贯彻而贯彻。严谨的可操作性，是活动成功的必备条件，一个紧贴客观事实，有利于公关活动效果最大化的公关策略，是其自身得以贯彻于活动始终的前提。严密的调查研究是公关策略本身站得住脚的基础。有效的公关调查，能帮助组织及时把握公众舆论，了解组织在各种公众中的形象地位，为组织的决策和实施提供科学依据。

2．富有创意的方案策划是贯彻公关策略的核心

大型公关活动是以公关传播为目的，有计划、有步骤地组织众人参与协调的社会活动，旨在集中目标受众，进行有效信息传播、沟通协调。这种沟通的有效与否首先取决于能否吸引受众关注、接受，甚至参与到组织所开展的活动。公共关系策划是整个活动成败的关键，并也因此成为公关策略能否得以实施的关键。在"想做"和"能做"的反复权衡中，策划人员在理想和现实的反差中必须树立良好心态，使公关策略巧妙地藏身于丰富多彩的活动内容中。

3．全面的方案培训是保证公关策略方向的必要措施

在大型活动中，如果参与其中的工作人员不了解全局的策划意图，他们就难以把握公关策略的方向，从而按照自己的理解执行，容易使公关策略的方向产生偏差。同时，不了解公关策略的工作人员也不能为其实施提供建设性的劳动，因而需要对工作人员进行方案培训，使所有人员熟悉公关策略，既保证公关策略方向，也有利于产生创造性劳动。

4．稳健的团队执行力是确保公关策略精确实施的重要保证

稳健的团队执行力有利于公关策略的每个细节项都执行到位，减少偏差。一个团队要建立并维持稳健的团队执行力，必须在执行活动时注意以下几个方面。

（1）形成细化执行方案。我们看到一些单位组织的活动，甚至是专业机构承接的活动，都存在这样的问题：创意很好，但是由于缺乏细化执行方案，在执行过程中出现很多问题，工作人员分工不明确、许多工作在进行中不能做到有条不紊等。所以，在原方案确定以后，还要进一步进行操作设计，形成细化执行方案。

（2）执行方案的程序化管理。程序化管理是一种科学的管理意识，只有程序化实施，才能有标准化、科学化管理，因而实施设计，重要的是保证操作的规范化、程序化，人员分工的明确化。

（3）对每个执行人员实行相关培训。这里所指的培训与方案培训不同，是对工作人员进行活动相关操作的专业训练，目的是使工作人员在执行具体活动时，知道什么时候应该做什么和准备什么用具，在出现紧急情况的时候知道如何应对和处理。

（4）办理相关手续，争取各方支持。在活动实际操作中，应当不怕繁琐，尽量办理各类相关手续。否则，因手续不全而发生事故或遭遇政府部门干预，这个活动就彻底失败了。另外，争取其他相关方面的支持，如场地所有方、场地常驻用户等。

5. 完整的评估体系是校正执行偏差的有力标尺

对于大型公关活动，有必要制定一套评估体系，以便在活动实施过程中及活动结束后对活动效果进行评估。其中活动结束后的评估对已执行的活动而言，只起评分的作用；而在执行过程中，对活动进行的阶段性评估，则能起到衡量效果、校正偏差的作用。因此，大型公关活动应建立以阶段性评估为主的评估体系。具体应包括以下几个方面。

（1）目标受众对活动的接受程度。测量目标受众是否关注到该活动，并接受或参与到活动中来。受众接受程度可以从受众对活动的反应、不同程度的围观、咨询、索取资料；受众对活动的评价可以从好奇的、喜爱的、渴望的，以及活动可给受众带来的切身利益；受众认为活动宣传的项目是真实可信的和有参考价值的。

（2）接受活动带来的公关信息。接受该活动的受众是否接收到并接受了活动带来的公关信息——测量是否得到了信息的有效传播，防止受众仅是接受活动本身。众多企业的成名均利用了成功的公关宣传，成功的公关活动可以提升组织的知名度、美誉度和信任度等。公共关系通常是利用公关活动吸引媒体关注，由媒体主动宣传企业或品牌，从而达到一种较好的宣传效果，公关可以为企业"扬名立万"，为企业带来良好的经济效益和社会效益。

北京长城饭店就是通过成功的公关活动一举扬名的。1984年，美国总统里根访华，长城饭店得知这一消息，敏感地认识到这是一次绝好的公关时机。若争得里根入住长城饭店，将使长城饭店一举成名。于是长城饭店提前准备，积极开展活动，终于打动了客方。里根及随行人员全部入住长城饭店，并且在长城饭店召开了记者招待会。三百多名记者现场进行采访，美国三家电视台转播，长城饭店借助公关活动带来的免费宣传，短时间内声名鹊起，成为知名饭店。饭店开业前三年，70%以上的住客来自美国。对这一成功的公关案例，至今提起，人们仍津津乐道。

（3）实际受众中目标受众的比例。测量活动对目标受众是否具有高度的针对性，以免受众产生重大偏差。大型公关活动有明确的目标市场，向非目标受众传达信息是无用的，因此我们必须考虑传播载体的受众中目标受众的比例。通过调查，对大型公关活动中目标受众的认知状况、媒介状况、重点与难点等要进行准确的界定。

（4）预算使用情况。预算使用情况就是要"严防预算超支"。大型公关活动要做到："一事一议"，筹资筹劳要坚持事前有预算、事后有决算的原则，活动开展后，要严格履行活动预算，严防超支，资金筹集后要实行专款专用，不得挤占挪作他用，我们可以使用预算规则来分配预算额。预算规则是将预算额计算和分配至账户所有期间的预定义方法。

　　大型公关活动是整体活动策划，可以协调运作，突出一个主题或多主题并举；大型公关活动鲜明的目的性，一方面可以产生高效的活动效果，另一方面可以节省资金。同时，专业的品牌理念运营活动，可以产生深远的意义，产生广泛的社会传播性，产生轰动效应。大型公关活动服务是一个系统性项目，重在策划有创意，统筹考虑，体现全局观念。

　　大型公关活动的开展要秉承专业化的服务模式及差异化的公关策略。活动中要建立媒体网络，拥有一定的媒体群，与国内的政府职能部门、影响力机构、产业界、传播界搭建了坚实的合作平台。同时，大型公关活动的组织者要根据国际化公关传播领域发展，立足于行业高度，以国际化视角、本土化运作模式，打造具有自己特色的本土公关公司的公关典范和行业领跑者。

案例 5-1

东莞麻涌水乡旅游美食节

　　2014年首届东莞水乡旅游美食节6月1日在东莞麻涌镇拉开帷幕，活动地点在古梅路美食街和中大渔人码头，以及中山大学新华学院旁边的一条美食街，让热闹的气氛充满了麻涌。在美食节前，各项活动举行的时间就通过各种方式传递到四面八方，例如电视、网络、微博、微信等。通过大力的宣传，节日首日就吸引了来自东莞、广州、深圳等地的很多游客观光，共同享受节日的喜庆与快乐。在连续13天的旅游美食节中，在中大渔人码头和古梅路的舞台都准备了各种表演和比赛，并趁这个端午节假期举办了花海漂流、龙舟赛等活动，这样能够吸引更多游客到美食节去感受活跃的气氛，如图5-2所示。

图 5-2　东莞麻涌水乡旅游美食节

　　麻涌的经济水平在东莞里面排在靠后的位置，而且平时说到麻涌，也只能想到"香蕉"。这次东莞的美食节在麻涌举办，加快了麻涌各条美食街的建设。因为广东人对美食文化的研究还是比较深的，而且广东人也热爱美食，所以建设了各段美食街不仅可以拉近人与人之间的距离，也可以拉近城市与城市、城市与人的距离等。美食街的建成使很多人聚在了一起，到美食街去寻找自己熟悉的那份味道。

　　麻涌最著名的特产是香蕉，而这次在古梅路，很多店铺也围绕香蕉这个特色制作了一系列的食品，例如香蕉包、香蕉紫菜糖水、香蕉炖蛋等。这样，不仅可以很好地宣传"香蕉"这个麻涌的特产，而且可以用香蕉制作成更多种多样的食物，给大家带来不一样的味觉冲击，让香蕉发挥其更好的食材能力。

　　在这一年里面，麻涌加大各方面的建设力度，包括华阳湿地公园、古梅体育馆、古梅路民国风格美食街、渔人码头、麻涌河沿岸以及华阳湖周边一带的道路与绿化建设等，这样不仅改善了麻涌的环境，而且建设了更多有用的公共设施，在一定程度上也改善了麻涌当地人民的生活，让他们在茶余饭后有更多的去处。

　　试从公共关系的角度来分析东莞麻涌水乡旅游美食节。

　　分析：从公共关系的角度来分析，东莞麻涌水乡旅游美食节是应用了公共关系专题活动的理论。公共关系专题活动又名公共关系专门事件或公共关系特别节目，是组织公共关系日常业务的内容之一，它是指组织为了实现公共关系目标，与公共关系日常活动相对的，围绕某一明确主题，邀请新闻界人士和社会公众集中参加，充分利用各种传播媒介而开展的一种专门活动。

　　通过公共关系专题活动，在这次水乡旅游美食节中就可以很好地将麻涌展示给不熟悉它的人群。同时，通过这个美食节，可以吸引更多的本地、外地的游客来到麻涌，感受到麻涌建设的成功，也会享受这次来到麻涌所看到的盛况。其实麻涌就是借着这个机会来让来自各地的人感受到麻涌的巨大变化，这样比单纯在电视上、广播上或者网络上打广告要更实际和有效。

　　这次麻涌的美食街都坐落在中山大学新华学院的附近，所以可以更好地吸引在校学生这批庞大的消费群体，而且学生会通过各种方式来分享自己的实时经历，这样就更有利于麻涌美食节的宣传。

案例 5-2

韩国 Pororo 主题乐园开业

　　又到六一儿童节，各大商场使出浑身解数吸引小朋友和家长们的光顾。而 2014 年的儿童节，北京爱琴海购物公园无疑是京城最适合家庭欢度六一的好去处。

2014 年 5 月 23 日，国内首家 Pororo 主题乐园在爱琴海购物公园开业，小朋友们不仅能与 Pororo 同场畅玩，还能体验爱琴海购物公园缤纷多彩的儿童节活动，如图 5-3 所示。

图 5-3　韩国 Pororo 主题乐园开业

小企鹅 Pororo 在韩国是国宝级的卡通人物，被称为"Po 总统"。5 月 23 日下午 2 点，在爱琴海购物公园南广场举办 Pororo 主题乐园开业仪式。在精彩的舞蹈和歌曲表演之后，还设置了抽奖和嘉年华的活动，更有"韩国大厨亲授料理秘籍，学做正宗的韩国料理"的互动环节。5 月 23—25 日，爱琴海购物公园还举办全天候的韩国饮食文化活动，家长们可以带着孩子制作以及品尝传统韩国食品，了解韩国传统饮食文化，欣赏现场舞蹈表演，参与游戏互动。

5 月 31 日—6 月 1 日，爱琴海购物公园南广场举行盛大的泡沫狂欢 Party。凭"畅游卡"或消费小票即可参与活动，白天儿童场卡通人偶将与孩子们在泡沫中玩耍；儿童场后更有成人夜场狂欢 Party，身穿海魂衫、戴红领巾的舞者和百名人偶将与顾客现场畅玩互动，并有著名 DJ 在现场助阵！

5 月 24 日—5 月 25 日，中国小童星活动预赛开启，明星小选手将在乐园开业庆典期间带来 T 台表演。5 月 31 日—6 月 2 日，华艺风采第二届全国青少年艺术人才展评活动也将在爱琴海购物公园举办。

　　端午送瑞，疯狂不断。5 月 31 日—6 月 2 日，"疯狂 2 小时"活动，各类商品限时抢购；微信"摇一摇"疯狂大抽奖，将有机会获得 iPad mini2（16G）、小米手机。此外，还有千桶油（5 元/桶）、万斤大米（1 元/斤）供顾客抢购。

　　问题：试用所掌握的公关知识对 Pororo 主题乐园的开业活动加以评析。

　　分析：该案例是应用了公共关系学理论中的公共关系专题活动。公共关系专题活动的种类很多，一般有展览、庆典、赞助、记者招待会、对外开放参观等，而案例中韩国 Pororo 主题乐园开业就是其中的一种。

　　（1）该主题乐园的开业活动以卡通人物、舞蹈、唱歌、抽奖、传统文化饮食活动、明星表演等方式，来满足消费者特定心理，引发消费者兴趣，吸引消费者参与。同时，这一形式又富有新闻价值，可以引起媒体的关注，从而扩大该乐园的知名度。

　　（2）选定的时间在六一与端午节之际，能吸引更多的小朋友和家长来消费。

　　（3）邀请中国小童星带来 T 台表演，很好地利用了明星效应，让活动有了更亮眼的点，能吸引更多的消费者，是个不错的策划。

　　（4）抽奖及商品抢购活动抓住了消费者的心理，能吸引更多年轻一族及中年一族。

第六章

公关传播与新媒体技术

　　本章主要涉及的概念包括公关传播、新媒体、新媒体技术、内容和模式、新媒体运作与公关传播效果。三大传统媒体主要是指报纸、广播和电视。报纸是大众传播媒介，广播和电视均是电子媒介。长期以来，三大媒体犹如三足鼎立。新媒体与传统媒体相比，其新形态和新特性很多，它包括现代通信产品、互联网，以及新概念数据传播。如果说，第一媒体是报纸，第二媒体是广播，第三媒体就是电视，我们今天所说的新媒体就是第四媒体互联网和第五媒体手机。

【导入案例】法国戴高乐机场候机楼坍塌后政府响应的过程

　　2004年5月23日清晨6点多，法国戴高乐机场2E候机楼坍塌引发危机，以下是当时法国政府公共信息发布的情况。发言人出场的层次：由高到低。

　　（1）总统发布讲话。危机爆发半个小时之内，第一个进行信息发布的人是法国总统希拉克，他首先表示了"深切同情"，接着发表声明要求立即展开调查，尽快确定原因。

　　（2）交通部长发布信息。总统发表声明后，法国交通部长德罗比安发布信息，指出没有任何证据证明当天清晨戴高乐机场的2E候机楼部分坍塌事故为恐怖袭击事件。

　　（3）戴高乐机场总裁召开新闻发布会。在当天事故发生两个小时内，法国巴黎戴高乐机场总裁比埃尔·格拉夫在戴高乐机场举行的新闻发布会上回答记者提问。宣布目前已发现遇难者6人，有关部门正在进行积极寻找和搜救。

　　（4）机场设计师发布信息，公开致歉。两天后，机场设计师安德鲁发表声明，否认自己对这起事故负有责任，但同时对遇难者表示歉意。

　　问题：法国戴高乐机场候机楼坍塌事件为什么会处理成功？

　　答案：公共传播体制的缺陷：突发事件+信息缺乏=公共危机。危机在控制与失控之间，有效沟通是危机控制的关键。政府由于不回避危机，避免了舆论失控；符合公关"说真话"的基本理念，利用公关传播与新媒体技术进行全方位的传播，把"危机"变为"契机"。

启示：（1）要有信息沟通意识；（2）要有系统地策划和安排：法国戴高乐机场候机楼坍塌后法国政府的公共信息发布渠道特点：从宏观到微观→从高层到基层→从官员到专家→从政策层面到技术层面。如果控制住转折点的危机，能使灾难变转机。

第一节　公关传播的概念

公关传播是信息交流的过程，也是社会组织开展公共关系工作的重要手段。离开了传播，公众无从了解组织，组织也无从了解公众。如果把社会组织看作公共关系工作的主体，把公众看作公共关系工作的客体，传播就是两者之间相互联系的纽带和桥梁。组织与公众的沟通，在很大程度上依靠信息传播，组织与公众之间的误解，也往往是由于信息不畅造成的。因此，一个社会组织不但要有明确的目标、符合公众利益的政策和措施，还要充分利用传播手段开展公关活动，赢得公众的好感和舆论的支持，以获得良好的经济效益和社会效益。

也许"公共关系""传播"与"交际""拉关系""拉拉扯扯"在词义上容易产生混淆，也许在公共关系实践中确实出现过偏差，从这门学科引入我国之日起，对它的疑惑和误解就没有停止过。有人甚至作出这样的推断："公共关系=美女+交际""公共关系=公关小姐""公共关系=不正之风"。由于缺乏系统的理论研究与指导，公共关系人员在利用媒介进行传播的过程中，也往往带有很大的盲目性，这就在一定程度上影响了宣传效果。

一、公关传播界说

为了弄清楚公关传播的基本内涵，有必要将它与含义相近的几个概念进行比较，找出它们的"同中之异"。

（一）人际传播与公关传播的联系和区别

1. 人际传播与公关传播的联系

人际传播泛指人与人之间的相互接触与彼此往来。它与公共关系传播有许多共同点：两者都属于社会范畴，都是能动的交流行为，都是以人为主体的活动过程，都具有相互作用的功能。而且，人际传播可以作为公共关系传播的辅助手段。但是，它们也有着明显的区别。

2．人际传播与公关传播的区别

（1）人际传播和公共关系传播的主体——人的含义不同。前者指单个的个人，后者指组织化了的个人；前者研究的是人与人之间的交往及信息交流活动，后者研究的则是代表组织的个人有目的、有计划地传递组织信息的过程。

（2）从社会关系的总体上看，人际关系是一种较低层次的社会关系，而公共关系则是从社会群体或组织的基础上建立起来的一种较高层次的社会关系。与此相适应，它们所采用的传播手段各不相同。人际传播手段一般比较简单，而公共关系传播手段相对复杂一些。

（3）人际传播的对象可以是一群人，也可以是一个人，而公共关系的传播对象则是与组织有着某种特定联系的群体。

（二）大众传播与公关传播的联系和区别

1．大众传播与公关传播的联系

大众传播是专业化群体通过各种技术手段向为数众多的读者、听众、观众传递信息的过程。它具有公共关系传播的一般特性，是公共关系传播的组成部分。但是，它们之间又有着明显的区别。

2．大众传播与公关传播的区别

（1）传播主体。大众传播的主体是以传播信息为职业的团体或个人；公共关系传播的主体则是一般的社会组织，是代表组织行使传播职能的公共关系机构或公共关系人员。

（2）传播内容。大众传播的内容是由职业传播者根据新闻价值规律采编的、需要告知公众的信息；公共关系传播的则是由组织部门行使传播职能的人根据公共关系计划编制的对组织有利的信息。

（3）传播渠道。大众传播的渠道一般不只由感官和简单的表达工具组成，而是包括大规模的、以先进技术为基础的分发设备和分发系统。因此，专门的信息传播机构既需要充足的资金、设备，又需要大量的专业化人才。公共关系传播则不受技术水平和专业化人员的限制，它的制作过程也相对简单一些。

（4）传播流程。大众传播的流程在很大程度上说是单向的，因为它的主导者始终是传播者，受传者既不确知，也不稳定，很难取得直接的反馈。而公共关系的传播对象是可知的和相对稳定的，它的传播过程具有明显的双向性特点，具体表现在：组织通过信息传播将自己的目标、政策和具体措施告诉公众，公众则通过被调查或主动回报两种方式把自己的要求、意见和建议告诉组织。与大众传播相比，公共关系传播能够更加及时、有效地取得反馈。

（三）公关传播的基本内涵

公共关系传播是一种有组织、有计划、有一定规模的信息交流活动。它的目的是沟通传播者与公众之间的信息联系，使组织在公众中树立良好的形象。

1. 公关传播的媒介和特点

（1）公共关系传播的媒介。各种会议和讲演可聚集数十、数百人；发传单、贴海报能让成百上千的人看到；用扩音器做报告可以让成百上千的人听到；举办展览或表演可吸引成千上万的人。但是在今天的社会里，要想与公众取得广泛的信息交流，最有利的手段莫过于利用大众传播媒介了。这是由大众传播媒介本身的特点决定的。

（2）大众传播媒介的特点：① 普遍性，大众传播媒介，无论是报纸、广播还是电视，几乎家家必备，人人必听、必看，影响面非常广，可以满足不同职业、不同年龄、不同文化程度受众的需要。因此，借助于大众传播媒介，能够达到与理想传播对象接近的目的。② 迅速、及时，由于科学技术的发展以及交通、通信条件的改善，今天的大众传播媒介能够以最快的速度向公众传递信息。在这方面，电子传媒的作用更加明显。因此，只有借助于大众传播媒介，信息传播才能不失时效。

2. 公关传播的客体

（1）公关传播的客体是公众。公众一般由两部分组成：一部分是组织内部公众；另一部分是同组织有着某种特定联系的外部公众。内部公众是构成组织的基本因素。它对于组织犹如人民对于国家一样，是不可或缺的。公关传播的目的之一，就是沟通、疏导组织内部上下级之间、成员之间的信息联系，消除各种不利因素，为组织发展创造有利的条件。

（2）外部公众是公关传播的主要对象。对于政府机构来说，它是自己所面向的那一部分群众；对于工商企业来说，它是与组织密切相关的协作者、竞争者、用户和消费者。公关传播的一个重要任务，就是影响这一部分公众，改变他们的态度，引导他们的行为与组织期望相一致。

3. 公关传播的定义

公关传播是组织通过报纸、广播、电视和网络等大众传播媒介，辅之以人际传播的手段，向其内部及外部公众传递有关组织各方面信息的过程。这个定义包括三方面的内容：（1）公共关系传播的主体是组织，不是专门的信息传播机构。（2）公共关系传播的客体由两部分组成：一部分是组织内部公众；另一部分是组织外部公众。（3）公共关系传播以大众传播媒介作为主要手段，以人际传播作为辅助手段。

（四）公关传播的级别

在广告费越来越高得令人难以承受，媒体的种类与数量越来越多，消费者存在资讯焦虑的今天，公关成为了企业品牌传播的重要武器。几年前流行起来的说法"公关第一，广告第二"让我们看到的作用越来越重要。公关传播可分为以下几个级别。

1. 一级公关传播

一级公关传播的手段是：王婆卖瓜，自卖自夸。这句歇后语，比喻对自己的东西没有根据地大加赞赏，以赚取他人的钱财。现在经济生活里，很多人在引用这句歇后语时，多是带有一点贬义的意思去点评某人或某商家的自我宣传和推销的做法。在当今市场经济日益发达的今天，有必要对"王婆卖瓜，自卖自夸"建立一个新的态度和辩证、正确的认识了。

（1）策略思想：自我宣讲。

（2）表现方式：自己组织公关活动，自己说自己好。

（3）传播思路：通过媒介发稿件，举行以产品发布为主题的新闻发布会，向社会证明自己的东西就是好。这类公关手段通常用于企事业刚起步或者产品刚上市，无人知晓，所以只有自己夸自己。

2. 二级公关传播

二级公关传播的手段是：不管好坏，只要曝光。

（1）策略思想：全面曝光。

（2）表现方式：正面新闻与负面新闻夹杂讲。

（3）传播思路：很多企事业或品牌希望在短期内提升自己的知名度和影响力，因此不惜动用一切手段，典型的表现方式就是用一些公关事件制造一些有轰动效应的话题，引起社会关注。类似现在很多的不知名的人突然曝光跟某名人的恋情或者恶意泄漏他人隐私等方式，都是这种公关手段的体现。对于一个可以不认真考虑长远的品牌形象，而且当前处于弱小状态的品牌来说，全面曝光无疑是一个可以四两拨千斤的策略，不过也不能滥用，否则有些负面东西如果被放大了，后期很难消除。

3. 三级公关传播

三级公关传播的手段是：让别人说自己好。这就是赞扬的话，让第三者去说。

（1）策略思想：证言策略。

（2）表现方式：寻找形象代言人、意见领袖夸自己、找"托"。

（3）传播思路：公关有时候需要做得看不出破绽，就不能自己夸自己，自己夸自己是初级阶段的公关，聪明的公关应该知道利用别人的嘴巴来讲自己想讲的话。这类公关的最常态就是找"托"，就是找形象代言人、专家、意见领袖来说自己好。

这种"证言"方式威力不小，特别是当消费者很难区分两个品牌差异的时候，如其中一个品牌被权威人士或者同类消费者推荐，就会让消费者的信心倍增。对于那些想提升自己品牌价值的组织来说，让别人说自己好无疑是一种不错的方式。

4．四级公关传播

四级公关传播的手段是：声东击西。声东击西方法虽是一个，但可变化无穷。

（1）策略思想：迂回策略。

（2）表现方式：不提和自己产品太多相关的东西，而是用其他活动表现自己的形象。

（3）传播思路：高明的公关是不露声色，要销售药品的，常常邀请你参加一些健康检查活动，又是给你上课，又是请你参加活动，还给小礼品，直到你要离开那一瞬间，才将广告小心翼翼地塞进你的口袋，再说要不你买点什么吧，这时你被企业搞的活动降低防备，于是就容易接受了。迂回策略永远比直接策略有威力。

5．五级公关传播

五级公关传播的手段是：说行业，说责任，不说自己。

（1）策略思想：植入策略、关联策略。

（2）表现方式：不提自己，不提产品，而是说社会责任，说行业价值。

（3）传播思路：最高层次的公关莫过于高瞻远瞩，表现自己是行业内的领导者，达到忘我境界的公关。当你在做一个具有社会责任的传播的时候，你不提竞争对手，也不说自己，因此你可得到更多的社会支持，公众都会认为这样的组织是不功利的，你传递的是一种隐形的高端形象。公众就会因你做的事情而把你当作一个有高端价值的组织看待，从而把你和别的组织区分开来。

赞助活动、支持公益事业、支持关于目标消费者的研究、冠名行业指数研究都是这种策略的最佳体现，既提升了品牌，又得到了支持，而且还有助于组织品牌的长期建设。这种方式自然是最高明的。

（五）公关传播的5B原则

公关第一，广告第二。公关是攻心，广告是攻城。那么，如何让公关在攻克消费者心理防线时，能够胸有成竹，有条不紊呢。我们认为，"公关传播5B原则"可以解决这个问题。"公关传播5B原则"不仅是一种理论，更是一种思维模型和解决问题的工具。

1．结合点（Binding Point）

公关传播是为品牌的长远打造服务的，公关传播是否走在正确的方向，取决于传播方式是否符合品牌的个性，而公关传播是否有效及有力，则取决于有没有挖掘出品牌的核心内涵，有没有找到与品牌之间最牢固的结合点，否则就会南辕北辙，达不到传播的目标，并造成对品牌的伤害。

2．支撑点（Backstop）

支撑点在公关传播上是指对建立和巩固品牌定位起支撑作用的扼守要点。引申指品牌定位的关键所在。品牌建设不是空中楼阁，做公关传播不是空穴来风，一切传播都必须有能够落地的措施予以支撑。

3．亮点（Bright Point）

要做到：事半功倍，四两拨千斤，就要有能引起公众关注、媒体兴奋的亮点。黄健翔为何能成为最热的明星主持之一？就因为他在世界杯赛解说中的那一声嚎叫。

在思考上市推广的时候，公关策划思路要回到品牌定位上。同时，公关策划思路要坚持在选点上的创新，将其作为一个市场引爆点，让品牌定位实现革命性和颠覆性的突破。

4．沸点（Boiling Point）

沸腾是在一定温度下液体内部和表面同时发生的剧烈汽化现象。液体沸腾时候的温度被称为沸点。不同液体的沸点是不同的，沸点随外界压力变化而改变，压力低，沸点也低。

水即使烧到99度，如果没有加最后一把火让水烧到100度，也不是沸水。公关传播同理，一定要保证足够的传播量，才能达到预期的传播效果。

5．保护点（Bodyguard）

在媒体多元化和"草根媒体"时代，在公关传播的过程中引起关注的同时，势必引发一定的质疑。如何才能处变不惊，化危为机？凡事预则立，不预则废。

要真正引导舆论始终按照预定的方向前进，使一切尽在掌控之中，就必须在事前找到各个层面及各个环节的保护点，做好危机管理，为公关传播当好保镖，保驾护航。

二、公关传播的基本要素

一个完整的传播过程具备五个基本要素：传播者、传播内容、传播渠道、受传者和传播效果。公共关系传播是组织运用传播手段向公众传递信息的过程，它经历了由传播者到受传者的全过程，其包含了传播过程的五要素。

（一）公关传播者

1．组织信息的采集和发布者

公关传播者是组织信息的采集、发布者，是代表组织行使传播职能的人。在我国政治组织中，该角色一般由党和国家的新闻发布机构、新闻发布人以及各级党和政府的新闻、宣传部门担任；在各种福利组织和营利性组织中，该角色由组织内部的宣传部门、公共关系部门或宣传人员和公共关系人员担任。

2．公关传播者是公关的主体

它是构成传播过程的主导因素。在协调公众关系、改善周围环境的过程中，在树立自身形象、提高信誉的过程中，在沟通内外联系、谋求支持与合作的过程中，公共关系传播者居于主动地位,起着控制者与组织者的作用。它的任务是将外部的信息传达给组织内部公众,同时将有关组织的信息发布出去,传递到目标公众那里。

(二)公关传播内容

公共关系传播内容是指传播者发出的有关组织的所有信息。它大体上可以分为如下两类。

1. 告知性内容

告知性内容,即向公众介绍有关组织的情况:它的目标、宗旨、方针、经营思想、产品和服务质量等。在信息传播过程中,告知性内容往往以动态消息或是专题报道的形式出现。前者是关于组织新近发生的某一事件基本事实的描述,通常包括 5W 模式,如关于商店开业、展览会闭幕、新产品问世、超额完成产值等情况的报道。后者是对事件全景或某一侧面进行的放大式描述,它不但包含 5W 模式,而且包括对基本事实具体情节的勾勒,例如介绍新产品的设计过程、制作工艺、用途、专家鉴定情况等。

2. 劝导性内容

劝导性内容,即号召公众响应一项决议,呼吁公众参与一项社会公益活动,或者劝说人们购买某一品牌的商品。在利用大众传媒进行宣传的过程中,政党、政府及其他非营利性组织发布的劝导性内容,往往以社论、评论、倡议书的形式出现;而营利性组织发布的此类内容,则多以商业广告的形式出现。

(三)公关传播渠道

1. 公关媒介

传播渠道是指信息流通的载体,也称媒介或工具。人们通常把用于传播的工具统称为传播媒介,而把公共关系活动中使用的传播媒介称为公关媒介。可供公关人员利用的传播媒介有两种:一种是大众传播媒介;另一种是人际传播手段。

公关传播媒介是各种各样、丰富多彩的。常见的有语言媒介,像报纸与杂志、书籍与纪念刊、海报与传单、组织名片与函件等;有电子媒介,像广播、电视、录音、录像、幻灯和电影等;有标识,像摄影与图片、商标与徽记、门面与包装、代表色等;此外还有非语言传播媒介,像表情、体态、目光等。

2. 基本媒介和综合媒介

公关媒介也可分为基本媒介和综合媒介两种。

(1)基本媒介主要是指人与人之间传播的媒介,主要包括广播、电视、印刷品、摄影作品、电影等。

(2)综合媒介是指与新闻界联络使用的媒介,包括特别节目、展览、会议等。综合媒介是各种基本媒介的集大成者。而与新闻信息传播息息相关的网络技术，主要指互联网的新媒体。我们称互联网的新媒体（计算机网络）为信息高速公路，而各种新媒体（广播、电视、计算机软件）则是装载运送信息的"汽车"。互联网的新媒体在公关传播渠道中发挥的作用，将是无法估计的。

三、公共关系传播模式与理论

公共关系传播是指特定的社会组织为实现公共关系目标，综合运用各种传播方式和传播媒介，有计划地与公众进行信息交流沟通的活动过程。公共关系传播是一种双向传播，而公共关系传播模式就是传播要素的组合形式。

（一）拉斯韦尔的 5W 模式

美国政治学家拉斯韦尔在其 1948 年发表的《传播在社会中的结构与功能》一文中，最早以建立模式的方法对人类社会的传播活动进行了分析，这便是著名的"5W"模式。"5W"模式界定了传播学的研究范围和基本内容，影响极为深远。

1. 5W 的基本含义

（1）谁传播（Who）；（2）传播什么（Says What）；（3）通过什么渠道（Which Channel）；（4）向谁传播（To Whom）；（5）传播的效果怎样（What Effects）。

这五个要素又构成了后来传播学研究的五个基本内容，即控制分析、内容分析、媒介分析、受众分析和效果分析。

2. 传播研究的范畴

在对传播的研究中，拉斯韦尔所提出的五大研究对象，也完全可以视为传播研究的五个基本范畴。

（1）传播的控制分析："谁"就是传播者，在传播过程中担负着信息的收集、加工和传递的任务。传播者既可以是单个的人，也可以是集体或专门的机构。

（2）传播的内容分析："说什么"是指传播的讯息内容，它是由一组有意义的符号组成的信息组合。符号包括语言符号和非语言符号。

（3）传播的媒介分析："渠道"是信息传递所必须经过的中介或借助的物质载体。它可以是诸如信件、电话等人际之间的媒介，也可以是报纸、广播、电视等大众传播媒介。

（4）传播的对象分析："对谁"就是受传者或受众。受众是所有受传者，如读者、听众、观众等的总称，它是传播的最终对象和目的地。

（5）传播的效果分析："效果"是信息到达受众后在其认知、情感、行为各层面所引起的反应。它是检验传播活动是否成功的重要标准。

【思维拓展 6-1】　广州大接访

2010 年 10 月 18 日上午 9 时，广州市流花展览中心，广州四套班子首次齐接访。这是继 2008 年 6 月 26 日，三级行政首长大接访之后，又一次更大规模的集体接访。据初步统计，本次接访活动全市市、区两级领导共接待来访群众 3978 人次。

接访至下午两点左右，省委常委、市委书记张广宁召集各相关部门开会，提出：件件个案都请市长过目，请局长亲自督办！不要随便说不！踢皮球的人可能面临问责！

针对大接访制度已施行两年，上访人长龙仍不见短尾的情况，张广宁称：广州不回避上访人山人海的问题，我们直面并解决，但是能像我们这样去积极面对的城市，也不多见。这一次市领导带头亲自接访，我们就是想当面倾听老百姓的声音，进一步了解老百姓还有什么问题，以真正有针对性地解决。

这一次广州市四套班子的领导共同参加大接访活动，就是希望向市民群众传递一个信号——"党委、政府是关心你们的"。张广宁书记说，今天的接访是成功的，但是如果永远都是我带头，就是失败的。

广州大接访应用了 5W 模式，从谁传播（Who）、传播什么（Says What）、通过什么渠道（Which Channel）、向谁传播（To Whom）、传播的效果怎样（What Effects）的公关传播模式中，我们看到了公关沟通的目的是"协调关系、解决问题、塑造形象"。广州大接访让我们看到政府对民众力量的敬畏，也看到构建和谐社会的希望。大接访在解决问题的背后，是要最终找到解决社会问题的制度和方法。

（二）把关人理论

"把关人"一词，最早是由美国社会心理学家、传播学四大奠基人之一库尔特·卢因在《群体生活的渠道》一文中提出的。卢因认为，在研究群体传播时，信息的流动是在一些含有"门区"的渠道里进行的，在这些渠道中，存在着一些把关人，只有符合群体规范或把关人价值标准的信息才能进入传播渠道。

1. 把关人的概念

"把关人"又称"守门人"（Gate Keeper），是指在信息传播过程中，对信息的提供、制作、编辑和报道能够采取"疏导"与"抑制"行为的关键人物。

2. 把关人的传播行为

一般地说，把关人的传播行为包括"疏导"与"抑制"两个方面。把关人对某些信息准予流通的便是疏导行为，对另一些信息不让其流通或暂时搁置便是抑制行为。

3. 新媒体的"把关人"

新媒体亦称新兴媒体，它以数字化形式传递去中心化的信息，从使用上来看，体现了容量大、即时、多种媒体综合运用，以及高度参与和互动的特质。把关人是传播学的常用概念之一。把关人又称守门人，是指那些在新闻媒介系统中居于决断性的关键位置，对信息进行过滤和加工的人或组织，而这种对信息进行的过滤和加工的过程就是把关。

2013年，中国网民规模达6.18亿[①]人，互联网普及率突破43%，远超世界平均水平。对传统媒介而言，由于"把关人"的存在，舆论引导不难做到；在新媒体的大环境下，由于"把关人缺失"等原因，较易导致舆论失控情况发生，网络舆论管理遭遇被动尴尬的局面。

（1）网络新闻传播中三个层面的把关人分别是：政府把关、网站把关、网民自我把关。

（2）网络安全问题是一个跨部门、跨行业、跨地区、跨国界的复杂问题，不可能由政府一方单独解决。应整合政府管理部门、行业协会、社会公众三方的力量，建立多元监管模式，形成长效监管机制。

（三）两级传播模式

美国著名社会学家拉扎斯菲尔德等人通过伊里调查发现，信息从大众媒介到受众，经过了两个阶段，首先从大众传播到舆论领袖，然后从舆论领袖传到社会公众。他们据此提出了两级传播论，这是一种有限效果理论。两级传播论认为人际传播比大众传播在态度改变上更有效。

1."两级传播"假设

"观念总是先从广播和报刊传向'意见领袖'，然后再由这些人传到人群中不那么活跃的部分。"也就是说，信息的传递是按照媒介——意见领袖——受众这种两级传播的模式进行的。

2.意见领袖的概念

意见领袖又称舆论指导者，是指社会活动中有较多机会接触来自各种渠道的信息（即消息灵通人士），以及对于某一领域有丰富的知识与经验（即权威专家），其态度和意见对广大公众影响较大的那一部分人。

（四）受众选择"3S"论

经过长期的观察和研究，传播学者发现受传者在接触媒介和接收信息时有很大的选择性，这就是受众心理上的自我选择过程。这个选择过程表现为以下三个方面。

1.选择性注意（Selective Attention）

选择性注意是指在信息接收过程中，人们的感觉器官虽然受到诸多信息的刺激，人们不可能对所有的信息做出反应，只能有选择地加以注意。从这一角度看，提高信息的

[①] 馨予. CNNIC：2013年中国网民规模达6.18亿. 07073·产业频道，2014-01-17

竞争能力，应注意以下因素。

（1）对比，将内容大不相同的稿件或节目编在一起，表现出强烈的对比，以引起消费者的注意。

（2）强度，在其他条件相同的情况下，刺激性强的信息容易引起人们的注意。

（3）位置，某个时段或位置能够减少或避免与不相干信息的碰撞与干扰，此时的信息就会显现出良好的传播效果。

（4）重复，重复的刺激是使信息引人注意的一个重要手段。

（5）变化，持续的时间太久，就会使人们对信息失去新鲜感而失去注意，因此，适当的变化是吸引注意的必要条件。

2．选择性理解（Selective Understanding）

选择性理解是指不同的人对同一信息做出不同的意义解释和理解。影响受传者的选择性理解的因素包括需要、态度和情绪三个方面。

3．选择性记忆（Selective Menmory）

选择性记忆是指人们只记忆对自己有利的信息，或只记自己愿意记忆的信息，而其余信息却被忘却，这种记忆上的取舍，称为选择性记忆。它可以分为输入、存储、输出三个阶段。

（五）议题设置论

1968 年，美国传播学者马克斯维尔·麦考姆斯和唐纳德·肖，率先提出"议题设置功能"理论假设，并采用定量方法加以验证，成功地开创了传播效果研究领域的崭新境界。

1．为人们确定哪些问题最重要

这一理论认为：虽然大众传播媒介不能直接决定人们怎样思考，但是它可以为人们确定哪些问题是最重要的。因此，当大众传播媒介大量、集中报道某个问题或事件，受众也就会关注、谈论这些问题或事件。

2．议题在受传中的正比关系

科学调查的结果表明：大众传播对某些议题的着重强调和这些议题在受传中受重视的程度构成强烈的正比关系。在大众传播中越突出某一事件，多次、大量地报道某一事件，就会使社会中的公众突出地议论这一话题，这便是"议题设置"。

【思维拓展 6-2】 陈云林访台行：议题设置重在务实

2008 年 11 月 3 日到 7 日，大陆海协会会长陈云林即将率领海协会协商代表团访问台湾。30 日上午，台湾《联合报》《中国时报》、TVBS 电视台、东森电视台等台湾媒体及香港凤凰卫视集体采访了陈云林。

陈云林表示，这次他率团赴台湾访问，是两会领导人首次在台湾举行会谈，是两会制度化协商进程中新里程的开始，也是两岸关系发展中的重要一步。不断通过协商解决问题，是两岸关系和平发展的内在要求，也是两岸关系发展的重要内容。这次两会在台北举行会谈，将成为两岸关系继续改善和发展的重要标志。陈云林此行主要有以下两项任务。

1. 三通

与江丙坤董事长进行"陈江会谈"，协商两岸海运直航、空运直航、邮政合作、食品安全等议题，签署协议，并就如何增加大陆居民赴台旅游人数、两会下轮协商议题安排、加强两会联系与交流等问题交换意见、做出规划。

2. 商谈金融合作等议题

就两岸合作应对当前金融危机冲击、共度时艰交换看法、研拟办法，并为两会下轮商谈金融合作等议题做准备。

【思维拓展 6-3】　曹景行[①]：网络的新闻议题设置能力超越电视

1. 网络的议题设置能力

网络在议题设置功能上，已经开始超越传统媒体，我不喜欢用"主流媒体"，我认为网络也是主流媒体，而且网络如果发挥自己的优势，已经开始超越都市报，更超越电视，现在电视很多议题是跟着网络走。

2. 时事评论要利用互联网的规律

互联网的特点就是互动。

议题设置的理论基于以下两个观点。

（1）过滤作用。传播媒介对极为浩繁的信息是经过选择后才传达给公众的。当大众传播媒介热情介绍某个新闻事件，也就意味着这个新闻事件可能成为公众关注的"议题"。

（2）信息整理。面对传播过多的信息环境，公众常常感到无所适从。他们需要有人出面对复杂的信息加以整理，划出重点和优先顺序，为他们选出那些值得关心和注意的事件，这正是"把关人"的作用所在。

议题设置的"关键词"是"重合""时机""受众心理""互动"和"路标"。今天我们已经进入"速读时代"，能够在读者手里停留 20 分钟的就是好报纸。在日常报道中，媒体设置议题，受众怎样识别？这还需要一个标志。

栏目品牌就是"速读时代"的"路标"。《解放日报》每天 16 个版，平均下来每

---

① 曹景行是凤凰卫视言论部总监、《时事开讲》节目主持人，凤凰卫视新闻评论员。曾任凤凰卫视资讯台副台长、《亚洲周刊》副总编辑、《明报》主编、《中天新闻频道》总编辑。

个版被阅读的时间也就不到 100 秒钟。抓住这几十秒，吸引阅读，留住阅读，需要一个"路标"，而承担这个职责的，往往是那些读者熟悉、具有较高认知度和认同感的品牌栏目。

（六）"沉默的螺旋"

"沉默的螺旋"是一个政治学和大众传播理论。最早见于诺埃勒·诺依曼（Noelle-Neumann）1974 年在《传播学刊》上发表的一篇论文，1980 年以德文出版的《沉默的螺旋：舆论——我们的社会皮肤》（*The Spiral of Silence: Public Opinion-Our Social Skin*）一书，对这个理论进行了全面的概括。

1. 理论基本描述的现象

人们在表达自己想法和观点的时候，如果看到自己赞同的观点且受到广泛欢迎，就会积极参与进来，这类观点越发大胆地发表和扩散；而发觉某一观点无人或很少有人理会（有时会有群起而攻之的遭遇），即使自己赞同它，也会保持沉默。诺埃勒·诺依曼认为，人出于社会天性，为防止交往中的孤立，总是寻求与周围关系的和谐。这样，在舆论上就形成一种"沉默的螺旋"现象。

2. 沉默的螺旋发展过程

沉默的螺旋理论是基于这样一个假设：大多数个人会力图避免由于单独持有某些态度和信念而产生的孤立。也就是说，当人们公开发表意见时，如感觉到自己的意见处于"优势"时，便积极大胆地发表这种议论；当发觉自己的意见处于"劣势"时，为防止可能的孤立而保持"沉默"。而一方的沉默就造成另一方意见的增长，如此循环往复，便形成了一方越来越强大，另一方越来越沉默的螺旋发展过程。由于人类有恐惧被孤立的天性，因此在公众场合会自觉不自觉地做出违反自己本意的选择。

【思维拓展 6-4】　"沉默的螺旋"在现实社会中的变异

一名弱女子在四川一商业街遭遇歹徒追杀，整条大街的居民无人开门施救，目睹罪行发生保持可怕的"沉默"，歹徒气焰嚣张，女子在绝望中被歹徒刺死。媒体披露后，舆论对居民见死不救的行为进行谴责，将这条商业街称为"冷漠一条街"。

兰州某市场门口，一位七十多岁的老人买烟时向女摊主索要两毛应找的零钱，却因此招来一顿暴打。让人悲愤的是，在整个施暴过程中，现场数百名旁观者竟没有一人伸出救援之手，而是眼睁睁地看着无辜的老人撒手人寰。直到老人的尸体被警方拉走，这些冷漠的看客在凑完了热闹后才悻悻离去。

沉默，在邪恶面前，人们都选择了沉默。沉默立时使得正义的力量顿挫，使得邪恶的力量倍增。此消彼长，沉默中，邪恶者肆无忌惮、凶焰万丈；沉默中，正义在人们的畏缩和麻木中消弭于无形。围观者一旦发现大多数人选择了沉默时，少数正义感强的人也由犹豫到顾虑到最终"从众"而选择了沉默。正义的沉默就造成邪恶的猖獗，便形成了邪恶越来越强大，正义越来越"渺小"的螺旋发展过程——这是"沉默的螺旋"传媒理论在现实生活中的鲜活而"悲哀"的诠释。

"沉默的螺旋"的背后，也折射了其他一些深层次的问题：社会缺乏对见义勇为的保护制度和机制，很多见义勇为者的不幸遭遇令人寒心，恶化了见义勇为的社会环境。一个好的制度可让懦夫变成勇士。面对流动人口急剧加大，社会治安状况复杂化的新情况，如何建立有效的社会公共安全制度是亟待我们在实践中回答的课题。

（七）知识沟

美国传播学者蒂奇纳（P. Tichenor）、多诺霍（G. Donohue）和奥里恩（C. Olien）在1970年发表的《大众传播流动和知识差别的增长》一文中提出了"知识沟假设"的理论。

1. 知识沟理论

随着大众传媒向社会传播的信息日益增多，处于不同社会经济地位的人获得媒介知识的速度是不同的，社会经济地位较高的人将比社会经济地位较低的人以更快的速度获取这类信息。因此，这两类人之间的知识差距将呈扩大而非缩小之势。

2. 缩小"知识沟"对策

（1）从硬件方面，必须对不发达地区或低收入者阶层制定特殊的扶持政策，例如对一定收入以下的家庭或地区实行价格优惠，以推进信息传播硬件在全社会的普及程度。

（2）在"软件"方面，必须提高社会成员的"媒介使用的能力"。此外，还要充分发挥人的主观能动性，要激发他们强烈的欲望，培养他们的勤奋、持之以恒的意志品质。如果他们没有强烈的求知欲望，没有勤奋、持之以恒的意志品质，仅仅把电脑、电视等传媒当成娱乐消遣的工具，缩小"知识沟"的目的是难以实现的。

所以说，除经济状况、教育程度外，寻求信息的兴趣或动机是导致知识沟差距更为关键的因素。要缩小知识沟，就要给受众提供尽可能公平的接触信息的机会，利用不同的媒介面对不同的受众来传递信息。

（八）"心"经济

越来越多的专家指出，当前已进入一个人们追求心理和精神需求的"心"经济时代。

1. "心"的需要已成为人类的需要

"心"的需要已经成为人类的两大需要之一，满足这种需求的经济已经存在，而且规模已经相当大，娱乐、玩具、体育、出版、音乐、艺术、旅游、休闲、公园、教育、健康、咨询、广告等所有影响人们心理、观念、情绪和精神的文化行业都在成为新的聚宝盆，这些纯粹为满足人们的心理和精神需要的经济行为已聚敛为一笔庞大的财富。

2．满足人们的心理和精神需要

"心"经济就是为满足人们的心理和精神需要的经济行为。发展"心"经济，研究人们的精神和文化需求，开发合适的产品是相当有现实意义的理念。

上海旅游节突出以"狂欢"为主题的活动项目，打动人心、使人快乐的"事物"（物品或节庆等）变成一个产业，而它是离不开文化的。"心"经济同时也被称做文化经济，动人心弦的文化本身也是可以从财政学的意义上计量的财富。

3．用真心、诚心和良心来生产

企业在生产产品的时候以换位思考的方式充分为客户考虑，考虑客户在使用产品时的心理感受，真正使客户感受到舒心、放心、省心。"心"经济就是：掺三分真心，揉三分诚心，放四分良心做成产品，让客户十分省心，千分舒心，万分放心使用产品。在这样的情况下，客户会认为自己得到了最大的价值，那么他们也会帮助企业宣传他们的产品。

满意的消费者是最好的推销员，那么真心为客户着想而生产的产品，包含了生产者坦诚的心，消费者也将在使用他们的产品的时候时时感受到这一点。企业与客户，生产者与消费者，他们如何沟通？产品就是二者之间的桥梁，心在，桥就是安稳的、踏实的、忠诚的；心不在，桥就是虚伪的、欺骗的、不实的。客户和消费者的取向将不言自明。

现在的时代，每一个消费者都有着自己的判断力，况且生产者本身也是消费者。正是：我们用真心、诚心、良心来生产产品，那么我们消费的产品同样也包含了真心、诚心和良心；反之亦然。

四、常用的公共关系名词

本教材是一部公共关系学的新作，它有其自身特点，就是尽可能反映出公共关系学研究的最新动态，并将公共关系学理论与实践通过案例有机地结合起来。由此，我们列出以下十二个常用的公关关系名词，以便读者掌握和应用。

（一）全员 PR 管理

作为一种管理职能，公共关系的重要责任是管理一个组织的"无形资产"：知名度、美誉度。正因为"无形"，这就大大增加了公共关系工作的难度：公共关系工作的成功，不仅需要依靠专职的公共关系部门和公共关系人员的不懈努力，而且有赖于一个组织各个部门和全体人员的整体配合。

一个组织上至最高领导，下至每一个成员，都是有形、无形的公共关系人员。所谓全员 PR 管理，即通过全员的公共关系教育与培训，增强全员的公共关系意识，提高全员公共关系行为的自觉性，加强整体的公共关系配合与协调，发动全员的公共关系努力，形成浓厚的组织公共关系氛围与公共关系文化。

（二）公众分析举要

1．内部公众

内部公众是指组织内部的所有成员。它是组织最重要的基本目标公众。做好这部分公众的工作是公共关系工作的起点。

2．社区公众

社区公众是指组织所在社区的公众，它包括当地的权力管理部门、地方团体、左邻右舍的居民百姓、其他社会组织。

3．顾客公众

顾客公众是指组织所提供的产品或服务的购买者、消费者。组织的性质不同其产品亦不同，有的产品是实物，有的产品是服务，是满足某种心理、精神享受的无形商品。因此，顾客公众包括物质消费者和精神文化消费者。

物质商品消费者包括生产资料和消费资料的消费者，其中有物质商品的销售商、代理商和批发商等。精神产品的消费者包括广播、电视的听众、观众，影剧院、报纸、书籍等的观众、读者。随着科技的进步，人们生活水平的提高，消费已由物质（实物）消费与满足心理（精神）需要的消费合为一体。这一变化为公共关系事业提供了广阔的研究与实践课题。

4．媒介公众

媒介公众是指新闻传播机构及其工作人员。媒介公众是公共关系工作对象中最敏感但又是最重要的组成部分。任何一个社会组织都要面对媒介公众。这种关系常有两重性：一方面，组织要借助新闻媒介作为其与公众之间沟通的中介；另一方面，新闻媒介及其工作人员本身就是组织需要特别争取的公众对象。中介与对象的合一决定了新闻媒介关系是一种传播性最强、公共关系操作意义最大的关系。

与新闻媒介建立良好关系的目的是争取新闻传播界对本组织的了解、理解和支持，以便造成对本组织有利的舆论氛围。通过新闻媒介实现与公众的广泛沟通，可以增强对整个社会的影响力。

5．政府公众

政府公众是指政府机关及其内部的工作人员。政府是国家权力机关的执行机关，是对社会进行统一管理的权力机构。任何一个社会组织，作为社会的一分子都必须服从政府对整个社会的统一管理。因此，任何社会组织都需要与政府的有关职能机构和管理部门打交道，政府公众是所有社会组织的目标公众中最具有权威性的对象，也是组织生存和发展的重要保障条件。

政府公众有不同的层次，比较高的层次是间接领导关系，比较低的层次是直接领导关系。常见的政府公众一般指从中央到地方的各级人民政府及其所属的公安、司法、海关、税务、财政、工商、卫生防疫、质检、物价、环保等部门。

6. 名流公众

名流公众是指那些对社会舆论和社会生活具有较大的影响力和号召力的有名望的人士，如政界、工商界、金融界的首脑人物；科学界、教育界、学术界的权威人士；文化、艺术、影视、体育等方面的明星；新闻出版界的舆论领袖等。这类关系对象的数量有限，但对传播的作用很大，能在舆论中迅速"聚焦"，影响力很强。通过社会名流去影响公众和舆论，往往具有事半功倍的效果。

7. 国际公众

国际公众是指一个组织的产品、人员及其活动进入国际范围，对别国的公众产生影响，并需要了解和适应对象国的公众环境的时候，该组织所面对的不同国家、地区的公众对象。国际公众对象具有与本组织完全不同的社会和文化背景，因此，传播沟通活动也就具有显著的跨文化特征。

（三）求新欲望

人有一种基本欲望，即想要从自己周围环境中寻求新刺激的欲望，来满足自己的好奇心。而流行之所以能够存在，正是本身具有新奇性的缘故。人们的求新欲望与流行的新奇性、短暂性有关。

人们即使生活上自由自在，精神生活与物质生活十分满足，但若长期处于没有任何变化的社会情境中，总会逐渐感到厌倦，甚至不堪忍受，最终会产生摆脱陈旧生活模式的欲望。而流行能够创造新的生活方式，用不断变化的新的面目满足人们的求新欲望。

（四）逆反心理

逆反心理是指作用于个体的同类事物，超过了个体感官所能接受的限度而产生的一种相反的体验，使个体有意识地脱离习惯的思维轨道，向相反的思维方向探索。逆反心理会造成逆反行为、抵触行为。公共关系工作需要注意防止公众对象产生逆反心理和抗拒行为。

（五）新闻传播

依靠新闻媒介传递信息，就是新闻传播。新闻最重要的特点是在真实的前提下消息的新鲜和及时。它应该是最近发生的事件，过时事件就失去了新闻价值，不能再引起人们的关注。

1. 新闻五要素

五个 W，即何时（When）、何地（Where）、何事（What）、何因（Why）、何人（Who）。

2. 常见新闻稿结构

倒金字塔结构、并列结构和顺时结构；其中最常见的是倒金字塔结构。倒金字塔结构由导语和事实两大部分组成，导语是新闻稿的灵魂，最新、最重要的内容都包含其中。

（六）策划新闻

策划具有新闻价值的事件也叫做制造新闻或策划新闻，是组织争取新闻宣传机会的一种技巧。策划新闻就是在真实的、不损害公众利益的前提下，策划、举办具有新闻价值的事件或活动，吸引新闻界和公众的注意力，制造新闻热点，争取被报道的机会，使本组织成为新闻的主角，以达到提高知名度、扩大社会影响的目的。这需要公共关系人员具备"新闻脑"，富于创造性和想象力。

（七）整合营销传播

整合营销传播（Integrated Marketing Communications，IMC）又称统合营销传播，是近年出现的营销广告新概念，其核心思想是将与公司进行市场营销有关的一切传播活动一元化。整合传播一方面把广告、促销、公共关系、直销、CI、包装、新媒体等一切传播活动都涵盖到广告活动的范围之内；另一方面则使公司能够将统一的传播资讯传达给消费者，所以它也被称为"Speak with One Voice"（用一个声音说话），即营销传播一元化策略。

（八）公共关系专题活动

公共关系专题活动又名公共关系专门事件或公共关系特别节目，是组织公共关系日常业务的内容之一，它是指组织为了实现公共关系目标，围绕某一明确主题，邀请新闻界人士和社会公众集中参加，充分利用各种传播媒介而开展的一种专门活动。公共关系专题活动的种类很多，一般有展览、庆典、赞助、记者招待会、对外开放参观等。

（九）组织形象

组织形象是组织内外对组织的整体感觉、印象和认知，是组织状况的综合反映，它是组织的总体特征和实际表现在社会公众中获得的认知和评价。

（十）CIS 的基本构成

1. CI 的含义

CI 是 Corporate Identity 的简称，Corporate 是"企业""组织""社团"，Identity 是"身

份""同一""识别"的意思。我们可以将 CI 直译为"组织（企业）身份的同一"或"组织（企业）识别"。完整的 CI 应该是一个不可分割的系统，即 CIS（Corporate Identity System），通常译为"组织（企业）识别系统"。

2．CIS 的基本构成

组织的 CIS 由下列三个子系统构成。

（1）理念识别系统（Mind Identity System），简称 MIS。

（2）行为识别系统（Behavior Identity System），简称 BIS。

（3）视觉识别系统（Visual Identity System），简称 VIS。

3．组织实际形象的四种状态

根据知名度和美誉度在现实状况中的不同构成，可将组织的实际形象区分为以下四种状态。

（1）高知名度/高美誉度。组织处于这种形象地位，属于最佳的组织形象管理状态。

（2）高美誉度/低知名度。组织处于这种形象地位，属于较为稳定、安全的一种组织形象管理状态。

（3）低知名度/低美誉度。组织处在这种形象地位，组织的组织形象管理处于不良状态。

（4）低美誉度/高知名度。组织处在这种形象地位，组织的组织形象管理处于"臭名远扬"的恶劣状态。

（十一）政府公共关系

政府公共关系是政府与社会公众之间的传播管理[①]。从动态上看，政府公共关系即政府机构与社会公众之间的双向传播沟通活动；从静态上看，政府公共关系是发生在政府与公众之间的一种信息交流、沟通与传播的行为和状态；从管理学角度看，政府公共关系是一种组织职能，政府公共关系管理即对政府组织与社会公众之间的传播行为与状态进行管理。

1．公关理念

（1）强调政府的一般组织属性。政府是特殊的社会管理组织，具有权威性和唯一性。但政府终究还是一个组织，也应把公共关系作为一项基本职能，作为引导、规范、影响、制约政府行为的一种管理哲学。政府也是一个物质利益实体，在具体的经济关系和具体的经济过程中，不能吞并或侵犯其他公众的利益。政府不能利用特有的权力把自己置于超社会的地位。

（2）突出政府的公共服务职能。作为特殊的社会管理组织，政府存在的目的就是保

---

① 廖为建．政府公共关系．北京：中国人民大学出版社，2010：18

护和增进人民的利益，为社会谋幸福，这也是其存在的合法性的基础和源泉。政府组织的非生产性和管理的公共性决定它的一切活动都须奉行公众利益、社会利益至上的原则，以服务公众和社会为其行为的根本出发点和落脚点。

（3）认知政府的公众形象。政府的公众形象有两种含义：一是指政府作为一种公众的形象；二是指政府在公众心目中的形象。良好的公众形象是现代政府的最大的无形资产。政府必须有针对性地开展公关活动，重视和加强与各类公众之间的双向传播和沟通，了解各类公众对政府的期望，倾听各类公众的呼声，及时向公众报告政府在怎样满足这种期望，解释政府出台的政策和做出的行政行为。

2．公关实务

（1）政府形象分析。① 政府实态分析。明确政府正在做什么，能够做什么，做得怎么样，具备哪些有利条件和不利条件。② 社会公认分析。了解公众对政府工作是支持还是不支持，是感到很满意、较满意还是不满意。③ 管理阶层分析。了解干部队伍内部对政府的观点、意见和态度。④ 决策阶层分析。了解政府高层领导的价值观和行为方式如何，是否影响政府形象的个性和风格。

（2）政务公开。政府机关规模庞大、结构复杂，必须提高行政运作的透明度，增强公众对政府的了解，方便人民群众办事。要通过各种形式把政府的工作实况告知公众，并争取得到人们的支持，进而使公众的言行朝着有利于政府管理目标实现的方向转变。

（3）协商对话。人大、政协、民主党派、群团组织等协商对话渠道可以越过不必要的中介，使领导在重大问题上直接了解公众的意见，使公众可以直接向领导反映自己的看法，缩短其他社会沟通渠道，及时解决、疏导各种问题和矛盾，避免长时间积累而激化。

（4）危机处理。政府公关危机是指突然发生的，造成严重经济损失或严重损害政府形象的事件。危机处理的对策包括事前建立预警系统、完善管理、模拟准备，事中成立专门机构、制止事态扩散、调查情况、安抚受害方、统一新闻口径，事后公布处理全过程、及时改进、利用媒介消除影响等。

（5）民意调查与论题管理。要建立和完善政府网站等快捷、方便的互动交流平台，适时组织主题鲜明的大规模的民意调查活动。特别是在每项事关民生的重大政策和措施出台之前，要及时了解公众的基本态度和意见，实行公示、听证等制度，扩大人民群众的参与度，通过多种渠道和形式广泛集中民意，使决策真正建立在科学、民主的基础之上。

同时，政府公共关系要处理好的五对关系是：知名度和美誉度、形象塑造与解决具体问题、政府公关与社会公关、公关成本与公关效益，以及对内公关与对外公关。从政府公共关系的内涵中，我们看到政府道德责任、政府道德责任的价值取向和政府道德责任特征。

政府道德责任：行政主体在行使行政职权时，所应承担的道德义务及违反道德义务应承担的后果（否定性评价、道德谴责、纠错问责等）。政府道德责任的价值取向：廉洁、诚信、公正、正义、民主和人权。政府道德责任特征：政治性与社会公众的统一（道德作风影响形象）、规范性与灵活性的统一、自律性与强制性的统一（权利意味着责任）。

（十二）企业公共关系

企业公共关系是指企业在运营过程中，有意识、有计划地与社会公众进行信息双向交流及行为互动的过程，以增进社会公众的理解、信任和支持，达到企业与社会协调发展的目的。在这里，社会公众并不是一个宽泛的概念，而是有其特定的含义，即对企业具有直接影响与作用的社会群体，它可以分为企业外部公众和内部公众。

1．企业公共关系的内容

为完整、深刻、具体理解企业公共关系的含义，应从以下内容加以把握。

（1）主观特点。企业公共关系活动并不是盲目、随意的，而是主观上有明确的意识、正确的观念与具体的目标，并且以严密、具体、可操作性的系统计划方式去加以完成，才能收到良好的效果。

（2）双向交流。企业要想使其经营活动与变动的经济及社会相协调，就需不断进行信息的双向交流活动。

（3）行为输出。社会公众对企业的理解、信任与支持，信息的沟通与交流仅仅是企业公共关系活动的一个方面。更重要的是企业必须做出切实的行动，来解决自身在经营与管理中引起社会公众不满的种种问题；不断改进、完善与提高自身的经营与管理水平，才能够取得社会公众的信任与支持。

（4）公众利益。企业要想与社会、经济环境相协调，实现共同发展，必须将社会公众利益置于首位，不断用实际行动增进公众利益。在此基础上，企业才能获得一个良好的生存与发展环境，社会公众不仅理解和信任企业，而且会大力支持企业的发展。

（5）管理职能。公共关系在某种意义上讲，是企业运营不可或缺的社会资源，因而必须将其纳入到企业的管理过程中，使之成为企业经营者进行资源优化配置决策中一个重要的组成部分。

2．企业公共关系的特征

（1）对象。企业是公共关系的主体，公众是客体。企业通过公关活动求得公众的信任与支持，这就意味着企业必须将公众利益置于首位，通过信息交流和行为互动，才能达到相互协调、共同发展的目的。

（2）目标。追求美誉、塑造良好的企业形象，是企业公共关系活动的基本目的。这样才能使企业获得良好的生存和发展环境。

（3）方针。企业追求永续发展，公众对企业的认识与评价也是在长期中逐渐形成的。因此，企业公共关系活动必须着眼于长远效果。急功近利，只会适得其反。

（4）基础。公众对企业的理解、信任都是建立于企业以诚为本这一基础上的，如果企业无法与公众进行有效的沟通，就谈不上取得公众的信任与支持。

（5）手段。沟通是形成和发展企业与公众关系的桥梁。企业要想更富有实效地开展与公众的种种联系，必须重视对多元化沟通手段的研究与利用。

（6）原则。企业公共关系的形成是以一定的利益关系为基础的。换言之，在市场经济中，互惠互利是企业与社会共同发展的基本保证。这意味着，实现和增进公众与企业利益，形成"双赢"的相互依存、相互促进的局面，才能推动经济社会的长久发展。原则的具体性就是真实信用、互利互惠、全员公关、为社会服务、科学指导和社会规范。

企业公共关系的切入点要强调的是现代企业制度和现代企业制度的伦理要求。现代企业制度的论理要求：产权清晰、责权明确、政企分开、科学管理。而现代企业制度的伦理要求：经济原则、科学原则和伦理原则相统一；市场机制、计划机制和伦理机制相统一；利益观、责任观和发展观相统一（生态系统——各司其职、共存共竞）。

第二节　新媒体的概念

本节从新媒体、新定位和新理念出发，用新媒体与公关传播的角度探讨了新媒体的优势，并藉此就新媒体对传统媒体的影响进行了分析，认为传统媒体不必妄自菲薄，也无须夜郎自大，而应该扬长补短，积极主动地与新媒体一起走媒体整合的道路，建立新旧媒体共生系统，这才是公关传播的理念。

一、新媒体的特性

新媒体是与传统媒体相对而言的。经过长期的磨合，传统的三大媒体之间形成了相对稳定的发展态势。然而，科学技术发展总是带动媒体技术的创新，新媒体的诞生又使传统媒体处于尴尬的境地。虽然新生媒体还不成熟，但它与生俱来的优势是传统媒体所没有的。科技的发展总是以人为本，媒体技术的发展也是尽量迎合了传播者与受众的需求。与传统媒体相比，新形态、新特性的媒体很多，包括现代通信产品、互联网（第四媒体）以及新概念数据广播（第五媒体）。本文论及的新媒体是指与新闻信息传播息息相关的网络技术，主要指互联网。总的来说，新媒体具有以下几个特性。

（一）超媒体

超媒体是为了表达主题而运用的各种媒体技术。它象征性地把各个元素看成符号，然后把这些符号编织在一起，把文本写作的法则延伸到了声音、图形、图像的领域。这样，计算机对于文本结构的控制让我们建立了联合的感觉系统，在这个联合的感觉系统中，任何看得见、听得见的元素都可以构成文本的纹理。它们的控制是灵活的、动态的，而且是交互的。同一内容可以用多种媒体形式表现，形成了立体的信息空间。

（二）超文本

由主题和它们之间的连接所组成的网络结构的文本。这里的网络结构文本元素可能都是本机的信息资源，也可能是局域网或广域网中的信息资源。文本的结构是网状的、复杂的、灵活的、动态的，同时，也成倍地增加了信息量。

（三）地球村

地球村意味着网络媒体具有无国界，也不受地域限制的开放性，营造了一种全新的工作环境——坐落在田园的"电子村落"，既可以远离都市的喧嚣，又不必担心因信息闭塞而被时代抛弃。麦克卢汉将技术看成是人体的延伸，网络便成了神经系统的延伸，人们可以凭借超媒体这一基本的技术平台完成远隔万水千山的（各种各样的）信息交流，物理时空距离被网际穿越了，网际神游是网络人最好的排解方式——传受双方无距离。

（四）虚拟社区

虚拟社区是指一个讨论议题、发表主见的相对独立的网络空间。在虚拟社区中有相对稳定的虚拟社员。由于在茫茫的网络中，各个虚拟的身份由于文化等因素的巨大差异，不可能使全球的虚拟身份共同形成一个社区；而且，同一个网络人在网络中是多重投影，即 ID 多元化，具有多重身份，可以充当不同社区的社员；也就是说，网络具有多元性，以不同的主题为中心，由特定的社员构筑成特定的社区，并稳定地维护着社区的个性化。所以，麦克卢汉全球一村的观念只是停留在信息流通的技术层面，不可能在实质上让全球人都成为"同村"的"村民"。从这个意义上讲，地球村是个形而上学的理念——受众细分（小众传播、分众传播）、平等传播的社区规范。网际无英雄，网际无领袖，社区领导人只是信息的组织者和社区空间的维护者。

（五）实时交互（互动效果）

实时交互是指传、受双方相互作用、及时反应，即及时发布和随时接受并反馈信息，以光速的传输速度实现实时互动，可以使传受双方与新闻现场同在、与历史同在（方便地检索历史新闻）。人民网在"观点"这个频道内专门辟有"网友说话""新闻圈点""杂谈随想"三个栏目，均以 E-mail 选取的方式集中发表网友对新闻事件和国计民生方方面面的各种看法。新浪网的"读者即时评论"做得最好，完全是一对一的，即每一篇评论（帖子）都能跟在所评论的新闻后面，便于网友浏览，使他们能够最快捷、最方便、最全面地了解新闻事件中的公众舆情。这样也可以帮助新闻编辑体察、把握新闻热点、舆情民心。

（六）推模式与拉模式

传统媒体的传播行为中，受众是消极的传播内容的接收者，新闻信息被"推送"到他们面前，他们只能在接收与不接收之间作选择，缺乏对新闻信息的驾驭自由；而新媒体改变了受众消极的地位，使他们成为主动的新闻信息搜寻者，他们可以从茫茫网海中将自己需要的新闻信息"拉"出来，而且，作为新媒体的受众，同时具有发布信息的权利，他们可以把自己认为有必要公布的新闻信息"推"出来，这使得受众对网络新闻信息的选择与发布具有很强的自主性。

二、新媒体对传统媒体的影响

（一）CNNIC 第 34 次调查报告：总体网民规模

截至 2014 年 6 月，我国网民规模达 6.32 亿，半年共计新增网民 1442 万人。互联网普及率为 46.9%，较 2013 年底提升了 1.1 个百分点，如图 6-1 所示。

图 6-1　中国网民规模和互联网普及率

2014 年上半年，随着智能手机对功能手机的替代已基本完成，智能手机对网民普及率增长的拉动效果减弱。工信部发布数据显示，2011、2012 年我国智能终端出货量分别为 1.18 亿、2.24 亿部，2013 年前 11 个月我国智能手机出货量为 3.48 亿部，2014 年第一季度我国智能手机出货量为 1.0 亿部，同比下降 24.7%。截至 2014 年，我国智能手机用户已形成庞大规模，市场占有率已趋于饱和，增速呈减缓趋势。

由于易转化群体逐渐被纳入网民群体，互联网渗透难度加大，非网民群体中低学历群体占比很高，且该人群上网意愿非常低。本次调查显示，除学生外，在农村非网民中初中及以下学历人群占到 87.9%，而该人群中仅有 6.1% 的人表示未来半年内肯定上网或可能上网；除学生外，在城镇非网民中初中及以下学历人群占 66.3%，而该人群中仅有 9.4% 的人表示未来半年内肯定或可能上网。[①]

（二）媒体从业人才分流

2007 年 11 月，联合国互联网管理论坛 12 日公布的统计数据显示，近 10 年来全球上网人数显著增加，网民总数已从 1997 年底的 7000 万人增加到 2007 年的 12 亿人。

统计显示，截至 2007 年，美国是世界上网民人数最多的国家，达到 2.15 亿人；其次是中国，为 2.1 亿人；日本的网民人数为 8600 万人，位居第三。排名第四至第十的分别是德国、印度、巴西、英国、韩国、法国和意大利。[②]

在宽带上网用户人数排行榜中，美国、中国、日本和德国仍位居前四名，印度和巴西被挤出前十名。排名第五至第十的分别是韩国、英国、法国、意大利、加拿大和西班牙。

据统计，1997 年低收入和中低收入国家的网民仅占世界网民总数的 5%，但 10 年后，这一比例已超过 32%。

中国目前的"上网大军"在迅猛增加。互联网的日益普及产生了巨大的人才需求，加之互联网站以新媒体的资金、体制和前景的优势吸引了大批专业人才的加盟。新媒体除了从传统媒体广纳贤才外，国内一些著名的新闻院校也与时俱进，纷纷增设网络新闻、网络传播及其相关专业。毋庸置疑，新媒体在人才市场上已经与传统媒体展开了较量。

（三）新媒体与互联特性

在新媒体与生俱来的无法抗拒的优势背后隐藏着先天的致命弱点，在它为芸芸众生提供实时互动的个性化服务的同时，对新闻事业长久以来所奉行的正确、客观、公正、尊重他人权利等原则，造成了负面冲击。

[①] CNNIC：手机网民数持续上涨 PC 网民下跌. 新浪科技，2014-07-21
[②] 刘亮. 中国民商法律网，2008-03-11

1．侵权行为

侵权行为包括著作版权和个人的隐私权。网络新闻的超链接增加了版权纠纷，除了人民网等依靠强大的新闻采写和编辑阵容，推出了许多原创的新闻内容的网站外，许多号称以新闻为主的门户网站都没有新闻专业人员，新闻来源有限，在新闻版块很容易引起版权纠纷。

2．网络新闻可靠性待考证

由于网络的各个终端用户都可以随时发布新闻信息，所以网络新闻来源的可靠性还有待于考证，尤其是虚假新闻报道，严重地损害了新闻真实性原则，也损害了新闻媒体在受众心目中的权威性，降低了受众对新闻媒体长久以来树立的信任感，这将给社会带来极其可怕的后果。

三、现代媒体新定位

面对拥有诸多优势新媒体的挑战，传统媒体既不能妄自菲薄，也不能夜郎自大，而应该积极地在内容、技术和经营理念与战略方面重新调整、改进和创新，扬长补短，冷静、积极地来应对新媒体的挑战。

（一）优势得以凸显

传统媒体表现形态的"淡变"，使自己的优势得以凸显。报纸在版面布局与设计方面大做文章，增加吸引力、亲和力，在内容的表达上用适当的图片增加说服力和感染力。同时用目录进行导读，有效地实现新闻信息的有序传播，带有超文本的意味。

1．电视

电视也在努力改变传统电视模拟、单向的信息传播技术，采用数字和网络技术，实现双向互动的信息传播，于是，互动电视的理论与实践出现了。

（1）互动电视的技术实现。互动电视是通过宽带网络实现的具有交互性的电视形态，这就是"网络+电视"的形态。尽管网络是实现交互性的中介，但在互动电视系统中它却是真正的主角。没有相应的软、硬件支持系统，交互性就无法实现。因此，互动电视的开发应用就绝不仅仅是电视媒体独立能够完成的事，而必须由电视媒体和网络媒体合力完成。

（2）互动电视的表现形态。第一类为视频节目的本身内容没有因为互动而影响剧情进行，视频部分可能有超链接或其他链接形式，进入另一个视频数据流程；第二类电视节目在进行中受到互动影响；第三类互动形式为广播公司或者电视台同时发出多路信号，让观众自由选择。电视实现了从传统媒体到新媒体的完美转化。互动电视时代电视人应有互动意识。

2．广播

广播也不甘示弱地为生存做努力，利用无线接收器和通信技术将听众紧密地联系在一起，实现了互动传播，表现在：有线的数字调频广播已经部分地连到了用户的家中，为将来音频广播点播做好了准备。

（二）新闻信息多样性

信息种类的多样性带来了更多新型聚合手段的繁荣，传统的人工编辑手段在处理多样信息时表现的不足已经日益明显。如简单划分，新闻信息可分为新闻本身、价值信息和价值阅读。

（1）新闻本身。从新闻细分看，新闻本身包括文字、图片及视频等呈现方式。

（2）价值信息。以观点分析内容为主，包括 Personal Blog、Blog Media 及传统媒体的深度分析等，信息来源的长尾化极大丰富和促进了信息种类的演变。

（3）价值阅读。随着信息内容的泛滥，以及分化需求的趋势，新闻本身价值正在向单纯新闻本身以外的后端转移，这也就是前面提到的"价值阅读"的核心。

新闻内容应该是原创的、独家的，新闻信息应该是多样的、客观公正的。媒体在报道新闻时应增加社会娱乐新闻，从而使媒体被受众接受和喜欢。同时，在实现传受双方互动与平等的公关交流原则中下工夫，这是媒体发展的最高境界。

（三）媒体整合与平等交流

1．媒体经营整合

在媒体经营方面要树立媒体整合、优势互补的新观念，推进新旧媒体间的融合，充分发挥各媒体的特长，实现媒体间共生的系统效能。信息传播全球化要求在世界范围内消除壁垒，改变传统媒体的宣传话语体系，突破旧的公关宣传模式，实现信息的平等自由流动和传播的无障碍化。同时，要求各国政府减少对信息的干扰，弱化政治倾向性和意识形态色彩，使新闻信息的传播达到最大限度的开放，使传统媒体因新媒体的传播而走向世界，也使新媒体因传统媒体而提升传播权威。

2．树立平等交流观念

现代媒体要求公关工作者应该努力改变固有的信息采编模式，充分利用网络资源，将自己培养为适应新受众和驾驭新媒体的超文本记者，具体要求为熟练的应用新媒体、超媒体和超文本思维，具有较强的验证、过滤信息的能力，培养深入研究和深度报道的能力，树立平等交流的观念，加强外语训练，提高公关运用水平。

【思维拓展 6-5】　网聚真相的力量

2007 年 10 月初，在野生环境中绝迹已久的"华南虎"走进中国网民的视野。在短短的两个多月时间中，"华南虎"事件从野生动物保护的新闻上升为对国家诚信的质疑，网民的参与讨论程度空前热烈。

2008 年 6 月 29 日上午，陕西省政府新闻办通报"华南虎事件"调查处理情况。新闻发言人、省政府办公厅负责人徐春华在会上通报，所谓"华南虎照片"系假照片，"拍照人"周正龙因涉嫌诈骗罪被逮捕。至此，一度闹得沸沸扬扬的陕西"华南虎事件"尘埃落定。

互联网不仅是一种信息传播的工具，也是一种价值观，一种追求真理的方式。互联网的发展对今日中国以及世界具有史诗性的意义。

"纸老虎"事件同样表明，真相不是凭着几张照片与几场煞有介事的新闻发布会便可以"宣布出来"。真相必须经受得住检验，只有通过对场景的不断还原、不断寻得与拼装和交叉验证，我们才有可能接近真相。有关真相的观念与方法上的变革无疑是今日中国的一个大进步。正因为如此，当有些人将"全民打虎"的起因归咎于政府的"诚信危机"时，我们却更愿意看到社会变迁的另一面，并将此归功于中国公民探寻真相能力的崛起，而这种能力也是 21 世纪中国社会完成转型的进步之源。

网民数量在过去的 2007 年中增加了 7 300 万，年增长率为 53.3%，总体网民人数达到 2.1 亿之众。[①]网络强大的传播力量就显现在其中。互联网的发展到今日，我们可以这样说："人人都是记者，个个寻求真相。"这一点，"全民打虎"的出现无疑是个极好的见证。哈佛大学的费正清曾经有一句形容中国的名言："迄今为止，中国仍然是记者的天堂、统计学家的地狱。"他说的"统计学家的地狱"，指的是统计资料一塌糊涂，摸不清哪是真、哪是假。感谢互联网，尽管它在一定程度上助长了谣言的传播，让那些多愁善感的正人君子们心怀忧惧，但在关键时候互联网总是能给我们带来惊喜。

在 Web 2.0 时代，每个网民都可以成为信息的传播者，这些信息传播者一旦因为相同的目的聚合，便可以产生强大的传播力量，如人肉搜索引擎的生成。2007 年 11 月 16 日，年画虎被网民人肉搜索引擎搜出，直接拉动网络发帖量和浏览量的大增。或许一个人的意见会被习惯性地忽视，但整个网络都形成一种定论，则可以想象到网民力量的巨大。

回顾有关"周老虎"的整个事件，我们不仅看到了无数网民的努力，也看到了媒体与企业的努力，看到了保存的原始记忆（如年画）或者记忆碎片何其重要。当各方力量参与其中，成为网聚真相的力量。华南虎事件展示了网络的力量，是一个难得的案例。

---

① 中国互联网络信息中心. 中国互联网络发展状况统计报告，2008-01-09

其体现了公关意识的核心："注重自身形象，真实、真诚、公道、讲信誉"。我们应该认识到求真求善的努力都是平等的，它印证了一句话："我爱华南虎，但我更爱真理。"

第三节　新媒体的形态和传播

研究 2005 年，学术界除了对新媒体做了综合的研究之外，还有一些文章针对新媒体中的一些具体形态进行了详尽而独到的分析。

一、新媒体的形态

（一）IPTV 的传受互动

IPTV 即交互网络电视，一般是指通过互联网络，特别是宽带互联网络传播视频节目的服务形式。互动性是 IPTV 的重要特征之一。IPTV 用户不再是被动的信息接收者，而是可以根据需要有选择地收看节目内容。

网络电视迅速发展的同时也暴露出了一些制度上的弊端。网络电视不仅是电信运营商的一场盛宴，对节目制作商而言，也是一个巨大的市场机会。然而，在新媒体产业领域，广播电视已不再享有原先的政策保护和市场垄断优势，与市场接轨的企业制度安排至关重要。

数字交互电视是集合了电视传输影视节目的传统优势，以及网络交互传播优势的新型电视媒体，它的发展给电视传播方式带来了革新。数字交互电视"颠覆了电视观众的'受众'定位与电视传媒的'传者'定位"，数字交互电视的互动传播，使传播者与接收者之间的位置不再是固定的或先在规定的，而是不断在互相共享的、移动的。数字交互电视的发展还使得"大众传播研究的重心"转移到了"信息使用者"身上。

（二）数字电视的产业链

广电总局正式将 2004 年定为"数字电视年"，快速增长的数字电视用户将推动传媒产业价值链的快速发展。传媒产业政策的放开、数字电视产业政策的推进为传媒企业指明了发展道路，提供了新的发展平台。

数字电视潜在用户的经济承受能力，是影响数字电视发展前景的决定性因素。数字付费推广的 USP（Unique Selling Proposition）发展模式，是数字电视独特的销售主张，因为数字电视是技术层面和内容层面两者合一的综合体，而且必须以后者为核心。老年人收视群体日渐受到人们的重视。老年受众是付费数字电视的潜在用户之一。因此付费数字电视要兼顾老年人，启动老年市场。

（三）移动电视的强制收视

移动电视作为一种新兴媒体，其发展迅速是人们所始料未及的，它具有覆盖广、反应迅速、移动性强的特点，除了传统媒体的宣传和欣赏功能外，还具备城市应急信息发布的功能。

对于公交移动电视来说，"强迫收视"是其最大特点。传播内容的强制性有利于拓展"商业经济"的巨大利润空间，移动电视正是抓住了受众在乘车、等候电梯等短暂的无聊空间进行强制性传播，使得消费者在别无选择时被它俘获，这对于某些预设好的内容（如广告）来说，传播效果更佳。但是，公交移动电视在为乘客提供了电视节目时，也应该适当地保护乘客的公共利益。

（四）博客颠覆传统的传播方式

博客是 2002 年正式在中国兴起的，信息爆炸的互联网需要具备信息收集、阐释和整理的能力，同时提供个人想法的信息收集者，无论是否走向商业道路，无论是否代表个人或机构或政府组织，博客们已经成为公众的网络信息代言人。

博客的传者实现了多重的传播效果，横跨人内传播、人际传播和大众传播三种类型。同时，博客传者的传播动机与外部环境的挤压、内心需求和经济利益的驱动等因素有关。

从传播学角度对博客进行分析：博客突破传统的网络传播，实现了个人性和公共性的结合。博客的即时性、自主性、开放性和互动性为人们提供了一定程度的话语自由，这种自由颠覆了"把关人"的概念，但事实上，博客世界里的自由也带来了一些负面的东西，需要网民有自律的意识。

（五）播客是新一代的广播

"播客"是 2005 年新闻传播学术期刊上的又一个让人们耳目一新的词汇。同 21 世纪初低调诞生的博客相比，播客似乎一问世就受到了人们的特别关注。通常把那些自我录制广播节目并通过网络发布的人称为播客。

2005 年 8 月，上海还举办了中国首届播客大赛。对于"播客"的研究始终避免不了与"博客"的对比。如果说博客是新一代的报纸，那么播客就是新一代的广播。从传播学的角度对"播客"现象进行深入的分析：播客实现了从文字传播向音频、视频传播转化，增加了娱乐成分。播客还满足了人们自我表达、张扬个性的需求。同时，播客还加强了媒介汇流与互动。播客将来会从业余走向专业，从免费走向收费，出现免费与收费播客共存的局面。

二、新媒体的传播和经济特质

新媒体与传统媒体最大的区别，在于传播状态的改变：由一点对多点变为多点对多点。传统媒体是编辑决定报道主题，记者收集事实，然后包装成新闻，以一张报纸或一档节目形式传播给受众，一般人因为身份、经济和技术的原因，是很难进行大众传播的。与之相反，通过互联网、手机短信等新媒体方式，任何人都可经济和便捷地以众多形式向他人传播信息。新媒体使大众传播的状态和大众传媒的业态，发生了并且还在发生着深刻的变化。从传播学的角度来分析，新媒体传播有以下四个特点。

（一）每个人都可以进行大众传播

从岩画和巫会的摹拟传播，到诗歌和戏剧的口语传播，到造纸术和印刷术发明之后的文字传播，到无线电发明之后的电子传播等，回顾人类的大众传播史可以发现，传播的媒介形态日趋丰富，而传播行为日趋自由。

印刷媒体将信息转换到文字和纸张上，使传播摆脱了时间的束缚，电子媒体将信息转换为电磁波和光信号，使传播摆脱了空间的束缚，数字化则使传播的空间和时间都极其自由，既可随时存储，又可广泛传播。而印刷品传播和电子传播的形态、通道是固定的，其传播的专业要求和边际成本都很高，传播者具有较强的垄断性和控制权，而数字化必然带来的网络化，以及网络化必然导致的交互性，使传播者和接收者的身份转换极其容易。如今，一个人通过发送手机短信、撰写播客日志、发起网络群聊，就可以在任何时候、任何地点、对任何人进行大众传播，突破传统主流媒体的话语权壁垒。

（二）"信息"与"意义"无关

在数字语言里，所有的文本、声音和影像都只是 0 和 1 的组合。传播的信息从传播的意义中抽象出来，使"把关人"的能力大大削弱。因为意义是完整、单一而不能分割成片段来进行传播的，易于甄别，而信息是可以编码、分段、压缩，进行传播，再组合、复原、解码，进行读取的，很难在传播过程中判别每一片断的信息意味着什么。而且，数字信息的多媒体、多形态、多渠道传播，也使得原有的，根据媒介物质形态设置的管理制度难以为继。上海目前发展很快的楼宇视频和地铁视频系统是电视还是计算机？曾经发生一场定性之争，就是这种突破的生动案例。

（三）受众的主动性大大增强

在传统传媒一统天下的鼎盛时期，传播的效果似乎是无坚不摧的，大众媒体对于公众有着"魔弹"般的效力。但随着数字技术的快速发展和新媒体的不断涌现，信息和"噪音"越来越多，以一个人的接收能力，根本不可能全部进行接收和处理。

同时，在技术上对信息进行筛选、复制和传递已经非常容易。因此，信息接收者按照什么样的标准，通过什么途径，如何选择和过滤信息，又如何屏蔽噪音，在最大程度上决定了信息传送者的传播意图能否实现。这意味着受众在接收信息时的主动性和消费偏好变得日益重要。

（四）大众传播的"小众化"

传播学研究中曾经有一个"沉默的螺旋"的发现，表明人们为了避免成为异类，陷入孤独，往往在大众媒体或舆论活跃分子发表了意见之后，不再表达自己与之不同的观点。这是公共宣传之所以能发挥预期作用的重要原理。而在数字加网络的新媒体时代，任何一个人通过互联网和手机等都可以随时进行信息沟通，甚至成为传统媒体的重要信息来源，人际传播的性质得到凸显和强化，传统的、倾向于无差异的普遍的广大受众，开始分割为性情相投的或者利益相关的"小众"，如各种各样的网络游戏团体、户外旅游论坛和短信交友俱乐部等。

在小众中，人们也许更容易找到意气相投的伙伴，以对抗大众传播所造成的"社会孤立的恐惧"，从而形成和坚持自己与大众舆论未必一致的意见。可以说，新媒体环境下的传播状态，就好比是一个多维交杂、互相作用的"混沌场"，其路径、向度和效果都更难以掌握。而其对于媒体经营的影响也非常复杂。

三、新媒体改变大众传播业

互联网刚刚出现的时候，除了电子商务之外，最主要的盈利模式设计与传统媒体相差无几，还是靠内容吸引大量的点击量和浏览时间，然后开发弹出式、游戏式、图片式、背景品牌式等网络广告，将受众的"眼球"出售给广告商。这一模式虽然也取得了一定的营业收入，据商业调查机构统计，2004 年我国网络广告收入为 6 亿元人民币，但这一数字只占全国广告营业收入的 2%左右，不能与新媒体发展的资源需求和内在能量相匹配。随着媒体技术和市场发掘的进步，新媒体经济已经从泡沫开始走向实在。从产业经济学的角度来分析，新媒体的出现改变了大众传播业的市场版图。

（一）媒体盈利方式

2008 年 1 月 21 日上午，DCCI 互联网数据中心发布《2007－2008 中国互联网市场年度数据》，该报告显示，2007 年中国网络广告市场增长 54.2%，2007 年中国网络广告整体市场规模增长至 76.8 亿元（不含搜索引擎关键字广告），较 2006 年增长 54.2%，增长的原因在于网民增长的拉动以及品牌广告主对网络营销的重视和拉动。同时报告表示，随着网民的快速增长，更多的传统行业广告主对网络营销的重视程度将进一步提高。总的来说，新媒体盈利模式的设计大致来源于以下六种思路。

1．对现有市场进行重新分割

新媒体从不同的角度切入，但却提供的是与传统媒体相同的服务，这就直接影响了传统媒体的原有利益格局。如互联网上的弹出式、背景式、嵌入式广告，就是对报纸和电视广告的直接模仿，而其占有的受众注意力也一定程度上是由报纸和电视分流而来。此外，分众、聚众广告也是对电视广告市场的直接分割。另外，小众化的传播状态也增强了新媒体细分市场的动力。

2．改变媒介产品的公共性

媒介产品具有公共商品的特性，媒介产品很难而且也不应该排除那些不愿意付费的消费者。这既有传统媒介物理特性的原因，如报纸无法阻止人们传阅，广播电视无法阻止人们收听收看，也有社会结构的原因，因为传统媒体往往负有宣传教化的责任，将信息送到尽可能多的受众，这是基本的道理。

（1）技术特性。新媒体既可通过对 IP 地址授权决定其是否能够访问信息库，也可对数字回路进行监督，以决定是否继续向某一地址发送信号。还可以变动编码/解码系统时没有更新的用户，无法将公共的数字信息解析为可享用的有价值的内容。如果说无线电视向有线电视转变还只是从传输渠道上控制用户端，模拟电视向数字电视转换，则可以控制到特定接收端口是否能消费节目乃至节目中的每一片断。

（2）新颖性。新媒体首先是从技术和产业的角度发展起来的，并不被特别要求负有宣传教化责任，所以，一方面可以在传统媒体所不涉足的领域寻租；另一方面也可以对不付费的用户说不。如单机版游戏软件是一般商品，解密技术使其成为公共商品；而在线游戏，将一个游戏软件拆解为客户端和服务器端，两者相加才能开始消费，缴纳费用才能两者相加，这就保证了其一般商品的特性。

3．产业嫁接与融合

互联网经济刚刚兴起时，曾有"鼠标+水泥"的说法，比喻互联网与传统产业的嫁接。新媒体同样可采取这种策略，通过信息传播这根杠杆，将媒体业务与金融服务、商业贸易结合起来。如音乐、视频等内容下载分销，再到信息内容中，通过关键词链接到产品的订购与在线支付等。而英特尔的"数字家庭"计划、"盛大盒子"，则是要把各种不同的传播渠道、媒体内容，乃至家用电器的控制，融合在一个控制端口，产生融合效用。

4．创造或满足新的市场需求

新的媒体，实际上也必然带来全新的内容，或者与传统媒体结合，嬗变出新的内容。

如即时通信，不仅在便捷性、经济性上对电话、电子邮件等通信方式产生了替代作用。而且，由于其文本、声音和画面的融合，以及结组、召集、驱除等功能，还有新闻框的出现，使其成为一种自由出入在人际传播和大众传播之间的崭新体验。而网络游戏，其实是古老的戏剧与现代信息技术的结合，人们在网络游戏中获得前人参加巫术仪式、戏剧表演、童年游戏相类似的体验，不过这种体验更为新奇和丰富。

5. 满足受众的传播需求

在传统的媒介经济中，一般群众只是被看成单纯接受信息和娱乐的"受众"。而实际上是接受信息、意见和娱乐，也就是与接受别人的影响相比，人们更愿意为影响别人，也就是为传播信息、意见和娱乐而付出代价。

报刊、广播电视等传统媒体"二次销售"理论，表明了最愿意付费的，还是希望向受众传播信息的广告主。报纸和广播电视的技术特性决定了传播行为的专业化和规模化，而新媒体通过数字技术和网络技术降低了规模、经济和制度的成本，使得大众潜在的传播需求可以比较经济地得到满足。这就是博客、即时通信，特别是手机短信、彩信和彩铃能够大行其道的原因。在湖南卫视"超级女声"节目收入中，一半来自观众的短信参与达到近千万之巨，就是这个原因。

（二）新媒体对整个媒体生态的改变

新媒体对于市场份额的分割，对于盈利模式的改变，同时也影响了整个媒体产业的生态环境。

1. 进一步加剧了媒体间的市场竞争

（1）新媒体大量涌入，直接影响到传统媒体的受众预算和广告份额，如新闻网站、楼宇电视直接分割了传统媒介的市场，手机短信、流媒体、网络游戏等又间接分流了人们对传统媒体的消费兴趣和能力。

（2）新媒体跨越了传统媒体的形态壁垒和行政边界，以纯信息和纯商业的姿态形成了跨媒体传播和跨行政区域传播的竞争形势。

2. 导致了消费者偏好的改变

从直接消费者，也就是受众来说，他们有可能接触到越来越多的媒体和信息，对于信息传播的过程也有着越来越高的参与能力和要求，在不同媒介形态、传播状态之间的切换速度也越来越快，新的传播状态使传统的大众媒体的"大众"正在逐渐变为"小众"。媒体市场的天平日益从供给方转向需求方。

3. 大众传播的市场效用增长减缓

从媒体的间接消费者，也就是广告主来说，随着供给的饱和与竞争的加剧，企业越来越强调市场的细分以及与目标客户的有效沟通，而不是对大众的劝服，而新媒体适应新的要求方面具有很大的优势。商业传播模式的变化，使"出售信息—换回注意力—向广告商出售—产生利润"的媒体经营中,一味强调大发行量、高收视率和收听率的盈利模式面临挑战。

4.传统媒体之间的竞争也日益白热化

随着数字技术的发展,报纸的编辑周期大大缩短,距离也不再是版面传递和印刷的障碍,版面飞速扩张,广播电视的频道数量大幅增加,投入的成本越来越大,而利润则被大大摊薄。

新媒体与我国传统媒体最重大的不同,还在于其社会角色的不同,以及由此而导致的产业体制和运行机制的不同。

媒体的根本目的在于进行大众传播,推动社会革新,商业利益是实现大众传播的手段和衍生而得的副产品。而眼下的新媒体发展,其商业利益是第一位的,大众传播则是其获得商业利益的手段。因此,目前的新媒体热潮是由投资商、技术开发商、设备生产商、信息传播运营商、内容生产商、广告商一起参与的"市场共谋"。

投资商需要新经济的概念刺激资本市场的活跃,技术开发商和设备生产商要通过新技术的商业化和产品的更新换代来获取市场空间,信息传播运营商要穿越行业壁垒和制度边界来扩大经营内容,寻找新的经济增长点,而内容提供商则要突破传播媒介的限制,扩大产品分销的渠道和增加市场议价的能力,而且这一切都是围绕着刺激和满足消费者接受和发送信息的市场需求来开展的。

第四节 3G、4G 时代与公共关系实践创新

一、3G 产业的概念

随着世界移动通信的飞速发展,移动通信产业的重要性越来越被人们所认识,其巨大的增长潜力以及对国家经济增长的巨大贡献,使世界上任何一个国家都不能忽视其经济作用。而 3G 产业的形成又是充分发挥移动通信对经济促进作用的重要条件。目前 3G 竞争的焦点逐步从最初的体制标准之争演变到标准的完善和设备开发之争,以及未来的市场占有率之争。实际上这也是产业发展之争,同时竞争也在更广阔的层面上展开。

(一)3G 的内涵

1.3G 的具体含义

3G 是英文 3rd Generation 的缩写,指第三代移动通信技术。相对 1995 年问世的第一代模拟制式手机(1G)和 1996—1997 年出现的第二代 GSM、CDMA 等数字手机(2G),第三代手机一般是指将无线通信与国际互联网等多媒体通信结合的新一代移动通信系统。

第三代手机能够处理图像、音乐、视频流等多种媒体形式，提供包括网页浏览、电话会议、电子商务等多种信息服务。为了提供这种服务，无线网络必须能够支持不同的数据传输速度，也就是说，在室内、室外和行车的环境中能够分别支持至少 2 兆字节/每秒、384 千字节/每秒以及 144 千字节/每秒的传输速度。

目前，国际上 3G 手机有三种制式标准：欧洲的 WCDMA 标准、美国的 CDMA 2000 标准和由我国科学家提出的 TD-SCDMA 标准。

2. 3G 是第五媒体

与传统媒体相比，新形态、新特性的媒体很多，包括现代通信产品、互联网（第四媒体）以及新概念数据传播（第五媒体）。

（1）三大传统媒体：① 大众传播媒介是报纸；② 第一电子媒介是广播；③ 第二电子媒介是电视。长期以来，三大媒体犹如三足鼎立。我们今天讲的新媒体就是第四媒体和第五媒体，更具体地说，第四媒体就是互联网，而第五媒体就是手机。

（2）新媒体的四个强项：① 凭借网络进行新闻传播，速度快、范围广；② 实现多媒体传播，做到图文声像并茂；③ 打破了传者与受传者之间的界限；④ 传播、接收、储存、检索都极其便捷。第四、五媒体有着传统的三大媒体所不具备的巨大优势。

（二）3G 时代的到来

3G 是第三代移动通信技术，3G 手机的出现就注定标志着 3G 时代的到来。3G 生活将给我们带来巨大的变化。

1. 手机媒体，开创媒体新时代

如今的手机已不再单单是通信工具，它还担当起了"第五媒体"的重任。对手机广播的研究不外乎"政策支持"和"运营模式"的探索，在手机媒体产业链中，内容提供商、移动网络运营商和终端设备制造商之间，能够相互密切合作、共同发展。

在手机媒体与传统媒体之间的广告互动上，无论从技术上还是政策上来看，手机媒体成为新广告媒介具有一定的可能性，手机媒体与传统媒体广告之间的互动形式和广告互动有很大的潜力。

在手机电视的发展趋势上，手机电视是新技术催生下的又一只金蛋，但手机电视是"技术的高地"。同时，也要看到：现在也许还没有人认为手机报纸的用户会赶上或超过报纸网络版或印刷版的读者数量。但是，手机报纸确实是用 21 世纪的一种方式向渴望得到新闻又忙于行路的公众提供了一种快乐阅读的享受。

2. 3G 梦想

市民热谈对 3G 的 10 个愿望是：① 可视电话；② 手机看电影；③ GPS 功能跟踪男友；④ 网上购物手机结算；⑤ 从此不担心迷路；⑥ 听新闻、看电视；⑦ 做生意，手机远程验货；⑧ 遇难题专家遥控指导；⑨ 手机视频拜年；⑩ 遥控电饭煲做饭。

3．3G 体验

（1）奥运转播想看就看。3G 给国内手机用户描绘出一幅未来生活的场景：让姚明在你的手机上玩空中扣篮；无论在什么地方，都可以随时随地观赏奥运会的画面；上班族不必担心顽皮孩子的行踪，如果孩子错过了校巴或者没有到终点站就下了车，父母的手机就会立刻有提醒；还可以通过 3G 手机随时获知远方父母的身体信息，甚至家中的生活状况。3G 以不同的方式对生活产生影响，它将成为日常生活中的一个重要组成部分。

（2）工作难题随时求助。3G 能够使多人无缝连接工作的梦想成为现实——无论在何处，用户都能通过 3G 手机随时通过网络与公司保持密切联系。如果用户想与单位的同事讨论工作的最新进展，只要通过 3G 手机开通视频功能，马上就可以举行一个远程视频会议。同时，用户还可以了解工作计划的最新进展，并进行在线修改。如果在用户家中修理设备时遇到了难题，只需要通过 3G 手机与相关部门取得联系，并下载一个视频录像来做其修理过程的示范指导。

4．3G 生活

（1）各种缴费在指尖即可完成。3G 将改变传统的家庭生活，如在旅行途中，用户可以利用这段空闲时间，通过 3G 终端登录互联网，了解最新的新闻动态，或者登录自己的证券账户，看看股票投资。有了 3G，各种缴费将不再是难题，通过运营商的呼叫中心、网络或者手机上网，绑定 3G 用户的家庭住址、个人身份证、宽带上网账户等个人信息，就可以实现每月定期扣费。

（2）提前发出催费通知。如果 3G 手机用户账户余额不足，运营商还会提前发出催费通知。同时，3G 用户还可以通过 3G 无线上网和水电公司抄表人员约定抄表时间，或者直接用短信、无线上网方式把当月水电使用情况反馈给水电公司。

二、3G 时代与公共关系

把世界放在手机里，把手机放在口袋里，3G 移动通信带来的传播革命与社会的生活密切相关；3G 时代与公共关系相互发展与推动的力量，将更加彰显出来。

（一）3G 时代已经到来

3G 产业的发展使我们进入媒体多元化的 3G 时代，在 3G 环境下对公共关系提出了新挑战。我们应该如何看待 3G 产业的崛起？

1．3G 时代公众获得广泛参与的机会

3G 时代的最大特点是每个公民都有了对公众的发言机会，不仅是媒体形式的创新，更多的是媒体与消费者、读者关系的创新。

过去的媒体受到传媒工具和手段的限制，基本上是单向传播，而且是少数精英的传播，如今，3G 是第三代移动通信技术，所以每个人都有机会利用新的传媒发表自己的观点，只要你的观点能成为社会主流观点，即使没有媒介帮助也可以成为主流。另外，3G 时代下公众获得了广泛参与的机会，过去公众对媒体只是停留在关注层面，但现在不同了，湖南电视台的"超级女声"就是一个很大的突破，让所有愿意参加这个活动的男女老少都可以发表意见、参与投票，改变了媒体和读者交流的基本方式。

2．最便捷获取信息的方式是手机移动终端

现在最快、最便捷获取信息的方式已经不是互联网，而是手机移动终端，每天早晨起来 20 秒钟就可以知道昨天所有发生的一系列重要事情和结果，的确是新时代到来了，但很多人未必意识到这个时代的到来。即使互联网媒体也越来越难在第一时间报道新闻了，往往第一时间报出独家新闻的是手机。

（二）各有优势，可以共生

在公共关系营销传播中，整合营销传播（Integrated Marketing Communications）是目前企业运营者都要考虑的重大问题。整合营销传播是将所有与产品或服务有关的信息来源加以管理的过程，使顾客以及潜在消费者接触整合的信息，从而产生购买行为，并维持消费忠诚度。传统媒体和 3G 通信之间只有更好地整合结合，才能发挥出最大的传播效能，传统媒体和 3G 通信有以下共生关系。

1．传统媒体要与 3G 比理智

3G 确实对传统媒体产生了很大的冲击，由于人们阅读习惯的改变，以及年轻人的"喜新厌旧"，传统媒体会出现强的更强、弱的更弱和大浪淘沙的局面。但是，传统媒体不是和 3G 比速度，而是比理智、比分析。在现在的 3G 环境里，传统媒体的优点反而更加凸显，当人人都有自己发言权的时候，市场上一定需要一个把噪音和有分量声音分离的机制。

在 3G 时代崛起的形势下，传统媒体要发展应该尽量通过 3G 这样一个渠道来拓展传播途径。而新老媒体的结合是今后传播管理发展的方向。

2．传统媒体要具备 3G 的特点

手机短信是借助电视平台来传播的，电视传播手段的互动性、参与性已经具备了新权威的特点。另外，电视媒体正在往数字电视转型，数字电视就是一个海量储存的媒体，将具备所有新媒体的科技含量和手段。有人说，污点报道在报纸和电视上传播了以后就消失了，而 3G 的报道还可以随时查询，其实电视也要具有这种功能。

3．媒体要成为一个多样性的有机整体

媒体的多样性是好事，因为它本身是一个有机整体，不能简单地分成新媒体和传统媒体，媒体作为传播工具有不同的受众，闲暇时间比较多的人群可能看更多的电视和杂志；闲暇时间不固定的人可能通过 3G 手机了解更多新闻。媒体的类别越多，传播功能就越来越强大，效果将越来越好，对传播者来说是一件好事情。

所有的媒介都在整合，报纸、广播、电视、杂志在内的传统社会四大媒体，外加网络，各大媒介会在整合的基础上，实现完美的信息交互与互动。中央电视台开办了 CCTV 国际网站，新浪也有很多视频直播和转播。不同媒介之间不再泾渭分明，而是进入了混合媒介的时代。

三、从 3G 传播到公关实践创新

公共关系是依托于传播来进行的，现代"公共关系传播"的本质即组织与公众之间信息的双向交流；组织与公众沟通交流的"双向性"是现代公关传播的本质特征。由于手机通信的出现带来了新媒体的更活跃，以及传统媒体的变革，与此相应，公共关系行业应该如何抓住机遇，应对挑战？

（一）3G 的二次传播的力量

在过去的电视时代，要渡过公共关系危机，只要等待大众忘记就行了，电视新闻播过就会过去，三五个月大家就忘了，公众再也看不到了，报纸也是如此。

现在 3G 移动通信带来的二次传播是对公关行业一个很大的挑战，用户看到一个轰动新闻后很可能转发给亲朋好友，无论是通过彩信，还是通过通信网络的链接，这种二次传播将有更加庞大的人群会得到消息，二次传播的力量非常大。3G 移动通信对信息有一个不断积累的功能，组织的污点一旦传播出去后抹都抹不掉。

在 3G 移动通信中，即使一个不是很重要的消息，如果编辑不小心放在显要的位置，也会传遍中国的网络。可以看到：3G 移动通信的信息放大能力越来越明显；由此，对社会组织的公共关系事业发展就有一个很大的挑战。

（二）公关传播在新环境下的反思

1．3G 对公关是双刃剑

大量的信息被 3G 信息源传播出来，既可以造成组织的危机，同时也可以湮灭危机。3G 移动通信对危机是放大的作用，同时危机也淹没在了更多的信息里。

3G 移动通信给传播带来了这样大的变化，必须把公共关系传播工作放在新环境下重新反思。过去谈到沟通往往是一个人或一个组织单向传播自己的声音，只要声音越大，理论上讲社会对其观点接受的可能性就越大。今天则不同，只要有人利用 3G 移动通信，只要说的话有道理，并有一定的社会支持度，就有可能使单向的传播彻底变得无效甚至变成反传播。从这个意义上讲，公共关系确实面临很大的挑战，从过去的单点传播到多点传播，这是每一个公共关系人士不得不考虑的问题。

2. 将公关变成大众广泛参与的活动

公共关系在今天变成一个大众广泛参与的活动，过去公共关系只看重利用媒介进行传播，很少关注大众的参与。今天公共关系必须通过组织和组织之间、组织和大众之间的互动式工作完成。公关传播要与 3G 整合，使 3G 移动通信成为新时期开展公关最重要的工具。建设组织外部文化，诚信传播是基础和根本；合作共赢是关键；畅通公众沟通渠道是必要条件；广泛参与社会活动，树立组织的良好公关形象则是重要手段。

（三）3G 与公关的实践创新

公共关系本质上是组织机构与相关公众之间的双向传播与沟通。3G 移动通信的变革带给公共关系的挑战，从公关行业看，首先要看当前存在着哪些需要迫切解决的问题。

1. 诚信的公关环境

对公共关系而言，中国面临的一个最大的问题就是诚信不足，迫切需要一个诚信的公关环境，首先要在媒体和公关领域上打假治乱。中国有些公关公司就是媒体的"二道贩子"，一手抓客户一手抓媒体，不精于写好的公关策划案，只会从中谈价钱、接单、收回扣，这会对公关行业造成负面的影响。我们建议公关行业组织在公关领域内搞自律的活动，如每个季度公布社会公关活动的诚信记录。无论是媒体还是公关行业，目前一定要建立诚信的形象才能够使公共关系行业健康发展。

良性公关传达的往往是诚实、互信、双赢、合作等意图信息，诚信为本，利益为末。而恶性公关则反之，利益优先，诚信为末。良性公关一旦建立起来，是非常牢固的，即使偶尔出现波折，也因其基础是互信，往往能帮您化险为夷，而恶性公关则不然，建立的基础薄弱，无利则无合作，一旦出现波折，则往往是墙倒众人推，雪上更加霜，成为组织衰败的助推剂。

2. 公共关系是一个整体工程

现在大多数人理解的公共关系只是危机公关，实际上公共关系是一个整体工程，也是一个循序渐进的过程，危机公关是其中的一个补救措施，事先没有出现问题的时候，组织就要不断积累品牌价值，一旦组织有了很好的品牌，出现危机的时候，才有可能会很快化解，整个品牌的塑造过程才是真正的公共关系。

随着 3G 移动通信的崛起，每个人都可能成为信息的发布者；因此一个组织想不被人挑出错误，不被冤枉是不可能的。所以，要整合各种媒体资源，服务于组织和公关行业的健康发展。面对全新的 3G 移动通信现状，公共关系行业就要实践创新地调整以适应现实局面。

3．名流公众效应使组织渡过危机

在公关传播上，社会组织，特别是企业组织比任何时候都需要名流公众。名流公众是指那些对社会舆论和社会生活具有较大的影响力和号召力的有名望人士。这类关系对象的数量有限，但对传播的作用很大，能在舆论中迅速"聚焦"，影响力很强。

名流公众会使组织渡过很多的危机，利用 3G 移动通信，通过社会名流影响公众和舆论，往往具有事半功倍的效果。如微软发生危机的时候，他们特意传播比尔·盖茨下午买了什么样的西服，家里有什么事情，做了什么慈善活动。品牌人物对注意力的吸引阻挡了公众对微软的围攻；品牌人物发挥自己优势主导公众注意力，危机信息就如同一杯水倒在沙子上，被吸收掉了。

4．用自己的品牌转移公众注意力

公关传播需要做进一步的细分，有日常公关和战略公关。公众注意力是被各种信息分散的，应该用自己的品牌转移公众注意力。如果一个企业组织什么信息都传播，也就等于没有传播有价值的信息。组织的公共关系传播一方面要看到不同的媒体有不同的传播价值，适当地选择媒体；另一方面要考虑自身要传播什么，传播的对象是什么。

现代营销之父的菲利普·科特勒，提出了一个企业营销的"五维定位"法则。他说，公司需要在产品、价格等五个属性上定位，如给每个属性以 5 分法打分，那么，应有一个属性打 5 分，为特别强项，处于支配地位；一个属性打 4 分，居于中等以上，显示与其他属性的区别；其余三个属性打 3 分，居于中等，表明其他综合实力也不弱。其模式为：5、4、3、3、3。他告诫说，不要指望样样都超群，否则在营销方面投入过大，会减少企业盈利能力。

5．出现危机要正面应对，积极回应

现在，门户网站也越来越难在第一时间报道新闻了，这就要求组织的公关人员眼观六路、耳听八方，和所有媒体的人都有很好的沟通和联系。对组织公关来讲，一是不要出现致命的负面新闻，做好组织分内的事情；二是如果真的不小心出现了对组织比较不利的负面新闻，简单通过删除新闻的手段是不行的，要正面应对，积极作出回应。

危机控制的信息传播机制：（1）危机信息监控——向内；（2）危机信息报告——纵向；（3）危机信息分享——横向；（4）危机信息披露——向外。80%组织的危机是因为沟通不当而引起或恶化的。

3G 产业与公共关系实践创新的分析中，结合 2007 年举行的《无线奥运·无限精彩——2007 中国增值产业高峰会》消息透露，增值电信业务仍将快速发展，这其中短信仍是主要来源之一，而未来的发展将以与各行各业融合、扩大利用为主，而彩信和 WAP 业务也呈现出快速发展的趋势。随着增值业务及科技的不断发展和进步，增值电信业务将最终发展为与各行各业的融合，增值业务将渗透到人们的工作、生活中的点点滴滴，而目前的手机支付、手机钱包等业务就可以看作是融合的一种方式。总而言之，我国的 3G 产业发展已经有了一个良好的开端，但是还面临着巨大的挑战，只要我们坚持不断地努力，我国未来的 3G 产业就会前途无量！

3G 产业与公共关系实践创新整合的好坏，直接影响社会政治经济的稳定和发展。在公共关系的引导上，3G 传播的作用不仅是"反映""传达"信息，更要能动地对信息作出有意义的评价，以组织自身的立场和观点影响公众的立场和观点，此功能发挥得好，才有利于真正落实科学的发展观，提高党的执政能力，建立一个和谐社会。

四、4G 时代行业将呈现的特征

（一）4G 的概念与本质

4G 是第四代移动电话行动通信标准，该技术包括 TD-LTE 和 FDD-LTE 两种制式。4G 是集 3G 与 WLAN 于一体，并能够快速传输数据和高质量的音频、视频和图像等。4G 能够以 100MB 以上的速度下载，比目前的家用宽带 ADSL（4MB）快 20 倍，并几乎能够满足所有用户对于无线服务的要求。

4G 可以在 DSL 和有线电视调制解调器没有覆盖的地方部署，然后再扩展到整个地区。很明显，4G 有着不可比拟的优越性。4G 时代的传播将呈现出：（1）提高我们对传播工具选择的能力；（2）拥有更多有趣的传播对象；（3）传播更多打动心灵的东西。"滴滴打车"手机软件的广泛应用、从谷歌无人汽车到苹果汽车和亚马逊无人飞机送快递等案例，为我们描述出了一个充满无限遐想的 4G 时代。

（二）4G 时代行业的特征

2013 年 12 月，国内三大基础电信运营商均已经获得了 4G 牌照，相较于 3G 时代的网络，4G 网络具有快速且稳定的特征。

参考历史上每一次网络代际转换的历史经验，从 3G 向 4G 的演进，势必将带来一系列应用的发展，这既包括了面向公众用户的应用，也包括了面向行业用户的应用。其中，面向行业用户的应用未来将具有以下五个方面的特征。

1. 行业应用将优于公众应用发展

4G 网络正式商用后，中国移动的 4G 资费价格相对较高——用户仍然只能像 3G 时代那样，小心翼翼地使用流量，在这样的局面下，即便研发出基于 4G 网络的公众应用，也会缺少用户去尝试。而相应的资费价格，短期内还无法下降，毕竟运营商的 4G 网络并不完善，也不敢大规模开闸放水，让大量用户一窝蜂涌入，导致用户体验降低。

而行业用户与公众用户是完全不同的类型。公众用户的付费是一种消费，他们有节约的意识；行业用户的付费则是一种投资，只要能够创造价值，他们甚至愿意有更多的投入。

于是，当 4G 还处在试验网的状态下，一系列行业应用就诞生了，例如，北京利用 LTE 网络安装了大量的移动高清监控探头，对春节期间全市的烟花燃放情况进行了监控；南京通过 LTE 网络在救护车上部署了移动医疗系统；深圳在大运会期间，通过 LTE 网络对赛场实况进行了直播。

2. 发展遵循先迁移再创新的路径

每当新一代网络商用之后，首先是将原有网络上的应用迁移到新网络中来，在此过程中，会优化用户体验，增添一些匹配新网络的功能，例如视频从标清向高清转换等；其次，在网络成熟、用户需求增强的时候，一些全新的应用将会不断诞生。4G 时代的行业应用将同样遵循着这一规律。例如，一些高清视频类应用，包括即摄即传、高清视频监控等，在 3G 时代其实也已经出现，只是由于 3G 网络的问题使得画质为标清画质，但在 4G 网络中，标清将升级为高清；又如基于 LTE 的物联网设备管理，如车辆管理等，在原有的 3G 网络中其实也能够实现监控与管理，但是在 4G 网络中，车辆可以有更多的监控点，也可以通过远程进行实时操控。

以上这些，都是现在已经在被使用的或者是已经有相对成熟产品的，而在未来，将会有一系列全新的应用诞生。

3. 融合其他技术为创新基础

审视 3G 时代行业应用与公众应用的发展可以发现，单纯基于 3G 网络的应用创新基本没有，绝大多数的创新都需要使用其他各类创新技术，包括 LBS、安全加密、终端、存储等，正是这些新技术的加入，才让 3G 时代移动互联网产业蓬勃发展。

现在很难预测未来将会有哪些新技术诞生，哪些新技术会展现出其旺盛的生命力，并成为促进应用创新发展的主导力量，但只有一点可以肯定，在 ICT 行业，技术发展是永远不会止步、是始终在前行的。

目前，能够同 4G 协同发展的创新技术苗头已经出现，我国自主研发的北斗导航是其中一项，在南京已经由政府牵头，召开过多次 LTE 网络如何同北斗导航协同发展的研讨会，并且形成了若干创新应用的思考点；同时在国内外，可穿戴设备正在不断诞生中，这些可穿戴设备未来或许需要更大数据量的实时传输，包括通过眼镜能够看到虚拟现实的景象，同时身体上的传感器也让人体对虚拟的环境有所感觉。

4. 电信运营商将发挥重要作用

能够称得上 4G 时代的行业应用，必然是要充分利用 4G 网络高速且稳定的特征，在这样的背景下，电信运营商的作用就显得尤为重要了。电信运营商的作用主要体现在两个方面：资费的问题和网络的问题。

上述对资费问题与网络问题的解决或优化，离不开电信运营商的参与，因此，目前一些 ICT 公司在竞标的时候，会联合电信运营商共同竞标，提供整体性的解决方案；同时，国内的电信运营商基本上都有自己行业方案的基地或者公司，为用户提供行业解决方案。

5. 通信设备商将起决定作用

4G 时代行业应用将发挥 4G 网络高速且稳定的特征，在这样的背景下，华为、中兴等通信设备商将会起到决定性的作用。

首先，通信设备商能够推出更贴近于底层网络的应用，因为它们甚至比运营商还要了解网络，而这种贴近底层网络的应用，可以是多网融合的解决方案。

其次，即便是电信运营商想推出行业应用，都需要华为、中兴等通信设备商的支持。

最后，在传统的通信设备生产与销售的利润率不断降低且其周期性明显的背景下，华为、中兴等通信设备商近年来都在寻求转型，行业解决方案是其重要的突破领域。

传统公关所依赖的传统媒体的传播价值将进一步被弱化。4G 时代的到来，对于媒体运营来说，比移动互联时代的影响更加深远，它颠覆了传统媒体的模式，特别是其互动性与移动性改变着传统媒体的传播方式。面对移动互联网的新特性，传统媒体如何定位则是一个新课题。

第五节　超女①在新媒体运作下的公关传播

《超级女声》是一场大众文化与精英文化的对决。超女在新媒体运作下的公关传播，经过整理，我们可以归纳为以下几方面。

一、一场大众文化与精英文化的对决

2005 年《超级女声》背后有这样一组"天文数字"：全国报名人数达 15 万；超过 2 000 万观众每周热切关注；收视率突破 10%，稳居全国同时段所有节目第一名；报道媒体超百家；Google 相关网页 1 160 000 条……

然而，在这些数字背后，同样有大量的批判——低俗、格调不高、没有社会责任感……

---

① 本节提到的超女是指 2005 年湖南卫视打造的歌唱选秀节目——《超级女声》。

可以说，对《超级女声》的狂热与对《超级女声》的不屑，如影随形。从这个角度说，《超级女声》已经不仅仅是一次娱乐版的全民狂欢，而是 2005 年，甚至更长一段时间里，一次文化事件、社会事件。因此，我们没有理由不关注它，没有理由不解读它。

有人说《超级女声》把观众"撕裂"了：有人喜欢得如痴如狂，有人大骂恶俗；有人做"玉米"，有人做"荔枝"。为什么公众对同一档娱乐节目的看法差别这么大？

这说明因为它打破了社会的常态，只有打破常态的东西才会引起如此大的反响。赞成也好，反对也好，痴迷也好，声嘶力竭地大骂也好，都是因为《超级女声》和现存的规则有很大的反差。

20 世纪 90 年代以来，社会发生了剧烈的变化，加上表达意愿的途径被互联网全面打开，这样，就能在 21 世纪听见各种截然不同的民意。民意的多元化表现在电视领域就是频道的开关在你的手里，你爱看就看，不爱看就按遥控器走人，这就是"观看的民主"，其间折射着民众的意志。

二、超女抓住了民意

超级女声收视份额创下国内第一，是中国电视史上第一次由地方媒体占据收视榜首位。超级女声为什么能在全国搞出这么大"动静"？

（一）打破原有的选秀规则

它打破了原有选秀的规则和程序，过去选秀一定要问选手的出身、经历、专业资格认证，而这一次海选的整个过程不问出身，不问来由，只要愿意，谁都有机会参与。

另外一点就是对现有审美规则的打破：过去是欣赏式的审美、庙堂式的文化，现在是参与式的；过去是以单一的艺术标准来判断演员好不好，而现在关键不再是选出的这个人才艺到底有多高，或者说是不是绝对的高，而是这个人表现出来的综合的吸引大家的能力。

（二）善用商业化方式造势

《超级女声》特别善于用商业化的方式造势，把节目做成节目外的一场社会风尚、社会风潮，这与媒介的市场化操作有关。例如把赛程设置成循环的过程，赛程弄长了以后，就有了累积效应，而累积效应是媒体商业化过程中非常需要的东西，因为它可以累积关注度，累积人们的忠诚度，累积粉丝，让观看比赛就像看连续剧一样。再例如短信投票，看起来好像是一种收入手段，但实际上并不是该节目主要的收入来源。更重要的效应是，凡是投票的人都会以很高的忠诚度去追随它，短信互动实际上是栏目和观众关系的培养，有了培养，观众就会有保障，收视率就有保障，商业价值就有保障。

还有评委的评语，它完全可以做得更温和一点，更规范化一点，但为什么让评委的评语要有个性呢？就是为了制造话语，制造争论空间，而这样一种制造本身就能引起更多的关注。对于造势的人来说，不管你赞成不赞成，不管你喜欢不喜欢，只要引起波澜，引起争议，而且总的效果来说还不至于完全否定，它的目的就达到了。

《超级女声》比较真实，大家因而比较喜欢，而经过加工的、剪辑的，吸引力就没那么大。《超级女声》的高收视率给我们最大的启示是：《超级女声》让我们看见了，媒体一旦抓住了民意，就会产生巨大的威力。

三、娱乐就是娱乐

在对《超级女声》的批评中，声音最高的，就是低俗，缺乏社会责任感，而且这似乎已经形成了一种文化现象：只要你热，就有人大骂你低俗、恶俗、格调不高。怎么看待一个娱乐节目、文化现象应该承载的社会责任？怎么看待"低俗说"？

（一）应该感到纯娱乐好

我们应该感到纯娱乐好，大家需要这样的东西。娱乐就是纯娱乐，不能说纯娱乐就没有社会责任感了！因为这不是它要做的事，它要做的就是让人哈哈一乐，除此之外该管教育的管教育，该管导向的管导向。

（二）中国社会缺少世俗化的过程

现在中国社会还缺少世俗化的过程。我们现在看到的很多被有些人斥之为庸俗的东西，历史证明，总有一些时期一些流行的、一些在后来被证明是精品的东西，一开始的时候都被视为是不安全的、庸俗的。《超级女声》可能打破了人们某种传统的欣赏习惯和参与的游戏规则，但并不意味着它是不好的东西，不要用自己偏狭的没有改变的价值观念，去判别一个新生事物。

有观点认为，《超级女声》也在宣扬一夜成名，误导孩子们一心做明星。我们应该这样看，每个人出名都有它的道理，就是能人所不能。所以想成名本身没有错，但需要在正确的道路上并付出自己的努力来争取。

四、对待超女要宽容

（一）超女节目隐含着社会参与激情

《超级女声》至少有两个方面的背景：一方面，它是中国民众某种社会参与激情的转移性投射；而另一方面，它也是资讯体制影响的结果。从默多克新闻集团旗下的《太阳报》，到我国台湾地区的电视节目"全民乱讲"，已经看到了一个全球性的媒体娱乐化浪潮的出现。湖南卫视是中国第一个进行市场转制的电视媒体，这个身份注定了它所扮演的探索性角色。媒体的过度娱乐化，通常是知识分子所忧虑的，但超女节目中隐含的社会参与激情，却令我和许多人感到了喜悦，说明我国的观众对媒体娱乐化有初步的认可。

（二）对待新生事物需要观察

我们可以有必要的文艺批评，但要在正常的状态之下，不要使用文化以外的力量去做这种事情。《超级女声》有一些具体的因果链条中不太令人满意的现象出现，但这种东西是可以通过某种制度设计，某种情绪安排进行改进。我们应该持一种费厄泼赖精神，也就是文化宽容，但要守住观众的道德底线。

（三）不能给大众文化扣帽子

总的来看，《超级女声》是成功的，它被这么多人关注本身就是成功的一个标志，它本身是一个非常有前景、非常有生命力的文化的萌芽，是一个值得肯定的事物。

放在时代背景下看，《超级女声》至少是近年来社会文化领域最值得关注的一个标志性现象，它标志着大众文化的崛起、精英文化的打破——精英文化是唯一的，而大众文化是兼容并存的，所以这是游戏规则的深刻改变，我们要适应这样一个改变。

在大众文化占主导地位的情况之下，我们必须用兼容的、宽容的态度去对待一些文化现象。当然主张积极的文化批评，但绝不是用行政权力或者扣帽子的方式来对待大众文化。就像我们要尊重批评者的意见一样，批评者也要尊重我们的审美、我们的选择。

第六节 四川大地震中新传媒的宣导和抚慰功能

随着我国社会在政治、经济和文化等领域取得了极大的发展和进步，传播业也逐渐成为了一个独立的产业，为社会提供了大量的优越条件。作为一种社会控制的工具和手段，传媒主要通过舆论导向与舆论监督、建立和巩固信仰、社会暗示及教育等实现其社会控制功能。由于媒体和公众的互动关系越来越密切，当某种原因引起意义或者影响较大、范围较广的公共情绪时，媒体出于这种社会责任感便会发挥其宣导和抚慰的作用。在发生社会危机的时候，大众传媒有帮助危机中的民众树立正确的心态、减缓并摆脱焦虑与不安的折磨、唤起他们内心的自信等，充分发挥了自身的影响力。

一、新传媒宣导和抚慰作用的分析

当前，媒体的影响已经逐步渗透到我们生活的各个方面，在媒体发挥信息传播或授道解惑职能的同时，也起着对公共舆论或情绪的引导作用。新的媒体形式使得民众获得了自主自导的权利，往往能够起到官方和传统渠道无法或者甚至不允许或者不可能起到的效果。本文主要运用公共关系原理，以及处理危机公共事件的理论，来分析 2008 年 5 月 12 日 14 时 28 分，四川汶川发生大地震后，新传媒运用各种手段对公共情绪宣导和抚慰的功能。

（一）政府主导下的媒体作用的形式

媒体的这种宣传和抚慰作用，既有政府主导下的宣传和抚慰，也有媒体自发的宣传和抚慰。政府主导下的媒体宣传和抚慰作用，主要表现为以下两种形式。

1. 在政策问题上的引导形式

在《新劳动合同》法出台之后，政府通过新闻联播、电视辩论赛等节目，引导公众认同这样一部法律，让更多群众相信这是一部保护劳动者权利的法律。

2. 在群众性灾难问题上的安抚形式

在这次的汶川大地震问题上，我们对中山大学局部范围内的学生进行了调查，大家都认为政府及时的、全面的和鼓舞性的电视新闻报道，让他们看到了抗震救灾的胜利曙光。同时，政府在灾区向受灾中的人民，通过电视直播赈灾晚会的形式，将政府及社会各界的关心、关怀传递给灾区灾民，在心灵上给予灾民很大的鼓舞。

（二）媒体自发性的宣传和抚慰

相对于政府主导下的宣传和抚慰作用，另外一种就是媒体自发性的宣传和抚慰。后者主要源于媒体社会责任感的增强。而相对于较为严厉的报纸、电视的审查制度，媒体更愿意通过网络这一新媒体进行宣传和抚慰。网络由于其自身开放性较强的特点能更为容易为人民建立一个对公共问题讨论的平台，不同利益群体对同一问题的看法必将容易产生矛盾，特别是在政府与民争利的问题上。

媒体自发性的宣传和抚慰作用，往往容易表现为民众对政府的宣泄形式。例如，在孙志刚事件上，在钉子户事件上，网络的匿名性也使得民众的这种宣泄成为可能。

二、中央电视台报道作用分析

中央电视台第一时间报道四川汶川大地震抗灾情况，做到应对灾难突袭，及时奔赴一线，传递救灾实况，争取舆论主动。央视主播赵普几度哽咽，热泪盈眶。他动情地说道："为什么我们总是被这样的声音和这样的画面感动？为什么我们总是看着看着就会眼含热泪？因为我们爱这块土地，这块土地上的人们懂得相互关怀……"这是真实感情自然的流露，当看到自己的同胞受到如此灾难时，没有一个人不会落泪的。这份自然的表现，感动了无数人，更鼓舞了无数人，中国人民更加紧密地团结在一起，共同抗击这一场突如其来的天灾。

（一）客观、透明的报道赢得电视媒体话语权

2008年5月12日下午14:28，四川省汶川县发生里氏7.8级地震（后地震级别经过两次修正调整至8.0级），北京、上海、天津、陕西等多个省市都有震感。中央电视台多个频道随即在滚动新闻中及时报道地震情况，用客观、高效、平衡、透明的报道第一时间赢得了电视媒体的话语权，起到了良好的舆论引导作用。

海外媒体广泛采用了中央电视台国际频道的节目信号，截至目前，共计113个国家和地区的298家电视机构转播或部分使用了中央电视台中文国际频道、英语频道、法语频道和西班牙语频道节目的信号。其中107家转播中文国际频道节目，231家转播英语频道节目，10家转播法语频道节目，7家转播西班牙语频道节目。共有239家全部转播，59家部分转播。CNN、BBC大部分引用我新华社、中央电视台、四川电视台等相关国内媒体的报道，政府对危机处理的快速应变能力、信息开放程度使我们在对外报道中取得主动。

（二）直播报道及时辟谣稳定了人心

2008年5月12日，新闻频道在地震发生后32分钟首发新闻，52分钟后即推出直播特别节目《关注汶川地震》，从5月12日15:20—5月13日20:00，节目跨度超过26小时，以"同一主题不间断播出"，对白天和午夜时段实施了直播全覆盖。其中，自5月12日22:00起，综合频道还与新闻频道实现了同步并机播出。直播节目首播新闻两百余条次，成为国内外新闻媒体获取震区新闻的主要信息源。直播报道第一时间满足了观众的信息需求，并及时进行权威发布，对于地震的流言及时辟谣，稳定了人心。

《关注汶川地震》特别节目高频次滚动播发了中央政治局常委会会议精神，并对温家宝总理离京赴四川都江堰指挥救灾，展开全程跟踪报道，及时、准确地传达了中央对地震救灾工作的高度关注。在温家宝总理乘坐的飞机降落成都十余分钟后，《新闻联播》就播出了《温家宝总理赶赴四川灾区在专机上发表重要讲话》。

地震发生后两个半小时，中央电视台第一批记者奔赴灾区，新闻节目中心派出中心副主任王晓真和新闻采编部主任许强飞赴成都，坐阵前线指挥。5月13日，新闻节目中

心汶川地震第二报道梯队 24 人分别赶往四川汶川、都江堰、北川、绵竹等地震重灾区进行采访报道。众多记者、编辑、播音员、主持人纷纷主动请缨作战，刚刚结束奥运圣火珠峰登顶报道任务的记者，也直接从拉萨赶往成都，去与前方人员会合。

除新闻频道外，中央电视台其他频道和央视网也对救灾情况给予充分报道。地震发生后，经济频道积极组织《经济信息联播》《第一时间》栏目，及时报道灾区情况和救灾进展。

（三）凸显中央电视台在海内外报道中的高效和主动

2008 年 5 月 12 日 15:00，中文国际频道开始在多档《中国新闻》《新闻 60 分》《今日关注》中连续报道，并广泛连线北京、成都、重庆、甘肃、云南、广西、贵州、内蒙古、湖北、香港、台湾等地记者。

英语频道各档新闻快速跟进相关报道，并监看国际媒体和通讯社对于灾情的最新相关报道，有针对性地不断扩大报道篇幅。13 日凌晨 1:46，CNN 在看到英语频道节目中与中国日报社记者电话连线的及时报道后，打电话咨询相关情况，凸显了中央电视台在海内外报道中的高效和主动。

（四）推出"众志成城抗震救灾"24 小时滚动报道

2008 年 5 月 12 日地震发生后，央视网迅速反应，立即组织编辑新闻频道相关视频，并整合新华网等其他媒体相关新闻报道，在央视网首页及新闻首页发布头条新闻，集中报道了四川等地区发回的最新消息、相关部门积极采取营救措施。13 日上午，央视网对首页进行重要调整，在首页显著位置推出"众志成城抗震救灾"特别报道专区，提供 CCTV-1、CCTV-新闻、CCTV-4 视频直播入口，并开辟视频回放、我在现场和互动专区，对灾情进行 24 小时实时滚动报道。

2008 年 5 月 12 日，我国四川汶川地区发生 8.0 级大地震。中央电视台第一时间报道了灾情，中央政府第一时间做出了快速反应。中央电视台随即 24 小时全方位实时滚动播报了抗震救灾的每一个细节。许多新闻单位和记者都投入了这场没有硝烟的战斗。这些报道牵动着亿万人民的心，激发了全国人民抗震救灾的巨大决心和爱心，也引起了全世界的关注和赞扬。

中央电视台对地震的及时报道，充分发挥新闻媒体基本的信息传播功能，将政府的应对措施迅速公之于众，使之起到沟通信息、凝聚人心、预防灾害和指导灾难救援工作的重要作用。

（五）对于灾难的报道充分体现了科学性和人性化

中央电视台 24 小时实况直播节目，请来了一个又一个方方面面的专家，从地震的预测、监测研究状况和水平，从灾害救援的科学方法，从地质地理和气象状况的解释说明，从军事救援的科学性解说，从卫星遥感等信息科学技术的运用等诸多方面，展现了灾难的不可避免性和难以预测性，说明了救援工作的极端艰难，体现了政府和人民的坚强决心和智慧。新闻报道一次次记录了从总理到市长一个个政府官员和普通民众的悲伤泪水，所有这些激起了国际社会、全国人民和社会各界的巨大同情，各国的援助纷纷而来，各种社会组织和公民都彻底动员起来，捐款捐物，组织志愿者队伍，开展各种各样的救援工作。

三、网络媒体作用分析

在社会日益信息化的今天，大众传媒已经成为人们主要的信息源。报纸、广播和电视是三大传统媒体，而互联网常被称为"第四媒体"。网络媒体凭借网络进行新闻传播，比传统媒体具有更多的优势：速度快、范围广；实现多媒体传播，做到图文声像并茂；打破了传者与受传者之间的界限；传播、接收、储存、检索都极其便捷。

汶川大地震震惊全国！人民网、新华网、新浪网、腾讯网……各大网站纷纷对这次地震进行最新消息、全方位的报道。腾讯网砌起"爱心墙"，让大家留下为灾区人民祈福的心里话，如图6-2所示；腾讯·大成网与《天府早报》《东莞时报》《厦门日报》、吉林《新文化报》等媒体携手，开辟寻亲互动活动平台，如图6-3所示。人民网"强国论坛"里，写帖跟帖的数量创下历史最高，网友自动更新灾难的最新情况，以及捐助救援的最近消息；凤凰资讯网为大众提供解放军作战震区的详细报道……我们可以看到，网络媒体积极利用网络优越资源，在报道汶川地震的事件中，对公共情绪的宣导和抚慰产生了重要作用，具体体现在以下几个方面。

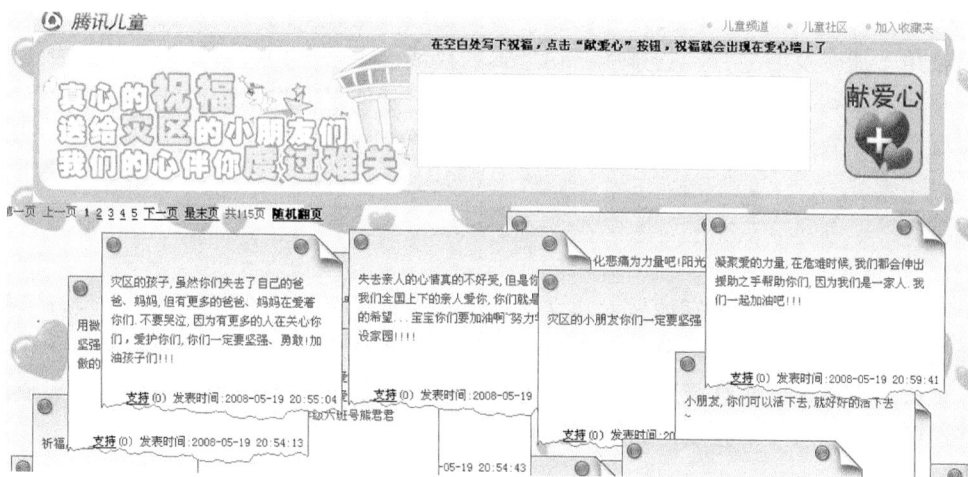

图6-2　腾讯网的爱心墙

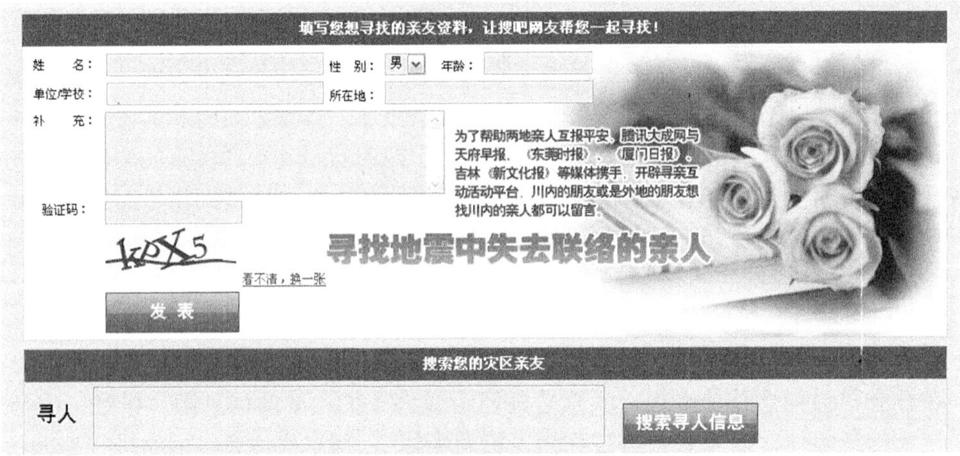

图 6-3　网站寻亲

（一）宣泄情绪

1．自由开放

与传统媒介相比，网络传播中信息发布的匿名性是一个显著的特征。传统媒体有其自身发布信息的一整套规范，信息的发布是署名和有明确来源的，媒介要对自己发布的信息负责。网络媒介则不同，网络的匿名性直接造成了网络传播的不易控制性。网络消息传播的匿名性是地震危机事件中传播监管的难点。

2．公共领域

公共领域指的是国家与社会（即国家所不能触及的私人领域或民间活动的范围）之间，公民参与公共事务的地方，它凸显了公民在政治过程中的互动。公共领域是政治权利的触角不能企及的地方，它排斥一切形式的权威，主张自由、公开、平等的表达。网络构建起的公共话语空间拓展了人们的交流平台，延伸了人们的表达能力，放大了人们的交流欲望，为更广泛意义上的情感发泄提供了平台。

（二）舆论引导

1．快捷及时

网络媒介能够通过多媒体技术将文字视频和音频融合于一个页面之上，综合了传统媒介的所有信息传播形式。2008 年 5 月 12 日 14 时 28 分，在四川汶川县发生了 8.0 级地震，重庆、贵州、云南甚至远在北京、上海、天津等 20 多个省、市、自治区都有震感，有些地区甚至震感非常强烈，如图 6-4 所示。

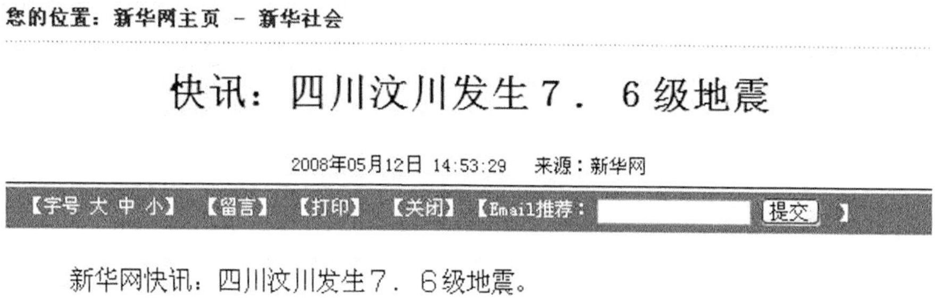

您的位置：新华网主页 - 新华社会

快讯：四川汶川发生7．6级地震

2008年05月12日 14:53:29　　来源：新华网

【字号 大 中 小】　【留言】　【打印】　【关闭】　【Email推荐：　　　　　　　】　　 提交 　】

新华网快讯：四川汶川发生7．6级地震。

图6-4　四川汶川发生地震

人们纷纷通过 MSN、QQ 等网络通信工具描述和交流着自己的震感经历。网络访问量在短短的 20 分钟内比平时高了一倍。网络的传播让事件达到无人不知、无人不晓的境界。这就是网络的力量。今天媒体如此发达，网络几乎可以同步报道世界，相对来说，传统的媒体无法达到和事件本身的同步。

2．正确引导

截至 2008 年 2 月底，我国网民已达 2.21 亿人。在汶川大地震发生后的 24 小时内，网络媒体表现相当出色。各大政府网站、新闻网站及商业网站在第一时间就进行了及时的报道。网民通过 MSN、QQ、贴吧、论坛等途径，把地震的消息瞬间传给对方，让人们再一次感受到了网络的快捷和影响力。网络媒体的报道：新华网抗震救灾专题、中国网抗震救灾专题、央视国际抗震救灾专题、国际在线抗震救灾专题、中国广播网抗震救灾专题和中青网抗震救灾专题等，其内容丰富、形式多样，也再一次证明了主流媒体地位，其强大的信息整合方式对 2 亿网民产生了巨大影响力。

3．沉痛哀悼

2008 年 5 月 18 日，中国国务院确定 5 月 19 日至 21 日为全国哀悼日后，中国主流网络媒体迅即发起了一场公祭四川地震遇难同胞的联合行动。5 月 19 日凌晨起，中新网、中国日报网、搜狐、网易、雅虎、凤凰网及荆楚网、红网、大江网、大河网等各大网站页面刷黑，并停止了一切以娱乐为主题的活动、链接、视频、博客、播客、论坛、网页、广告等，页面颜色、声音、图片均与哀悼日的氛围保持一致，表达出中国网络媒体沉痛哀悼之情。

汶川大地震发生后，网络媒体以报道及时、反应迅速、内容丰富、形式多样，再一次证明了主流媒体地位，其强大的信息整合方式对 2 亿网民产生了巨大影响力。另一方面，网络是把双刃剑，在给人们传递及时客观信息的同时，也可能伴随不准确的消息，乃至谣言。在灾难来临的时候，大多数网络媒体保持了必要的冷静，做到了慎点手中的鼠标，没有成为谣言滋生的温床和传播的渠道，表现出了足够的成熟和责任感。

（三）心理抚慰

突发特大地震的发生，不仅会造成生命和财产的损失，而且还会对人的心理带来极大的冲击，导致严重的心理问题。在这个意义上，消除突发事件所造成的心理影响，在应急管理中具有举足轻重的地位。网络传媒以其独特的信息传播优势，成为了社会心理救治的重要平台。

1. 公布信息，消除疑虑

当灾情来临之时，准确的信息获取尤为重要，即时、准确的信息能够起到稳定人心、正确应对的作用。灾难确认后，灾情迅速在互联网上传播，互联网成为了广大群众了解即时信息的重要工具。2008 年 5 月 12 日 14 时 37 分，也就是在地震发生后的 9 分钟左右，腾讯论坛就出现第一条网帖。各网站多家论坛迅速成立专题，让网民及时发布当地信息，第一时间让各地朋友了解地震所波及的范围，化解地震所带来的影响。诸多城市的网友纷纷发帖、跟帖表示感到震感。当突发的地震袭来之后，迅速、透明的信息传播显示了巨大力量，安静下来的人们开始打听亲友的情况，互相告知平安的消息。对于抗灾信息的传播，各大门户网站起到了主导作用。灾情确认后，各大门户网站在第一时间推出了相关新闻专题，通过新闻报道的形式，呼吁网友关注和帮助灾区人民，以最快的速度、最贴近的视角记录灾情的发生发展，让亿万网民在第一时间了解到了灾情信息。

同时，互联网也在第一时间传播了中央领导的重要指示、有关救灾方面的行动迅速展开的消息，政府正面回应举措的及时发布，使人们获得了对突发事件妥善处置的信心保障。

从山东列车相撞事件到此次全国范围内的地震，网络媒体都发挥了积极而重大的作用，这一方面体现出各种传播媒介，包括网络媒体的应急处理能力，另一方面也是对群众知情权的极大满足和实现。灾难中的知情权不同于普通的知情权，由于前者关系到广大群众的生命财产安全和社会稳定，因而具有阻止其他因素的能量，也就是说，在灾难发生的时候，实施救援固然重要；同时，信息的及时发布也必不可少，也是另一种形式的救援。

2. 多方呼吁，行动援助

地震一发生，大部分网络媒体都对地震灾情，以及救灾工作进行了全方位多角度的报道，并积极展开募捐和呼吁救援工作，赢得了大批企业关注和支持，充分发挥了信息高速公路的作用。而且由于互联网的准确、及时和全面的报道，在客观上也起到了打击关于地震的各种谣言的作用，对稳定民心团结一致、众志成城、抗震救灾起到了巨大的作用。以人民网为例，为了让更多的网民和企业及时了解到震灾的最新信息，人民网不仅充分调动所有的报道力量和各方资源，及时推出专题及时报道灾区最新情况，并通过各个频道去呼吁各行各业的企业进行捐助，同时，还充分整合了博客、播客、论坛等互动资源。人民网抗震救灾专题中，传播了党和政府与震区人民心连心；在灾区实时报道里，传递了子弟兵在行动的感人事迹；新闻记者在现场第一时间传递了灾区的声音，全面立体地呈现灾区最新情况以及网民的心声，彰显了人文关怀。

突如其来的震灾牵动亿万人民的心，互联网成为了网民寄托哀思、倡议爱心的重要阵地。"同胞们，在灾害面前让我们站直，让我们坚持，坚持意味着机会，意味着新生。在此，让我们用自己的名字铭记，用真诚为灾区人民筑起精神的长城，向世人展示我们的坚毅。"这是新浪抗灾专题"网民祈福"栏目的一段文字。在短短的时间内，有数十万名网民留下了自己的姓名、邮箱，以寄托对灾区人民的祝福和关爱。

紧急募捐也在互联网上迅速展开。在新华网上，中国红十字会紧急呼吁社会各界积极行动起来，发扬中华民族"一方有难，八方支援"的传统美德，积极捐款捐物，参与到地震灾害紧急救助当中来，为灾区民众奉献爱心，救助受到地震影响的民众。中国扶贫基金会也迅速联合新浪网发出紧急募捐倡议。

在天涯论坛、家园网等大大小小的论坛，众多网民也迅速发出捐赠倡议，并详细公布了捐赠的方式。腾讯、新浪、搜狐等互联网企业率先捐赠，并向广大网民发起捐赠倡议。爱心行动迅速在互联网上蔓延，给灾区人民送去了支持和温暖。

四、手机媒体作用分析

手机作为新传媒的代表之一，在这次救灾之中，手机也显示出了巨大的宣导和抚慰功能。手机在短信捐助平台上，起到了重要的作用。

（一）宣导功能

手机运营商中国移动发起了手机捐款活动，有效地宣导了人们想要帮助灾区民众的心理，帮助开通了一条捐助渠道。这样的捐款形式不但十分新颖，而且也十分有效，充分发挥了手机积小成大的优势。同时，让人们特别是手机用户，表达了一份爱心。

四川汶川特大地震灾害发生后，中国红十字会与中国移动立即联合开展"红十字救援行动"，中国移动为用户开通短信捐款平台向灾区献爱心。据中国红十字总会相关负责人透露，在"红十字救援行动"短信捐助开展后，广大用户踊跃捐款，热情高涨。

（二）开通生命热线

中国移动用手机短信发起的捐款活动的同时，中国移动开通生命爱心热线和抗震救灾服务专线专门为灾区服务，有效地起到了抚慰大众心灵创伤的作用。移动实际上起到了一种信息中心的作用，帮助灾区的民众获取了关于亲人的信息，有效地抚慰了民众的悲伤情绪，大灾之后，灾区的灾民最需要知道的就是关于自己亲人的信息。

这时候灾民是很紧张的，特别是在不知道自己亲人信息的时候，所以需要政府或者各种团体来提供信息抚慰大众的紧张心理，政府在这时有太多的事情要做，分不出身来做这件事，但是通信公司可以起到这样一个平台的作用，为大众提供了一个很好的信息平台。

五、QQ 等通信工具作用分析

（一）QQ 等通信工具对四川大地震的信息传播

QQ 作为通信工具的兴起也是最近几年的事情，大部分使用 QQ 的是年轻人。因此，也可以看作是年轻人的信息传媒工具。在 QQ 上的一些信息可以说明信息是怎样在年轻人之中迅速传开的，因此，作为新媒体，它也是一个很好的被研究对象。

由于篇幅限制和 QQ 群的限制，2008 年 5 月 13 日，也就是地震一天后，在 QQ 群上流传的关于四川汶川大地震的大量信息，从中可以看出 QQ 在传播信息中也产生了巨大的反响作用。

（二）"文丽"在 QQ 通信工具的信息

在数万条 QQ 聊天中，都涉及四川汶川大地震，我们选择了中山大学校园一条有代表性的 QQ 聊天记录："文丽"2008 年 5 月 14 日 23:29:30 信息的内容：

致全体政务学子：

2008 年，一个注定将深深镌刻入中华史的一年。暴风冰雪抵不过神州大地的人间真情暖流，藏独分子乱不了中华儿女的团结爱国之心。如今，汶川大地震亦将撼动不了我们众志成城携手共度的民族力量。当灾难来临时，中国，需要每一个国人的力量，抗震救灾，重建家园！身为系天下之事为己任的政务学子，此时此刻，面对过万的无辜的死难者，那一双双被沉沉压在瓦砖之下的小手；面对大面积坍塌受毁的建筑，那一个个曾经承载着幸福的家；面对受难亲属撕心裂肺的悲痛，那一双双不愿承认事实的悲绝眼神……我们应该行动起来！

中山大学政务学院团委倡议，在校团委和院党委的号召下，由各团支部支书主动带头，以支部为单位，进行自愿募捐行动，并于 5 月 18 日（星期天）之前将捐款附上支部捐款说明表交予团委组织部相关年级负责人手中。让我们向灾区人民献出一份力，帮助中国渡过难关，走向美好明天！

中山大学政治与公共事务管理学院团委
2008 年 5 月 14 日

在数万条 QQ 聊天的消息之中,有倡议捐款的,有倡议关灯哀悼的,有传播在地震之中的自救知识的,有倡议献血的,还有给灾区人民打气的等。所有的消息都是正面的。QQ 作为聊天工具已经成为年轻人各种信息的重要集散地,因此在这次地震之中,QQ 所起到的作用是很正面的,有效地让大家知道了地震的真实情况,鼓励大家众志成城,发布各种捐款、献血信息,让大家自发地组织起来,真正发挥了新媒体的作用。总之,中国的网民在利用网络进行救灾的行动是很成功的。新传媒在救灾之中的作用是值得高度评价的。

四川地震是一个典型的案例,也是一个积极的案例,抗震救灾,使我们众志成城。

通过新传媒在四川大地震中对公共情绪的宣导和抚慰的深入分析,使我们看到,在信息日益丰富的今天,新媒体的调节作用越来越重要,而宣导和抚慰功能的终极目标就在于要真正落实科学的发展观,提高党的执政能力,构建一个和谐的社会,我们将相信并期待明天会更好。

最后,再次哀悼在四川地震中死去的人们,死者安息,生者坚强!

案例 6-1

《江南 Style》蹿红网络

从 2012 年 7 月 15 日《江南 Style》的 MV 被上传到全球最大视频分享网站 YouTube 开始,该"神曲"就不断创造奇迹和经典,在全世界范围内刮起了一场江南 Style 风。该歌曲首次进入韩国国家权威音乐排行榜"Gaon Chart"就登上榜首。

2012 年 12 月 21 日世界标准时间 15:50 左右,《江南 Style》成为互联网历史上第一个点击量超过 10 亿次的视频。截至 2013 年 5 月 1 日,这支音乐录影带在 YouTube 网站的点击量为 15.78 亿次,超越贾斯汀·比伯的单曲《Baby》成为该网站历史上被观看次数最多的视频;此前,《江南 Style》已凭借好评数和点击率创造两项新的世界吉尼斯纪录,同时摘得了美国、英国、巴西、比利时等 35 个国家 iTunes 单曲榜第一名。

"江南 Style"是一个韩国新词,指的是首尔江南区富裕时尚、豪华奢靡的生活方式。这个词汇被《时代》杂志每周词汇列表列为周三词汇。这首歌曲的演唱者朴载相将首尔江南区比作加利福尼亚州的比弗利山庄、纽约市的曼哈顿,他表示自己有意在有关的歌曲、舞蹈、外貌以及音乐录音带中以一种幽默滑稽的方式自称为"江南 Style",但是其实他根本不是这类人。

这首歌曲讲述的是"懂得何时高雅也懂得何时狂野的完美女朋友"。在《纽约时报》的采访中,朴载相透露韩国粉丝对他的舞蹈有很大的期望,所以他感觉压力很大。为了配得上这份期望,他努力地学习去发现新的东西,并且用了大概三十个夜晚熬夜来创作

《江南 Style》的舞蹈。他尝试了各种动物的形象，包括大象、猴子、大熊猫、袋鼠以及蛇的动作，但是最终决定使用马跑步（Horse Trot）的动作，包括假装骑马、手握缰绳以及挥动马鞭，以及腿部的反复交换的脚步动作。

在接受路透社采访时，朴载相表示《江南 Style》原本只是为韩国本地的流行音乐歌迷们制作的。2012 年 7 月 11 日，朴载相和他的音乐唱片公司 YG Entertainment 开始在 YouTube 网站上传了几段《江南 Style》的 MV 预告片。2012 年 7 月 15 日，《江南 Style》的完整音乐录影带被上传到 YouTube 并且立即引起轰动，首日就获得大约 50 万次的浏览量。

试用公关关系传播方面的知识分析《江南 Style》全球性蹿红的过程。

剖析：从公共关系学原理角度分析，该案例应用了公共关系"心"经济的理论。

公关传播是带有明确目的性的传播。根据公关传播效果可以分为四个层次，分别是引起公众注意，诱发公众兴趣，取得公众肯定，促发公众支持。而这一切都可以通过公关传播的媒介——大众传播来实现。公关传播的特征在于它的普遍性和及时性，而大众传播的发展速度与信息传播速度成正比。网络的全球化也使得文化的传播不仅局限于某一个地区，而是在全球范围内暴风式的席卷。

《江南 Style》在网络上的点击率暴涨也是公关传播显著效果的体现。这首歌曲所折射出来的生活方式和价值观迎合了大众普遍的心理状态，创造了沟通的共识区域，通过 MV 搞笑幽默的形式引起了公众的兴趣，甚至带来了一系列文化生产链的发展。从这几个方面来讲，这首歌背后的公关战略和营销战略是比较到位的。

案例 6-2

《爸爸去哪儿》火爆成功

《爸爸去哪儿》是湖南卫视从韩国 MBC 电视台引进的亲子户外真人秀节目，由《变形计》制作人谢涤葵及其团队和《我是歌手》制作人洪涛及其团队联合打造。节目中，五位明星爸爸在 72 小时的户外体验中，单独照顾子女的饮食起居，共同完成节目组设置的一系列任务。

第一季节目于 2013 年 8 月开始录制，10 月 11 日播出，林志颖父子、王岳伦父女、田亮父女、郭涛父子、张亮父子组成嘉宾阵容，进行农村放羊、野外爬山、上船捕鱼等活动。节目一经播出后，迅速成为受广大群众追捧的"国民节目"，其热潮丝毫不逊色于《我是歌手》《中国好声音》等一系列优秀综艺节目。

试运用公共关系理论对《爸爸去哪儿》的火爆成功进行分析。

剖析：《爸爸去哪儿》的火爆成功在于应用了"公关传播的 5B 原则"。

（1）结合点（Binding Point）。《爸爸去哪儿》主打亲子牌，用镜头真实记录明星亲子的相处过程，节目选择的五位爸爸皆是在各个领域有显著成绩的名人，名人效应本身便给节目带去了不少噱头。节目中，五个孩子活泼可爱，各有特色，也让电视机前的观众感到眼前一亮。该节目以"亲情"为策划主旨，贴合社会主流。

（2）支撑点（Backstop）。诚然，该节目的创意好像相比韩国同行弱了一些，但和很多品牌一样，如果做不到人无我有，那就先从模仿开始！在借鉴别家的创意后，总要进行本土化包装，去粗取精，找着本土化的联通点，站在消费者角度考虑，这样才能获得成功。同质产品中只有差异化的部分，才能给消费者留下更深的印象。《爸爸去哪儿》所打的亲子牌，也正是社会群众的关注点所在，击中了广大观众的心窝。它的接地气、观众缘是节目成功的重要支撑点。

（3）亮点（Bright Point）。《爸爸去哪儿》开播之前，宣传非常低调，但后期可谓关注值爆棚。这所有的一切都和电视策划内容本身有极大关系，湖南卫视此次"四剑合一"，满足了受众八卦、好奇、寻真、寻情、寻刺激等各种需求。

面对选秀类、音乐类节目如火如荼的现状，湖南卫视另辟蹊径，引入全新节目模式，明星真人秀+儿童真人秀+野外真人秀+亲情牌，四个卖点的结合，打造出这档明星亲子互动真人秀节目。首先，节目定位新颖，开播之初就在同质化严重的电视节目中抓住了受众的眼球，迎合其猎奇心理。其次，《爸爸去哪儿》邀请明星爸爸与孩子独自进行生活体验，这在一定程度上颠覆了社会的固定认知——"妈妈更适合带孩子"，而这种颠覆恰好是吸引受众的重要法宝。

（4）沸点（Boiling Point）。在第一期节目播出后，引发了网络上的热烈讨论，这对于擅长营销的湖南卫视来说，接下来的动作就顺利多啦！预告片、宣传片的传播，其他节目的配合宣传造势，新媒体的互动引导，加大力度后续跟进，使得该节目横扫各大媒体、各大平台，话题度一路飙升。对企业传播来说，也一样。新媒体时代，平台的多样化选择，社交网络的无界性与交互性，使得话题的传播迅速直达，全面开花。企业在进行品牌传播时，也要审时度势，抓住有利时机，迅速给出反应。快速、直接、全面，才是正确的方向。

（5）保护点（Bodyguard）。《爸爸去哪儿》的热播，除了给各个明星家庭带来极大的荣誉和关注度，也带来许多负面评价和舆论压力。诸多类似明星父亲借曝光孩子来炒高身价、节目组以"亲情"为噱头进行自我炒作的说法甚嚣直上。而《爸爸去哪儿》的公关团队对于这些舆论始终稳定地给予回复，在网友对节目中的明星亲子发出恶性语言攻击时，节目组也始终给予坚定的保护和澄清，阻止了事态的恶向性发展。

案例 6-3

伊利独家冠名《爸爸去哪儿》

伊利集团是我国的大品牌，该集团从来不吝啬于赞助有潜力、有影响力的活动。例如伊利连续第八年成为中国奥委会的合作伙伴，有"八年助力，品质唯伊——中国体育代表团连续八年唯一专用乳制品"的美誉和肯定。伊利请了多名奥运巨星进行广告的拍摄与宣传，例如刘翔、李娜等。而且伊利在成为 2008 年北京奥运会赞助商之后，广告的投入进一步加大，先后邀请郭晶晶、张韶涵、易建联、刘亦菲等明星代言酸奶、冰淇淋、优酸乳等产品。

2013 年 12 月，伊利更是以 3.1 亿元人民币独家冠名《爸爸去哪儿》第二季，刷新了中国电视广告史上最高冠名纪录，大幅度超过此前《中国好声音》第三季冠名权的 2.5 亿元。据了解，伊利等奶企在营销费用上投入巨大。2010—2012 年，伊利的广告支出保持在高位，分别为 2010 年 38.26 亿元、2011 年 36.52 亿元、2012 年 37.32 亿元，广告宣传支出基本上是同年净利润的 5 倍多。而 2013 年，伊利上半年广告宣传费用达到 25.9 亿元，同比增长 17%，广告宣传费用比净利润高 2/3。

结合公关传播级别的分类来分析伊利的传播方式。

分析：公关传播分为五个级别，本案例中伊利属于第三级公关传播，即让别人说自己好。

伊利之前投入巨额资金去请代言人来夸自己，如今冠名《爸爸去哪儿》也是同样的道理。《爸爸去哪儿》第一季的反响很大，冠名费仅 2800 万元就创造了高达 89%的美誉度，而第二季增幅超出十多倍，这也使伊利在《爸爸去哪儿》第二季开播之前就受到了外界的关注，达到了宣传效果。

《爸爸去哪儿》能够得到这么多的赞助，有很大的原因是节目的第一季反响很大，很多人都在关注这档节目。节目里面涉及的是孩子和爸爸之间的相处体验，孩子之间以及孩子与别的家长的一些沟通与交流，这也是现在的信息化社会所缺乏的。放下一切通信工具，真正地和孩子进行交流，也是很多家长所期待的，看到节目里面孩子们的逐渐成长，也会让人为之一笑；而比较年轻的观众则比较喜欢看小孩子活泼开朗的一面，喜欢观注他们可爱的地方。对于同一档节目，尽管每个群体都有自己不同的看法，但是《爸爸去哪儿》无疑是最受欢迎和有最大影响力的节目之一，所以伊利才会选择出高价去争得其冠名权，从而使伊利的名字更容易传到大家的脑海里，更好地实现其宣传的效果。

📚 **案例 6-4**

加多宝红罐凉茶

2012 年 5 月 12 日,根据中国国际经济贸易仲裁委员会的裁决书,加多宝停止使用"王老吉"商标。在痛失"王老吉"商标之后,加多宝除了在包装上沿用原来的红罐包装和竖体排版等,还沿袭了原有产品"预防上火"的罐装凉茶的产品定位,并且在广告上略施小计,不仅选用与原来相似的广告场景,而且运用"全国销量领先的红罐凉茶,改名加多宝,还是原来的味道,还是原来的配方"这样的广告语,试图让消费者相信王老吉凉茶已经改名加多宝凉茶了,加多宝凉茶就是正宗凉茶的代表,从而延续品牌价值。

加多宝凉茶通过在各种媒体上投放广告,铺天盖地的传递"改名策略",不仅是让电视广告时常萦绕在消费者耳边,而且各种户外广告、各大商超、餐饮场所也随处可见加多宝的改名广告,使消费者"信以为真"。而王老吉只能被动应对,在广告中发出"声明":王老吉从未更名,购买时认准王老吉凉茶。但王老吉的广告声量又远不及加多宝。

2013 年 2 月 4 日,加多宝官方微博连发四条主题为"对不起"的自嘲系列文案,并配以幼儿哭泣的图片,短短不到两个小时,4 条如鲠在喉不吐不快的哭诉式微博总计博得四万余次转发,评论超过一万余次。"对不起"迅速成为刷屏王。

《中国好声音》的成功,不仅让浙江卫视迅速脱颖而出,也让加多宝凉茶的名字深入人心。从栏目冠名、插播广告,主持人口播,再到现场背景 logo,加多宝不惜重金全面豪赌《中国好声音》,获得了意想不到的效果。

试从公共关系学原理角度分析加多宝红罐凉茶的成功运作。

剖析: 这次加多宝移花接木的改名策略的成功运作是运用了公共关系传播理论。

在公共关系传播上:(1)视觉传播策略:从产品的外包装、罐装饮料的颜色、品牌 logo,到广告场景、广告语,多种视觉传播方式,都传递着原来的王老吉只是名字改成了加多宝,而品牌理念和品牌精髓都没有变。(2)舆论传播策略:利用炒作事件本身而引发公众舆论,让消费者同情并支持败诉的加多宝。(3)媒体传播策略:利用媒体传播的声量、持续性,大规模地推出广告,让王老吉微弱的广告淹没在加多宝凉茶声势浩大的广告中。同时,加多宝重金投放在各大卫视的热播综艺节目,也是其在媒体传播上的可取之处。

第七章

公共关系危机处理

　　通过对本章的学习，使学生了解公关危机处理是衡量组织公关综合实力的标准，也是社会组织的立足之本、发展之本。通过危机处理的学习，使学生全面掌握危机公关策略，使组织顺利地解决危机，并能进行形象的重塑工作。

　　学习的基本要求是要全面系统地了解危机的类型、特点及处理程序。学习要点是掌握危机的处理原则与方法；掌握公关危机处理程序；了解危机类型及发展阶段；了解常见公关危机事件处理要点。

【导入案例】

　　1996 年夏天，一所大学请年轻的著名策划人李光斗做关于公共关系的演讲。他讲的题目是《公共关系与市场危机》，而关于公共关系危机有上百条定义，聪明的他做了最浅显的描述，他说："公关危机就是当你的住所失火时，你所做的一切工作。如果你很不幸，住所失火你所做的第一件事是打 119 报火警，此时你所要面临的是处理和政府的关系（政府关系）。由于城门失火、殃及池鱼，你必须处理和邻里的关系（社会关系）。你要去保险公司索赔因失火造成的财物损失（组织关系）。你的家庭会因火灾面临种种难题，需要内部稳定（内部关系）。因为火灾，你的形象受损，要重新整合自己的形象（危机关系）。甚至由于火灾，你可能会从此一无所有（经济关系）。公关危机就是在危机发生时，我们要处理的一些关系。"

第一节　公关危机与危机管理

　　根据国际社会发展规律，当一个国家或地区的人均 GDP 处于 1000 美元至 3000 美元发展阶段时，往往是经济容易失调、社会容易失序、心理容易失衡、社会伦理需要调整重建的关键时期，也是危机频发的时期。在黄金发展期，问题凸显期：应注意研究高速发展及社会转型时期的常发性危机形态。

高速发展+社会转型→危机频发。美国政治学家亨廷顿指出："一个高度传统化的社会和一个已经实现了现代化的社会，其社会运行是稳定而有序的，而一个处在社会急剧变动、社会体制转轨的现代化之中的社会（或曰过渡性的社会），往往充满着各种社会冲突和动荡。"①

一、公关危机的概念

人们一直在试图全面而确切地对公关危机下定义，但是实际上危机事件的发生却有着千变万化的现实场景，很难一言以蔽之。有人认为，只有中国的汉字能圆满地表达出危机的内涵，即"危险与机遇"，是组织命运"转机与恶化的分水岭"。这里从"公共关系本质上是组织机构与相关公众之间双向传播与沟通"的角度，对公关危机作一个解释。

（一）危机公关与公关危机

1. 危机公关

由于组织的管理不善、同行竞争甚至遭遇恶意破坏或者是外界特殊事件的影响，而给组织或品牌带来危机，组织针对危机所采取的一系列自救行动，包括消除影响、恢复形象，就是危机公关。危机公关属于危机管理系统的危机处理部分。

广义地讲，危机公关是指从公共关系角度对危机的预防、控制和处理。危机公关是衡量组织公关综合实力的标准，也是任何组织的立足之基、发展之本。对于组织而言，危机公关实际上就是组织在处理危机时所采取的一切手段和策略，以恢复公众信任，重塑组织形象。危机公关是个系统工程，它需要调动组织各个方面的力量，以及组织日常公关工作逐步积累的社会关系网络，为危机的尽快消除奠定基础。

危机公关也有另外的定义，又称危机管理。危机管理是组织在自身运作中，对发生的具有重大破坏性影响，造成组织形象受到损伤的意外事件进行全面处理，并使其转危为安的一整套工作过程。

2. 公关危机

公关危机是组织在进行公共关系活动的时候，由于执行操作不当而引起的对组织有负面影响，甚至带来灾难的事件和因素。组织的危机80%是因为沟通不当而引起或恶化的。科学的危机心态：危机就如同"纳税和死亡一样不可逃避"。我们应该以积极、健康、

---

① [美]塞缪尔·亨廷顿. 变革社会中的政治秩序. 李盛平等译. 北京：华夏出版社，1988：135

科学的心态去面对危机！只有认识到公关危机的常态性，才能做到非常状态下科学有效的公关危机管理。

危机公关是指组织在面对危机时应采取的公关措施；而公关危机是指组织在公关过程中所遇到的危机。

（二）危机事件的特点

1. 意外性

千里之堤，毁于蚁穴。由于组织内部因素所导致的危机，爆发前都会有一些征兆。但由于人为疏忽，常常对这些征兆习以为常、视而不见。因此，危机的爆发经常出于人们的意料之外，危机爆发的具体时间、实际规模、具体态势和影响深度，是始料未及的。

2. 聚焦性

进入信息时代后，危机的信息传播比危机本身发展要快得多。媒体对危机来说，就像大火借了东风一样。信息传播渠道的多样化、时效的高速化、范围的全球化，使组织危机情境迅速公开化，成为公众聚集的中心，成为各种媒体热炒的素材。同时作为危机的利益相关者，他们不仅仅关注危机本身的发展，而更关注组织对危机的处理态度和所采取的行动。而社会公众有关危机的信息来源是各种形式的媒体，而媒体对危机报道的内容和对危机报道的态度影响着公众对危机的看法和态度。有些组织在危机爆发后，由于不善于与媒体沟通，导致了危机不断升级。

3. 破坏性

破坏性是指由于危机常具有"出其不意，攻其不备"的特点，不论什么性质和规模的危机，都必然不同程度地给组织造成破坏，造成混乱和恐慌，而且由于决策的时间以及信息有限，往往会导致决策失误，从而带来无可估量的损失。

4. 紧迫性

由于危机常具有"出其不意，攻其不备"的特点，不论什么性质和规模的危机，都必然不同程度地给企业造成破坏，造成混乱和恐慌，而且由于决策的时间以及信息有限，往往会导致决策失误，从而带来无可估量的损失。而且危机往往具有连带效应，引发一系列的冲击，从而扩大事态。对于组织来说，危机一旦爆发，其破坏性的能量就会被迅速释放，不仅会破坏正常的经营秩序，并呈快速蔓延之势，如果不能及时控制，危机会急剧恶化，使组织遭受更大损失，更严重的是会破坏组织持续发展的基础，威胁组织的未来发展。

如果将组织比作一个人，那么，组织的危机就是围在脖子上的围巾：有的组织被这个围巾勒伤，甚至勒死，但是也有组织将它作为服饰的点缀或者用来取暖。凡事福中有祸，祸中有福。只要能够正确地面对危机，就可以将危机带来的负面影响降到最低点，或者将企业的劣势变为优势。公关的最高境界无疑是：行云流水，任意所至。但是如此的挥洒自如背后是公关的基本功：双向传播沟通。

（三）危机事件的生命周期

美国学者罗森豪尔特认为，危机是指"对一个社会系统的基本价值和行为准则架构产生严重威胁，并且在时间压力和不确定性极高的情况下必须对其作出关键决策的事件。"[①]在公共关系中，危机传播被认为是一项非常重要的工作，它指企业、组织或政府面对危机事件所采取的旨在减少危机损坏程度的沟通信息、树立形象的公关策略。危机事件的生命周期是根据危机阶段分析理论的特点，提出的一个综合性的循环往复的危机全过程。危机事件的生命周期，一般地可分为以下四个阶段。

1. 危机潜在期

社会系统或组织较长时间地积累矛盾，危机处于量变阶段。这是解决危机的最容易的时期，但是却因没有明显的标志事件发生而不易被人察觉。

当危机处在潜在期时，虽然危机事件还没有产生或爆发，但造成危机事件的结构要件已基本形成，培养危机的"温床"已经准备就绪。因此，处理潜伏期的危机，最为重要的是及时掌握潜伏期危机的信息，并采取果断措施把潜伏期的危机消灭在萌芽状态之中。

必须指出，当发现危机征兆之后，即使因某种原因无法阻止危机发生时，赢得时间并做好应对危机的各种准备措施也是十分重要的。例如，当发现地震征兆后，虽然无法阻止地震的发生，但可以做好疏散人畜的准备以及震后灾情的救济工作。有了心理和物质准备，在危机发生时就能及时采取应对措施，而不至于惊慌失措，把危机造成的损失减少到最低程度。

2. 危机突发期

关键性的危机事件突然爆发，而且演变迅速。它在四个阶段中持续时间最短，但是社会冲击、危害最大，会马上引起社会普遍关注。这是四个阶段中时间最短，但是感觉最长的阶段，而且它对人们的心理造成最严重的冲击。

危机由潜伏期进入突发期，此时，损害已经发生。这一阶段持续时间较短，而危机爆发猛烈。例如，煤矿瓦斯爆炸往往只有几秒钟，即使发生连续瓦斯爆炸，也只有几分钟；在美国"9·11"恐怖袭击事件中，飞机撞击世贸大楼是在一瞬间完成的，而世贸大楼的倒塌也只持续了一小时左右；强烈地震发生时也只有几十秒钟，其余震的持续时间也只有几个小时。这些危机的爆发，在较短的时间内造成了巨大的生命财产损失。因此，

① 陈振明. 政策科学. 北京：中国人民出版社，1998：78

爆发期是危机处理中最困难、最紧迫的时期，必须果断决策，采取有效的救援措施，尽量控制危机危害的扩散。有些危机爆发期较长，蔓延的区域范围较广，如2003年的"SARs"事件，从广东蔓延到全国以及东南亚各国，甚至波及到许多西方国家。因此，对于这种危机，最为重要的对策措施，就是尽量限制其爆发的速度，控制其蔓延的区域范围。

3．危机持续期

危机突发事件得到初步控制，但没有得到彻底解决。这是四个阶段中时间较长的一个阶段，但是如果危机管理得力，将会大大缩短这一时间。

危机爆发后，危机所造成的损失已经发生，危机管理进入善后期。这一阶段，危机管理是多方面的：（1）危机管理者要认真分析危机爆发的原因，分析问题出现在什么方面，吸取经验教训，采取预防措施，防止类似危机的再度发生；（2）要采取有效措施做好善后工作，如抚慰遇难者家属，做好赔偿工作，安定人心；（3）采取补救措施，防止危机留下的后遗症，或防止危机的延伸和反复，如煤矿瓦斯爆炸后，极有可能引起连环爆炸；又如，美国纽约市长朱利安尼在"9·11"事件后，马上采取措施防止可能发生的生物恐怖袭击等，事后证明取得了极好的效果。

4．危机解决阶段

此时，组织从危机影响中完全解脱出来，但是仍要保持高度警惕，因为危机仍会去而复来。克服了危机的后遗症，并不代表无重蹈覆辙之虞，危机极有可能再度肆虐。因此，危机管理者应注意新的危机征兆的出现，反思从前危机处理过程中的得失，做好再次应对危机的准备。例如，美国政府在"9·11"事件后成立国土安全部，出台了新的国家安全报告，明确了反恐的战略任务。又如，我国"SARs"事件以后，国家卫生主管部门出台了《流行性疾病预防条例》，把流行性传染疾症的预防纳入了法治轨道。

必须指出，对危机解决期的管理，最为重要的任务就在于从根本上克服危机造成的心理影响，使人们从危机的阴影中走出来，恢复正常的社会、生活秩序，保持社会的安定。

任何领域发生的危机都有一个产生、发展和消亡的过程。在其发展演进过程中，不同性质、类型的危机，不仅表现出自身固有的特性，而且还表现出共同的社会特征。以上四个阶段就表现出了危机阶段性的生命周期。从危机管理的四个阶段，可以看作是用锅烧水的过程：从不断加温的潜在期，到水沸腾的突发期，在持续一定时间后，或者锅被煮漏，或者被从火上拿开，总之危机可以得到解决。

公关危机的发生和发展有其固有的生命周期，因此公关危机管理也必然是一个系统的过程和循环。这种按照时间序列的纵向的危机管理过程研究方法，我们称为危机管理过程（生命周期）方法。一个完整的危机管理过程，可以把它划分为以下五个阶段：危机的预警和准备、危机识别、危机决策、危机回应和危机善后处理等，如图7-1所示。

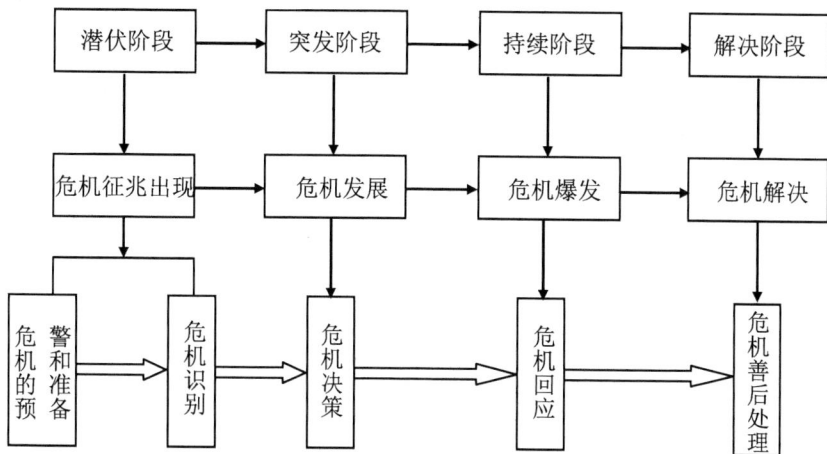

图 7-1　公共危机管理过程

二、公关危机的主要类型

人们一般根据造成危机的原因把危机划分为由企业活动、社会、经济变动等社会性因素造成的危机和由自然灾害、偶发灾害等自然的不可抗拒因素造成的自然性危机。

准确认识和判断公共关系危机的类型，是成功地进行公共关系危机处理的一个必不可少的重要前提。"横看成岭侧成峰"，从不同的角度划分，公关危机存在不同的类型。

（一）一般性危机和重大危机

从存在的状态看，公共关系危机可划分为一般性危机和重大危机。

1．一般性危机

一般性危机是指常见的公共关系纠纷。对一个组织来说，常见的公共关系纠纷主要有内部关系纠纷（领导与群众、部门与部门之间不和谐：像爱多的衰败就与它的营销人员集体跳槽有关）、消费者关系纠纷（消费者投诉）、同业关系纠纷（国美与通利、金星与奥克）、政府关系纠纷（偷税漏税、环境污染）、社区关系纠纷等。从某种意义上说，公共关系纠纷还算不上真正的危机，它只是公共关系危机的一种信号、暗示和征兆。只要及时处理，做好工作，公共关系纠纷就不会向公共关系危机发展，以至于造成危机局面。

虽然并非所有的公共关系纠纷都会转变为重大危机，但它带来的危害是不可忽视的。公共关系纠纷对组织的危害，轻则降低组织的声誉，影响产品销售，造成形象损失；重则可能危及组织的生存和发展。对于公众来说，组织内部纠纷不利于团结，会挫伤组织成员的积极性，降低管理人员的威信，很可能导致组织的效益下降，使内部公众既蒙受物质又蒙受精神方面的损失。组织与外部的纠纷，可能会损害相关公众的物质利益和身心健康。对于社会来说，一起公关纠纷往往会牵涉社会各界，有时会引起地方以至全国或世界的关注，造成广泛影响，不利于一个国家或地区良好形象的塑造。

2．重大危机

重大危机主要是指企业的重大工伤事故、重大生产失误、火灾造成的严重损失、突发性的商业危机、重大的劳资纠纷等。它是公共关系从业人员面临的必须及时处理的真正危机。如产品或组织的信誉危机（如美国强生集团生产的"泰诺"止痛药在芝加哥发生7人中毒死亡事件）、股票交易中的突发性大规模收购等，公关人员必须马上应付处理，最好在平时就有所准备。

（二）有形公关危机和无形公关危机

根据危机给组织带来损失的表现形态看，公共关系可划分为有形公关危机和无形公关危机。

1．有形公关危机

这种危机给组织带来直接而明显的损失，凭借肉眼即可观测到这些损失。如房屋倒塌、爆炸、商品流转中的交通事故等造成的人员伤亡或财产损失。有形公共危机的特点主要有以下几项。

（1）危机的产生与造成的损失大多数是同步的。

（2）危机造成的损失明显，易于评估。

（3）危机造成的损失难以挽回，只能采用其他措施补救。

（4）有形公关危机的发生常常伴随无形公关危机的出现。

2．无形公关危机

这种危机所引发的损失表现并不明显，通常不被重视，但将其忽略，损失将会逐渐增大，称为无形公关危机。给任何一个组织的形象带来损害的危机，皆属于无形公关危机。如果不采取紧急有效的措施阻止，已受损害组织的形象将使组织蒙受更大的损失。无形公关危机具有的特征有以下几项。

（1）危机始发阶段，损失不明显，很容易被忽视。

（2）危机发生后，若任其发展，损失将会越来越大。

（3）这种危机造成的损失是慢性的，可采取相应的措施补救。

（4）处理好这类危机要与新闻媒介多打交道，因而必须注意方式方法。

（三）内部公关危机和外部公关危机

无论哪种起源的危机，一旦发生，都会在组织内部和组织外部产生恐惧和怀疑，从而导致组织在公共关系产生危机。从危机同组织的关系程度以及归咎的对象看，公共关系危机可分为内部公关危机和外部公关危机。

1. 内部公关危机

发生在组织内部的公共关系危机称为内部公关危机。内部公关危机发生在组织之内。或者这种危机的发生主要是由该组织的成员直接造成的，危机的责任主要由该组织内部的成员承担（如领导对下属批评不当，或在评优评先、晋升、涨工资中出现了不公平而引起群众不满，或者由于本组织成员工作不尽职责出现失误等）。内部公共关系危机具有以下特点。

（1）波及的范围不太广，主要影响本组织的利益。

（2）责任的归咎对象是本组织的部分人，因而相对来说容易处理。

（3）内部公关危机的主体主要以本组织的领导和员工为重点。

2. 外部公关危机

外部公关危机是与内部公关危机相对而言的。它是指发生在组织外部，影响多数公众利益的一种公关危机。在这种危机中，本组织只是受害者之一。外部公关危机具有以下特点。

（1）危机波及的范围相对较广，受害者大多数是具体的社会公众。

（2）责任不在发生危机的某一具体组织及其成员身上。

（3）不可控因素较多，较难处理，需要有关危机的各方面密切配合、共同行动。

从这一角度具体划分公关危机的类型时，内部和外部是相对的。因为有些公关危机的发生，内部和外部原因都有，所承担的责任大小也相差不多。故对具体公关危机的划分与处理必须具体分析并恰当处理。

（四）显在危机和内隐危机

根据危机的外显形态，公共关系危机可分为显在危机和内隐危机。

1. 显在危机

显在危机是指已发生的危机或危机趋势非常明朗，爆发只是个时间问题。显在危机就是明显、清晰表现出来的危机，就是人们可以直觉或通过现有水平的仪器明确觉察认识到的危机。不论危机在其他形式上处在何种运动形态、有什么特点和性质，它只要具有明晰显现的特征，就成为显在危机。

2. 内隐危机

内隐危机指潜伏性危机。它大多是在人们毫无察觉或准备的情况下潜伏性地发生的。它让人们既感到意外、吃惊，又感到恐惧、害怕，并给组织带来一定程度的混乱。

　　与显在危机相比，内隐危机具有更大的危险性。例如，20 世纪 80 年代末，我国核桃由于质量差、交货不及时，英国商人把原发往欧洲市场的中国核桃转卖给埃及，改从美国进口。这意味着西欧这一传统的中国核桃市场将被美国挤掉。以此事例分析：英国拒绝中国核桃进入欧洲市场转手处理给埃及，这只是显在危机的表现。而改用美国核桃供应给原中国的传统客户，则是内隐危机，是"核桃事件"的主体性危机。

　　除上述公共关系危机的类型外，还可以依据公共关系危机的性质，将它分为灾变性危机、商誉危机、经营危机、信贷危机、素质危机、形象危机、环境危机和政策危机等。学会识别公共关系危机的类型，掌握不同的公共关系危机的特征，将有助于我们进一步认识和理解公共关系危机处理的意义，把握好公共关系危机处理的基本原则。

　　在现代社会任何一个组织都面临着极其复杂的环境，既有不可抗拒的天灾，又有不可预测的人祸，这些不仅会直接给组织带来人、财、物的巨大损失，而且可能会对组织形象造成极大的伤害，使组织陷入危机之中，使之濒临困境，甚至绝境。因此，处理突发事件，是公共关系最有挑战性的任务，公共关系危机策划的效果如何，是关系到组织生死存亡的大事，不可不认真地对待。

（五）人为公共关系危机和非人为公共关系危机

　　依危机产生的主客观原因分，公共关系危机可分为人为公共关系危机和非人为公共关系危机。

　　1. 人为公共关系危机

　　由人的某种行为引起的危机称为人为公共关系危机：对一个组织来说，生产工艺设计欠科学、配方有问题、原材料质量不好、有关工作人员缺岗或不尽职、组织的安全保卫工作不力、财产管理不善、有人故意地搞破坏等造成的危机，就属于此类。人为公共关系危机会造成人员伤亡或财产的重大损失。

　　人为公共关系危机具有两大特点，即可预见性和可控性。也就是说，如果平时采取相应有效的措施，有些危机是可以避免或减轻损失的，其影响在一定程度上也是可以控制的。

　　2. 非人为公共关系危机

　　非人为公共关系危机主要是指不是由人的行为直接造成的某种危机；对一个组织来说，引发非人为公共关系危机的事件常常有地震、洪涝灾害、风灾、雹灾等自然灾难。非人为公共关系危机的特点是：（1）大部分无法预见。（2）具有不可控性，如组织无法控制地震。（3）造成的损失通常是有形的。（4）这种危机容易得到社会各界和内部公众的同情、理解与支持。

第二节　公关危机管理的原则与方法

从 2008 年初的雪灾、拉萨 3·14 事件、4 月份奥运火炬海外传递引发的冲突，到 2008 年的四川地震；甚而推前至 2003 年的 SARs、2004 年的禽流感、2005 年频发的矿难、2006 年从"齐二药"到"欣弗"的药品质量事件、2007 年的山西"黑砖窑"事件……相比较而言，政府行为、民众的参与、信息的公开、政府和百姓的互动，这一切都在 2008 年的 5 月份，在中国这块古老的国土上，第一次出现了扁平化的社会结构形态，使公关危机在管理的原则和方法上有了新的突破。

一、公关危机管理的原则

（一）预测原则

先师们说过："易者，动也。只有动才能占。而且占得越具体，准确度就越高。"预测原则是指通过分析研究，确认某些引发危机的潜在可能性，从而判定多种可供选择的应急措施。种种关于预测的有趣事情告诉我们，危机产生是有一些规律的，但不能当作"铁律"，不能机械套用。这一原则需要我们对组织未来的前景作预测，既要从历史上寻找一些规律，又要辩证看待和使用这些规律，不能盲目，也不能迷信。预测原则要强调理性与公众性。

1．理性

危机事件发生后，处理人员应冷静、沉稳和镇静，不要因头绪繁多、关系复杂的事件使自己变得急躁、烦闷、信口开河等。只有在遇到危机时冷静、沉稳和镇静，只有积极的心理，才能在处理危机事件的过程中应付自如，左右逢源。

2．公众性

既要考虑组织自身利益，又要考虑公众的利益。在公共关系实务中，往往容易只考虑组织自身的利益，忽视公众的利益。为此，要强调公众性原则，把公众的利益放在首位。为了使预测结果真实准确，在预测过程中要建立"四个制度"：信访制度、自查制度、调研制度和预测制度。

（二）实事求是原则

处理危机时要客观，并遵循事实。处理公共关系危机事件的客观性原则包含了很多方面的内容，如事实的真实性、评估的客观性、传递信息的准确性等。组织在处理危机的过程中，无论是对组织内部职工，还是对新闻记者、受害者、上级领导等，都要实事求是，不能隐瞒事实真相。实事求是原则包含了全面性、准确性和公正性。

1．全面性

公共关系危机事件可能会涉及或影响组织内部和外部的诸多方面。在处理具体公共关系危机时，应遵循全面考虑的原则，既要考虑内部公众，又要考虑外部公众；既要注意对公众现在的影响，又要注意对公众未来的或潜在的影响等。

2．准确性

危机事件发生后，特别是在事件初期，由于种种原因，传播的信息容易失真。为了避免公众的猜测、误解和有关危机事件的谣言造成新的危机事件，公共关系危机管理小组选出的发言人不仅要及时传递有关信息，而且还要使传递的信息十分准确，不隐瞒或省略某些关键细节。

3．公正性

要公正处理与受到危机事件影响或危害的公众之间的关系。在处理危机事件的过程中，要排除主观因素，公平而正确，坦诚对待受损害的公众。

（三）及时原则

及时原则是指危机一旦发生能及时给予控制。危机处理的目的在于尽最大努力控制事态的恶化和蔓延，把因危机事件造成的损失减少到最低限度，在最短的时间内重塑或挽回企业原有的良好形象和声誉。危机突发时，可能会造成一定程度的混乱，并给人们心理上造成紧张、恐惧，各种谣言也最易流传。

为此，危机一旦发生，不仅是公共关系危机管理小组的成员，而且是企业的所有成员都应立即投入紧张的处理工作。如何引导舆论、稳定人心，便成为处理危机问题的首要任务，赢得时间就等于赢得了形象。有专家说：“高效率和日夜工作是做到快速反应不可缺少的条件。”及时原则包括了灵活性与针对性。

1．灵活性

要随客观环境的变化而有针对性地提出有效的措施和方法。由于公共关系危机事件随着情况的发展而会不断地发生变化，可能原定的预防措施或抢救方案考虑不太周全。因此，为使组织的形象和声誉不再继续受到损害，处理工作必须视具体情况灵活运作。

2．针对性

由于公共关系危机具有不同的类型和特征，即使类型和性质相同或相似，所面临的环境也会是不同的。因此，提出的解决措施、处理程序应具有较强的针对性和适应性，使提出的措施、方法符合危机事件的类型、性质和特征以及不同的环境要求。

同时，在多数情况下，危机会造成生命财产的损失。因此，危机处理中首先要考虑人道主义的原则。公共关系在危机管理中的作用是保护组织的声誉。在危机管理的全过程中，公共关系从业人员都要努力减少危机对企业信誉带来的损失，争取公众谅解和信任。

二、公关危机管理的方法

从公共关系"内求团结、外求发展"的目标分析："内求团结"是前提，"外求发展"才是根本；没有"外求发展"的目标，"内求团结"也变得毫无必要。社会组织只有在"内求团结"的基础上，及时、主动、有效地与外部公众建立良好的沟通与传播渠道，取得外部公众对组织的认同、理解、支持与合作，才能让组织进入"人和"的境界。

（一）了解与公布危机事件

公共危机必然成为媒体事件，从而导致公共关系危机。公关危机事件发生后，不仅要面对事件的直接关系人，还要面对公众、舆论和媒体。

1．了解危机事件的全貌

公共关系危机总是由某些事实引起的，了解事件全貌是解决危机的关键。当公关危机发生时，公关人员要保持清醒的头脑、临危不乱、镇定自若、迅速查明危机事件的基本情况。

（1）公共传播体制的缺陷：突发事件+信息缺乏=公关危机。在突发公共事件中，"突发"强调的是事件发生的不可预测性和结果的不确定性；"公共"强调的是事件本身属性与纯粹的个体和私人利益无关，需要调动相当的公共资源，整合社会力量加以解决；"事件"强调一旦这样的情况出现，会对公共组织造成较大的影响，存在或潜藏着对整个公共组织的威胁。

（2）协调关系，解决问题。组织应该稳定公众的心，恢复和保持公众对组织的信任。突发危机事件来临时，组织应该即时调查分析，迅速了解事件全貌，判明突发危机事件的性质和来源，认真听取专家意见，选用适当的方式方法，让公众感觉组织重视此事，让公众相信面对重大突发危机事件时，组织有能力调动、协调各种关系，真正地解决问题。

2．公布危机事件真相

在了解危机全貌的基础上，组织要立即设置处理危机的专门机构，制定处理危机事件的基本方针和对策，确定一套完整的危机处理方案。

（1）告知内部员工。要把事件发生的原因、经过和组织对策告知全体员工，使组织员工了解实情，从而能够与组织同心协力、共渡难关。此时，善待员工的知情权就显得异常重要，要应对危机，就必须尊重员工的知情权、善待员工的知情权。例如，在企业组织里必须要建立厂务公开的制度，只有这样，员工才能知厂情、议厂政、管厂事、促厂兴。

（2）告知外部公众。外部公共关系是指社会组织主体与其内部公众以外的其他公众的关系总和，它包括服务对象公众、传媒公众、社区公众、政府公众、业务伙伴公众等各类对组织生存与发展有着某种联系的公众，也称组织的外部环境。

当公关危机发生后，组织要向外界公布危机的真相。要准备好一份技术性较强的情况介绍，以准确的数据和标准的技术解释，向有关技术人员和专家介绍危机情况的真相，也要及时向组织直属的上级领导部门汇报危机情况。对有业务往来的单位，应尽快如实地传达事件发生的消息，对前来询问的消费者团体也不应拒绝会见。

（二）采取有效措施

1. 进行有序的传播沟通

公关危机是组织在遭遇突发性变故后，以至于严重影响组织与公众之间的关系以及组织形象的情境下所采取的紧急公关措施。其目的是澄清真相、达成谅解，把危机所带来的影响减低到最低限度。公关危机应及时、透明、诚恳、实事求是地进行有序的传播沟通，否则不仅得不到公众的谅解，还会使已经受到伤害的公共关系雪上加霜。以 SARs 事件为例，其隐藏着的危机（见图 7-2）要得到真正化解，就必须采取及时、透明、诚恳、实事求是的公关传播。

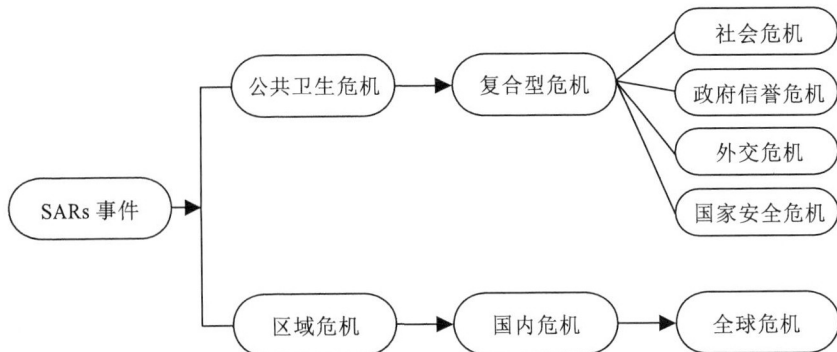

图 7-2　SARs 事件隐藏着的危机

2. 有效沟通是危机控制的关键

我们应该看到，危机存在于控制与失控之间。所以，有效沟通是危机控制的关键。根据世界质量技术协会的调查，组织的危机 80% 是因为沟通不当而引起或恶化的。沟通不当带来的后果可能很严重，一方面可能会引起舆论危机，在媒体的炒作下迅速扩大化，引发无数的议题，这些议题不由得组织控制，却又偏偏吸引了公众强烈的兴趣，以致最后事件本身都可能被忽略，影响越来越复杂；另一方面如果涉及利益冲突，如组织与消费者之间，或者组织与政府之间，沟通失当可能会恶化组织的管理环境。因此，有序的传播信息，有度地进行沟通，是解决危机的重要手段。[1]但是，任何时候，组织一定不要忘记，真诚应该贯穿危机公关传播的全过程。

（三）公布处理结果

公关危机的处理，说到底是在社会公众中重新树立组织的形象。因此，在危机处理之后，组织应通过新闻媒介公布事件经过、处理方法和今后的预防措施。同时，必要时组织还要利用新闻媒体刊登致歉广告，唤起公众的同情和理解。

1．建立危机控制的信息传播机制

信息传播机制是指组织信息由信息供给者通过信息中介者到达信息需求者的过程，公正、公开的信息传播机制对控制组织的风险是至关重要的，是开展危机管理的基础条件。作为社会管理机制的一部分，信息传播的目的不仅是娱乐、煽情、兴趣激发和产生影响，也包括推理、解释和说服。

危机控制的信息传播机制包括：危机信息监控——向内；危机信息报告——纵向；危机信息分享——横向；危机信息披露——向外。

2．组织的梯度信息发布策略

我国已经进入公共危机的高发期，在应对危机时，政府的信息发布起着重要作用，信息的发布要遵循一种梯度规则。把不同档次的信息在一个批次中从高到低排列，便形成了"梯度"。梯度信息发布就是根据事件发展的不同阶段、事件对公众的影响程度、公众对事件的信息需求程度和心理承受程度，有计划、分步骤地发布信息。梯度信息发布策略对于政府公共信息发布而言是一种节奏调控器，能够将政府与公众之间的交流置于一个有序的轨道上。

组织的新闻发布梯度是：事件发展的过程→公众认知的过程→议题设置的过程→组织响应的过程→信息发布的过程。也就是说，梯度规则：组织最高层首先发布信息；其次是危机涉及的具体部门发布信息；然后是危机应对现场的负责部门发布信息；最后由专业技术人员发布信息。这是一种较为合理的信息发布规则。

（四）制定好危机传播方案

1．将公众利益置于首位

时刻准备在危机发生时，将公众利益置于首位。寻求公众的谅解，而不能过于考虑成本；组织是由人组成的，忽略对人的关心，通常会带来很大的麻烦。组织要表现对社会公众的关心，以重新树立形象、了解公众、倾听公众的意见，确保组织能把握公众的

[1] 廖为建．从汶川地震看企业公共关系与危机管理．新快报"财智沙龙"，2008-06-14

情绪。设法使公众的情绪向有利于组织的方面转化。同时，设法使受到危机影响的公众也站到组织这一边。唯有向社会和公众说明事故的性质，以及公司所采取的补救措施，使公众看到组织所做的一系列对社会负责的行为，才能使公众觉得组织的行为是积极的、可信任的，所发生的一切是值得同情的。

2．掌握报道的主动权

以组织为第一消息来源，如向外界宣布发生了什么危机，组织正采取什么措施来弥补。人们不会忘记，重庆早在 2003 年便试图推出新闻发言人制度。当时重庆提出各系统各部门配备专门的新闻发言人的原因之一，是"对外宣传口径不统一，影响了重庆在外形象"。该提法曾引来质疑。从世界范围来看，尽管新闻发言人制度能够在一定程度上提高政府的美誉度和公信力，使政府在危机公关和日常执政中掌握主动权。然而必须承认，"统一口径"并非一个国家需要新闻发言人制度的真实用处，否则，新闻发言人制度就会沦为政府控制舆论的工具。

3．确定传播媒介与公众

（1）确定传播所需的媒介。随着传播学和传媒产业的发展，"受者中心论"已成为公共关系学研究者和公关从业人员的共识。公众是媒介信息的接收者，是传播活动的起点和最终归宿，对媒介传播起着客观性的制约作用，它决定着媒介传播的内容、风格和发展方向。以受众为中心，决定媒介管理的首要支点便是公众定位。

（2）设立危机新闻中心。以接收新闻媒介电话，可设为 24 小时开通；确保组织内有足够受训的人员，应付媒介和其他外部公众打来的电话。在危机期间为新闻记者准备好通信所需设备；准备好组织的背景材料，并不断根据最新情况予以充实。同时，建立新闻办公室作为新闻发布会和媒介索取最新资料的场所。在危机管理小组中配备一名高级公关代表，并将其置身于危机控制中心。

（五）危机管理应对传播

1．做好危机处理方案

在危机发生时，要以最快的速度建立危机控制中心，调配受过危机训练的高级人员，以实施控制和管理危机的计划；应考虑到最坏的可能，并及时有条不紊地采取行动；建立热线电话，选择受过训练的人员来负责热线电话；了解事件面对的公众，倾听他们的意见，确保能够及时、全面了解公众的情绪；运用调研人员的思想，发挥调研组织成员的作用；设法使受危机影响的公众站在组织的一边，并帮助组织解决有关问题；邀请公正、权威性机构来帮助解决危机，以协助保持组织在社会公众中的信任度。

2．控制危机的影响

为了减少危机带来的负面效应，应当尽量减少危机传播的范围，并采取适当的补救措施。当危机发生后要尽快地发布背景情况，介绍组织所做的危机处理工作，准备好消息准确的新闻稿，以告诉公众发生了什么危机，正采取什么措施来弥补；当人们问及危机时，只有了解事故的真正原因后才对外界发布消息，不要发布不确切的消息。在危机传播中，避免使用套话，用简洁明了的语言来说明组织对事件的关注；建立广泛的信息来源，与当地的舆论媒介保持良好的关系；要善于利用和控制危机传播的效果，如报道失实，应予以及时纠正；确保组织在处理危机时，有一系列对社会负责的行为，以增强社会对组织的信任度；危机管理人员要有足够的承受能力；当危机处理完毕，要吸取教训并总结经验。

3. 危机的系统管理

系统论是关于整体的科学。整体性特征是系统的最基本特征，系统整体不仅在量的规定上大于其部分力量的简单迭加，而且在质的规定性上具有其部分总和所没有的新的性质。因此，考察事物的整体性，从整体性出发去认识和处理问题，将会提高组织的工作效率。实践证明，系统方法已经成为人们解决复杂问题的重要方法。我们可以将公关危机管理看作一个由若干子系统相互作用，相互联系，共同构成的完整有机体。运用系统方法对其内部的各个子系统及其构成要素进行有效的再造、重组与整合，以实现公关危机管理系统整体性质上的跃变，使之产生出最佳的整体效能，以达到组织危机管理的整体目标。

具体而言，就是加强对公关危机管理的信息和预警系统，组织指挥系统，资源保障系统，人员力量系统，教育培训系统的建设，将这些子系统的建立和完善有效整合于公关危机管理的体系构建之中，最终实现公关危机管理整体效能的最大化，如图 7-3 所示。

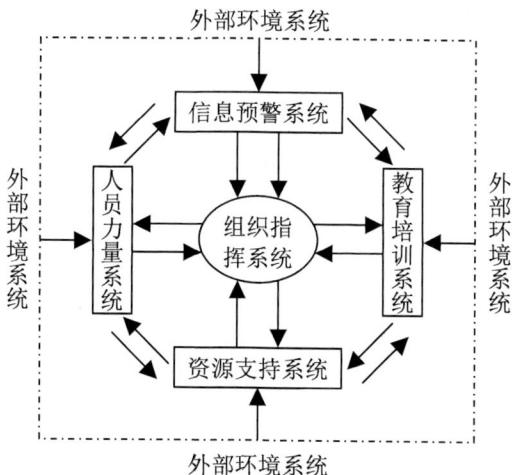

图 7-3　公关危机管理系统模型

公关危机是由突发事件引起，严重威胁与危害社会公共利益和公共安全，并引发社会混乱和公众恐慌，需要运用公共权力、公共政策和公共资源紧急应对和处理的危险境况和非常事态。我们要重视公关危机管理、在今后危机管理中政府应采取的对策。我们应该以积极、健康、科学的心态去面对危机；只有认识到危机管理的常态性，才能做到非常状态下科学有效的危机管理。同时，我国应急管理工作应纳入经常化、制度化、法制化的轨道。

【思维拓展 7-1】　广州地铁连声巨响 运营中断 触网故障致停电

1. 事件经过

2007 年 8 月 7 日中午 12 时 58 分，广州地铁烈士陵园站。时间显示牌上，显示下一班列车还有 48 秒到站。突然，在月台上等车的乘客听到"砰！"的一声巨响。惊慌失措的候车乘客抬头一看，只见一根电线正发出夺目的火花，随后又接连"砰！砰！砰！"三声巨响，整个地铁大厅里的灯光也闪烁了一下。乘客娄先生说，当时月台上有上百名乘客，见状后慌忙向楼道口奔跑，有的女乘客还接连发出尖叫。

巨响和电火花之后，一段烧坏的电线"噗"的一声，掉到了地面。就在此时，列车到站。车上乘客看到月台上乘客的慌乱状，不明白究竟发生了什么事情，顿时也乱作一团。就在此时，列车的车厢门和屏蔽门却发生错位！每个门只有平时一半的位置可以出入，这下更加剧了车内乘客的紧张情绪。恰好此时，地铁广播称，"列车故障，请大家不要惊慌"。早已惊慌不堪的乘客，才慢慢在骚动中平静。

随后，就有穿着工程服的工作人员抬着机器向地铁内跑去，整个地铁出口被封闭。因此受到影响的乘客，有的凭票到 D 出口，登上了地铁准备的接驳公交车。

乘客张女士在中午 2 时许进入杨箕站，在地铁入口处却被地铁工作人员拦住。工作人员示意她看清楚地铁入口处设置的公告牌。张女士看到牌上写着："地铁一、二、三、四号线因供电故障暂停营运。"

在坑口站进站准备前往越秀公园的乘客张先生说，他在中午 1 时 20 分到达售票大厅，后来听到地铁广播中正在播送"因一号线出现故障暂停营运"的消息，之后他一直等到 2 时 40 分左右一号线才再次恢复营运。期间，从西朗开往广州东站方向的列车一直停运，而从广州东站开往西朗方向的列车开过两辆后也开始停运。他说，在地铁停运期间，地铁暑期工和服务人员在入闸处还设置了铁栏，在等待铁路恢复营运期间，不少乘客因为赶时间还是更换了交通工具。

至 14 时 19 分，故障排除，地铁一号线逐步恢复通车。地铁一号线的故障对地铁二、三、四号线也有些影响，乘客人数增加不少。

—— 《南方都市报》2007 年 8 月 8 日

2. 地铁回应

广州地铁方面说，12时58分，一号线一列车运行至烈士陵园站时，烈士陵园站一根接触网断线发生故障，导致烈士陵园站至体育西站上行方向（往广州东站方向）的线路停电，在该区域的列车需在站停车。

故障发生后，地铁公司立即作出反应，组织维修人员进行故障抢修，启动停电事故应急处理程序。车站及列车做好乘客故障广播，及时安抚乘客，同时组织列车在西朗至公园前站小交路运行，公园前站至广州东站下行线单线双向运行，尽量减少故障对乘客的影响。同时，通知其他线路的车站和列车加强广播，告知乘客故障信息，做乘客引导工作。

根据现场故障情况，地铁总公司立即启动《广州地铁应急公交接驳预案》，积极组织乘客疏散。由各公交车公司紧急投入运力，负责不同地区的交通接驳。市公安局负责应急现场治安和现场交通疏导。

14时19分，经过地铁抢修人员的紧急抢修，烈士陵园站接触网恢复正常，故障区段恢复行车，一号线列车服务运行逐步恢复正常。本次故障造成一号线西朗至广州东方向公园前至东山口区间中断行车1小时21分钟，对因此受到影响的乘客表示歉意。

地铁总公司总经理何霖说，这是他们第二次启动《广州地铁应急公交接驳预案》，前一次是江南西民居塌楼影响地铁，"按照地铁维修规则，地铁会以天、周、月、年为周期，定期对地铁内部20多个系统进行检修"。

3. 善待媒体，善用媒体

（1）定位。各车站站长与媒体沟通的原则。

（2）善待媒体，善用媒体：① 做好一万，预防万一；② 积极主动，有效配合（让记者有收获）；③ 态度诚恳，应对有道（标准、方法）；④ 分工负责，形成合力。

（3）目标：好事多多益善，丑事大化小，小化了。

（4）职责：① 站长站在最前沿；② 新闻发言人——党群总部、办公室：宏观管理，对外关系整体处理。③ 运营新闻发言人——运营总部：中间管理，对外关系一般处理。④ 面对面处理是车站站长：第一道防线是负面信息。第一道攻线：正面信息。第一发言人：面对乘客、面对现场、面对媒体（第一时间、第一现场、第一责任人）。

人人都是发言人，人人都做好发言人——和谐地铁，地铁和谐。

第三节 南方暴风雪中的公关危机管理

2008年中国发生罕见的特大雪灾，积雪覆盖使中国15省，128万平方千米土地成为白色，出现罕见的低温、雨雪冰冻极端天气，持续时间长，影响范围大，受灾人口达到 7000 万～8000 万人。雪上加霜的是，此次大范围的灾害天气恰逢堪称世界上最大规模的人口流动——春运，数以亿计的民众此刻最关心的公共交通系统直接受到影响。重重困难袭来，道路交通运输中断、能源和食品的短缺，给受灾地区人们的生产生活秩序带来严重影响，一度造成了紧急的状态和混乱局势。

　　2008 年的暴风雪是中国第一个大型公关危机，这是危机管理的危机。我国改革开放的成就是巨大的，一个有能力把宇航员送上太空和举办巨大盛典的国家，也应有能力保持公路开放和火车运转。但是，一轮雨雪冰冻袭击我国南方，应对灾害的能力却凸显体制弊端。它凸显了一个重要的问题：政府以及政府提供基本服务的能力。为了更好地研究灾害发生的规律，有效地防御灾害，有必要从公关危机管理的角度对这次雪灾进行研究。

一、要重视公关危机管理

　　对本次公关危机管理的反思，为了能让我们深刻了解公关危机管理的重要性和发现政府管理中有待提高的方面，我们组织了学生进行问卷抽样调查。

（一）问卷抽样调查概述

　　在本次调查中，在广州地区有针对性地发了 200 份问卷，最后回收 177 份有效问卷。由于所研究问题需要调查对象有比较好的理解能力，因此我们主要在大型企业和高校派发问卷。其中在回收的问卷中，45.45% 的被调查者为硕士学历，46.59% 的被调查者为本科学历，如图 7-4 所示。

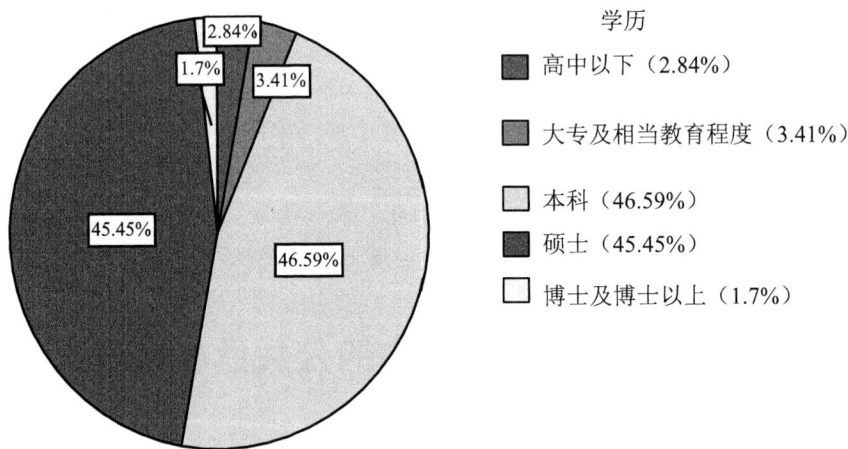

图 7-4　问卷抽样调查情况

我们发现，经过这次暴风雨灾害的侵袭，政府及公共部门处理危机的工作给公众留下的普遍印象主要是处理工作迅速而灵活，并且有效，但有些时候会显得力不从心；然而，也有相当一部分人认为政府反应迟钝和采取措施后滞（图 7-5 中 2 代表"迅速"，5 代表"灵活"，7 代表"有效"，10 代表"力不从心"）。

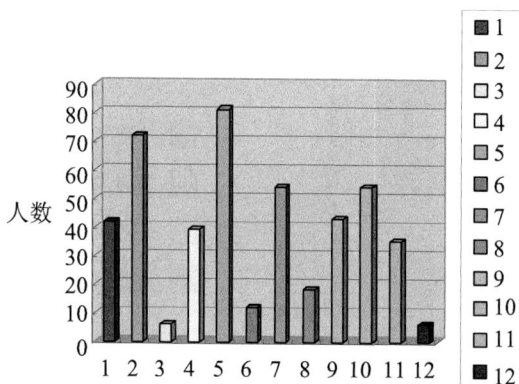

图 7-5　公众对政府危机处理工作的印象

另外，由于我们调查的样本集中在本科和硕士，所以排除了其他学历的人，可看到，学历越高的人，越容易对政府的危机处理能力产生怀疑态度。知识分子对政府工作相对有更多的关注和更多的个人分析及看法，如表 7-1 所示。

表 7-1　学历与问题

学　　历		问　　题				合　　计
		从不怀疑	曾有怀疑	非常怀疑	无所谓态度	
高中以下	分值所占百分比	1 20.0%	3 60.0%	1 20.0%	0 0.0%	5 100.0%
大专及相当教育程度	分值所占百分比	1 16.7%	3 50.0%	2 33.3%	0 0.0%	6 100.0%
本科	分值所占百分比	28 34.1%	29 35.4%	13 15.9%	12 14.6%	82 100.0%
硕士	分值所占百分比	24 30.0%	31 38.8%	21 26.3%	4 5.0%	80 100.0%
博士及博士以上	分值所占百分比	0 0.0%	2 66.7%	0 0.0%	1 33.3%	3 100.0%
合计	分值所占百分比	54 30.7%	68 38.6%	37 21.0%	17 9.7%	176 100.0%

重视公关危机的管理关键是：要反思政府应急机制的科学性、可行性和系统性，应急机制不仅要反映快速，而且要实效通行，既能应对冰雪灾害，也能坦然处置洪涝泛滥。在问卷抽样调查中，我们发现，有 69.89% 的调查者认为这次危机中暴露问题最为严重的是政府及公共部门，如图 7-6 所示。可见，我国政府公关危机管理是有待提高并应给予高度重视的。

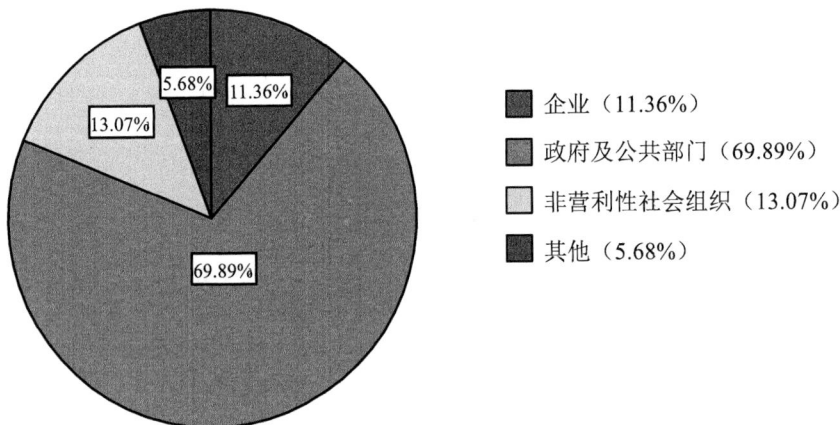

图 7-6　在危机中暴露问题最为严重的是政府及公共部门

（二）雨雪灾害暴露我国公共领域管理的不足

本次雨雪灾害暴露出我国交通运输、能源供应等公共领域管理的某些落后。现代社会基本由三类组织构成：一类是公共部门，一类是企业，一类是非营利性社会组织，这三者能否各司其职，对现代经济有直接的影响。

1. 公共领域把效率放在第一位

在以企业为主体的市场，在社会发展中，其主要的功能就是能有效、快速地配置各类社会资源。市场注重的是效率，但解决不了社会公平问题。政府及其公共部门所发挥的作用正好可以弥补市场的缺陷，通过公共财政、公共政策，以及通过社会公正来化解这些矛盾和冲突，维护社会和谐。但是，我国一些公共领域也像企业一样按财富最大化原则管理，造成市场缺陷加大，这是此次雪灾中交通运输、能源供应等公共领域失灵的原因之一。市场机制在公共领域运行，比在其他领域的运行更容易失灵。公共领域不能把效率放在第一位，应以公平为第一原则。

从"战略层次"检讨灾情。我们国家的电网都是空中架设，抵御自然灾害的能力差，遇到较大灾害，就束手无策。调查中也显示，公众对国家电网抵御自然灾害能力的担忧，有 39.77% 的人认为电网抵御灾害能力弱，有 23.86% 的人认为政府采取的备灾措施滞后，这些都导致了城市出现供电瘫痪的情况，如图 7-7 所示。

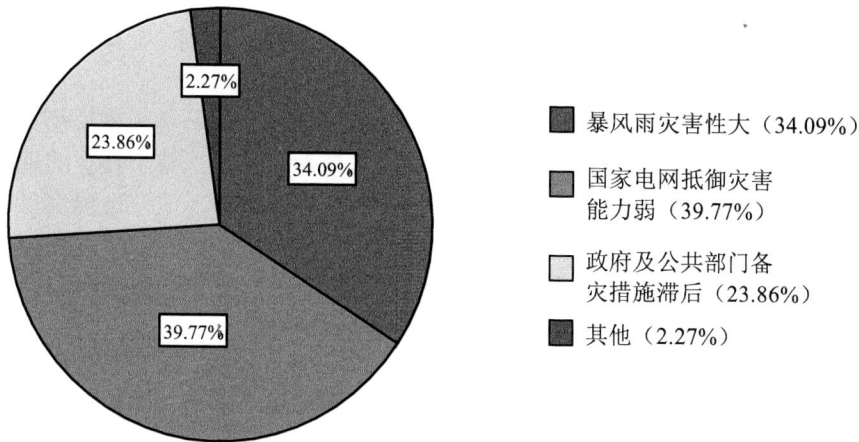

暴风雨灾害性大（34.09%）

国家电网抵御灾害
能力弱（39.77%）

政府及公共部门备
灾措施滞后（23.86%）

其他（2.27%）

图 7-7　雨雪灾害中出现城市供电瘫痪的原因

一旦战争爆发，中国 70% 以上的供电系统可能遭到袭击，会导致 60% 以上大中城市供电瘫痪，伊拉克战争的经验就给我们很大的启示。灾害的发生是不确定的，灾害经济的运行又是非市场化的，这次是突发事件引起的危机。其启示我们：必须重视公关危机管理。

2．中国经济不平衡的结果

政府灾难准备工作不足，这是一个治理上的失误，垂直管理体系下运作的公共服务沟通协调不良。受灾规模之大，部分潜在原因可以从中国 30 年经济奇迹中找到根源。如果不是 1.5 亿农民工从繁荣的东部沿海赶回家过春节，即使有大雪也不会造成这么大的问题。由于在内地省份找不到工作，大量农民工被吸引到沿海的工厂，形成庞大的人口流动，这是一个主要因素。这是中国经济不平衡的一个结果。这不仅仅是危机管理的问题，它暴露了很多隐藏的问题。

（三）认识重大自然危机的特征

按照相关的危机研究，通常把危机分为天灾和人祸两大类。自然危机具有不可抗拒性，因而人们对这类危机的认识、研究相对较早，而且也很深入，能通过全球性预警、救治系统提前预警和积极救治。而人为危机更具偶然性，相应的预警、救治措施也就缺乏应有的力度和系统性。个人自身的素质往往成了危机突袭时应急反应的决定因素。反过来，危机也成为人性的检测与重塑的最佳试金石。

1．危机难以预见

突发事件引起的危机是指由于非预见性、外在因素引起的突然发生的事件，导致组织公共关系形象受损的危机。如自然灾害、火灾、交通事故等引起的事故。所以说，战争可以预见，但战争发生的时间、规模，难以尽数猜中；地震可以预测，但地震的准确时间、准确方位，往往难以预测；疾病可以预防，但疾病的种类、病因、后果，难以预知。

2．危机影响与结果

（1）危机影响明显。不仅在物质方面造成巨大损失，而且在社会心理层面产生恐慌和不安全感。对危机的反应通常有两种情况：一种是理性的反应，整个社会的理性反应往往能够把危机的伤害控制在最小范围内；另一种情况是非理性反应，出现盲目的恐慌和混乱，整个社会的非理性反应常常导致危机的危害迅速扩散。

（2）结果不确定性。危机的结果具有不确定性和长期性。危机的直接损失容易估计，所造成的社会影响无法估量。

3．危机对政府能力提出考验

危机发生时，由于公众的恐慌心理，人们往往对政府的能力产生怀疑。这就需要政府在危机时刻具有例外管理的特征，具备高超的危机处理能力，对危机事件迅速作出反应，在关键时刻能够化解危机。危机管理还需要关注灾害链与经济链之间的连锁反应，需要正视局部或个体利益与整体利益、短期利益与中长期利益之间的冲突，需要研究调整这种利益冲突的规则。

（四）春运遭天灾　制度要跟上

暴风雪所暴露的体制问题，凸显了中国迅速强大的国力背后存在着基本和长期的脆弱性。这是一个警告，体制的缺陷可能会成为中国经济长期发展的隐忧。

1．做好应急预案是未雨绸缪

此番随春运而来的危机，除了源自大自然的风雪，也隐藏在管理细节之中。否则，为什么会有一年一度的"危机管理"？为什么每年春运都像是一场涉及全国的"战役"？如果没有制度上的跟进，那么一年年春运的紧张与危机，便会在所有管理者与公民的眼皮底下再度呈现。有关这场民生危机的反思，却不能止于雪霁雨歇时。危机时我们要作出最好的危机管理。

2．汲取教训，防患在先

雪灾几十年没遇见过，南方各省准备不足，各种设施的建设没考虑可能发生的灾难。京广线的电线被雨雪冻断，这在北方是不可想象的。这个教训必须汲取，以做到防患在先。对一年一度的春运"危机"，更应该引起高度重视。那些持续经年的公开性危机，对社会的损害与吞食，远甚于不期而至的、偶然的暴风雪。

二、雨雪灾害让我们看到人性力量

（一）中国领导人身先士卒

在交通陷入混乱、城市瘫痪、恶劣天气还将持续的情况下，中国国家领导人分赴各地灾区慰问，让民众感受到政府的关怀，也展现了政府镇定自若及亲民的形象。

时任国务院总理的温家宝亲临受灾最严重的第一线指导抗雪救灾，举手投足之间，对民众受雪灾困扰感同身受，深得民心。

时任总书记的胡锦涛除坐镇北京召开政治局紧急会议，呼应在第一线的温总理，居中统筹协调以示临危不乱之外，更亲临山西大同煤矿及北煤南运的码头秦皇岛视察，传递保证煤炭稳定有效供应对帮助南方对抗天灾重要性的信息。他在关键时刻总揽全局，抓住主要矛盾，彰显领导能力。

（二）保证信息及时播发和畅通

政府从一开始就非常公开地公布信息，通过提供及时信息，赢得公众对其工作的支持。畅通的信息可以稳定人心。突破雨雪困局，信息公开尤为迫切，即救灾同时，要通畅信息的传递，保障信息的透明。

1. 信息透明更是稳定人心的基石

各部门应该协调一致，形成权威、统一的出口，及时精准地向公众传递相关信息，让公众有效配合政府，使应急工作收到事半功倍之效。一条铁路动脉中断，原因为何，抢修进程如何，这是旅客出行亟须掌握的信息，主动向媒体通报，信息双向对称，让公众有了知情权。

2. 充分估计到灾害的负面影响

告诉公众灾害的真相，是应急的必然之选。它可以让公众提高对灾害的警惕，作出理性的选择。春节人心思归，出行看天问路，这是个基本常识。让人们从权威渠道准确、全面了解全国公路、铁路交通的实用出行信息，减少了风险。

（1）全天候播放灾害信息。每个区域要保持一个电视台可以全天候播放灾害信息。央视直播节目《迎战暴风雪》，让全国人民能够比较直观、全面了解到灾区的情况和各地抗冻救灾的进展。

（2）沟通信息、互通有无。发改委成立了应急指挥中心，由 23 个部委和政府机构组成，协调政府工作，争取让天气恶劣的华南和华中省份恢复正常服务。灾害应急中的信息透明，促使政府、媒体、公众同心协力，全力以赴，最终安然渡过危机，迎接祥和的新春。

（3）监督政府。第一时间报道政府的救灾工作，表示了政府的救灾决心，安抚了灾民。同时，还发现了政府工作中的缺陷，监督政府在救灾、减灾中的工作，改进政府的工作效率。

将各地铁路、公路、民航交通信息，尤其是将跨省的长途客运情况全面汇总，及时进行梳理、分析，通过媒体、网络和手机公之于众，对民众出行进行明晰而有效的指导。

（三）暴风雪考验国民精神

1. 众志成城，战胜雪灾

抗御多年未遇的雪灾已成为全民性运动。它涉及地域之广，包括国家东部、中部和南部若干省份，参与人数众多，警察和军人也加入支援。财政和民政部已向灾区拨出专款，百万警察和近五十万子弟兵也投入到救灾行动中，并动用军用设备施援，包括出动野战炊事车提供膳食、重型装备碾压结冰路面。

众志成城，团结协作，发扬一方有难、八方支援的精神，在党中央领导下，全国一盘棋，积极展开抗灾救灾。

2. 危机时的克制和关爱精神

愈是严寒，愈是彰显松柏常青的素质。在中国大地千里冰封、万里雪飘的时候，也是国民精神接受考验的时候。更多民众的克制和从容的表现，会让回家的路多一些温暖和方便，少一些冷漠乃至悲剧。"爱在冰天雪地中"，在冰天雪地的中国大地，我们看到了一份份未被冰冻的爱，那就是不断完善的应急机制，以及充分从容的应对。

齐心协力、传递爱心、抗灾救灾的关爱精神，让我们自寒冷的雨雪中看到温暖，看到人性中闪光的点，看到人的抗争力量的爆发，它体现了一种心意，体现出人与人之间爱的情谊，体现出社会的核心价值观，展现了中华民族伟大的精神和力量。这是一种和谐的社会力量，在危难当中需要的是同舟共济，彰显了生命的价值、人性的光辉。

三、在今后危机管理中政府应采取的对策

在危机的考验下，更能反映出政府的能力。我们应当建立起专门的危机管理部门，组建专业化的减灾救灾队伍，并与志愿者相结合。同时要及时准确地发布消息，完善受灾群众的自救互救机制，增强防灾意识的宣传。在今后危机管理中政府可采取以下对策。

（一）定民心、顺民意、显民本

1. 到灾情严重地区"雪中送炭"

各级政府和有关部门负责人带头到受灾第一线去，到灾情严重的地方去"雪中送炭"，去现场办公；利用新闻媒体的传播优势，建立及时、通畅、真实的信息沟通渠道；同时，受灾的群众需要随时听到政府和外界的声音，各级政府更需要随时随地了解灾情，以便有效决策。政府部门在应急措施中的一些亮点，例如，广州用大巴将滞留的旅客疏散到周边的学校和展览馆，体现出了对普通人的真正关怀；各级政府及时通过补贴稳定了物价，减少了有些人借此机会发灾难财；民政部及时启动了应急预案，使得救灾工作有章

可循，财政部及时下拨了数千万元的救灾款等。

2．加快灾害预警系统建设

预警是指已经或将要形成某种严重事件时，通过快速传播系统，利用决策判定系统预先警告，采取必要措施以预防灾难的发生与蔓延。虽然预警系统和防卫体系的建立可能会增加生产成本，但防御的开支比毫无防备的自然灾害所造成的损失要小得多。

（1）尽快恢复停电地区的电力供应。大面积发放紧急发电机提供电力，发放紧急照明取暖设备，同时发放电池和收音机等设备，确保灾民及时获取信息。

（2）启动中央救灾物资储备库。启动天津、沈阳、哈尔滨、合肥、武汉、长沙、郑州、南宁、成都、西安等10个中央救灾物资储备库，以就近原则调动发放救灾物资。

美国沿海近年来飓风接连不断，但所受损失几乎降到了最低，恢复得也很快，这与他们完善的灾害预警系统和强大的防灾能力不无关系。三年前，一场暴风雪光临美国东北部，气象部门及早发出将出现"灾难性天气"的警告，各大传媒也提醒市民注意保暖，政府向市民公布了御寒指南，帮助老人和学生等体质较弱者做好防寒准备。与此相比，我国预警系统建设是一个薄弱环节，需加紧建设。

（二）加速公共领域改革

"危机"既意味着危险，也意味着机遇。以社会进步的名义，我们相信在经历了这场雪灾之后，公共领域将会迅速改革，管理部门应对下一场风雪的能力将有所加强。

1．打破条块分割、主动通报情况

各个职能部门要迅速行动起来，各尽所能、紧密配合、打破条块分割、主动通报情况、发布有效信息分散客流、科学调度，加大运力配置，团结协作，共御灾害，灾难的损害会降到最低限度。

2．救灾要专业化

要调动军队、公安、武警、消防、卫生等专业救援队伍，救灾要专业化，防止救灾过程中的损失，提高救灾效率，避免因小失大。尤其是军队、公安和武警战士，除了救灾之外，要承担起维持社会秩序的重要职能，注意秩序维护和客流疏导。

3．发放救灾手册和自救传单

号召广大灾民齐心协力，共渡难关。宣传品上要清晰注明《面对灾害，如何自救》中的各种注意事项，尤其是要注明防冻抗寒手段、抵御饥饿手段、防止慌乱建议、防止疾病建议以及团结互助倡议。

（三）号召社会性力量参与救灾

号召企业、非政府组织、当地其他社会性力量和志愿者参与救灾。

1．救灾省思：民间力量有待培育

中国经过了30年的快速发展，民间的企业也蓬勃成长，中产阶级也逐渐形成了，已经到了能够发展一些慈善组织、公益团体的时候了。在这样的情况下，希望相关方面负责人能够在这次的灾情中，从相关的经验总结里面去思考建立民间救助的可能性，从而能够培育出很成熟的民间慈善组织，不但在政治方面，在经济方面也会起到一个良好的作用。

2．履行公共责任和保障公共品供给

保障公众的生活不受各种灾难的影响，维护市场的平稳和社会的安定，这本就是垄断存在的合法性基础。也许公众在平日里很难体验到这些行业如何关系"国计民生"，可在此次雪灾冰灾中鲜明地凸显出来了，没水没电很难维持日常生活，交通阻断社会很难正常运行。垄断企业有责任站在抗灾的第一线，向公众表现自身统一调配资源、履行公共责任和保障公共品供给的能力。除电力、供水、铁路、航空之外，要让更多垄断企业站到抗灾第一线来，以实际行动展现垄断的优势，在抗灾中要承担更多责任。

3．普通民众也要有所作为

在政府部门不遗余力抗灾救灾的同时，普通民众应当做些什么？公众应该密切关注气象和交通信息，尽可能地减少户外活动；注意节约能源，做到防患于未然。灾难面前，守法、不倒票、不借机发灾难财是最起码的要求。同时，应该倡导公民扶危济困，主动伸出援助之手。

（四）国家要考虑新政策制定

1．损失是地区经济发展不平衡造成的

南方的雪灾令人触目惊心，农民工的遭遇更令人心痛和同情，能有这么大的损失还是地区经济发展不平衡造成的，如果地区间经济发展平衡就不会有那些外出打工的兄弟姐妹了，运输的压力也不会这么大。

2．将春节假期延到元宵节

凡挤过春运的人，凡在春运期间求过票的人，多会谈春运色变。对出行者来说，春运是一种实实在在的恐惧，是一种年年高企的"民生痛苦指数"。

政府在特殊情况下，应将春节假期延到元宵节，以错开雪灾时间；利用可通行的短途交通，将滞留人口疏散到其他地方。避免由于大量人口滞留一地而进一步引发"人为灾难"。

现在客运容量也不足以让所有的旅客返乡。在这样的一个情况下，呼吁并且采用一些相关的方法，鼓励大家能够留在当地过年，这可视为一个能够舒解群众情绪，能够疏压的方法。

公关危机是来自自然与社会运行过程的不确定性及由此导致的各种危机。在现代社会，各种公关危机互为因果、相互叠加、传染和扩展，单一性公关危机常常演变成复合性危机。"2008 南方暴风雪"启示我们：危机产生于控制与失控之间，有效沟通是危机控制的关键。社会的危机 80% 是因为沟通不当而引起或恶化的。公共传播体制的缺陷是：突发事件+信息缺乏=公共危机。完善公共危机的管理机制，建立一整套包括组织、决策和指挥，信息传输和处理、物资准备和调度在内的公关危机管理系统。制定长期的反危机战略和应急计划，制定紧急预案和应急管理程序，建立公关危机的快速反应机制，才能形成政府和社会的良性互动。

案例 7-1

上海外滩踩踏事件①

2014 年 12 月 31 日 23 时 35 分许，正值跨年夜活动，因很多游客和市民聚集在上海外滩迎接新年，黄浦区外滩陈毅广场进入和退出的人流对冲，致使有人摔倒，发生踩踏事件。截至 2015 年 1 月 13 日 11 点，事件造成 36 人死亡 49 人受伤，已有 41 名伤员经诊治后出院，8 人继续在院治疗，其中重伤员 2 人。

1. 舆论关注度分析

截至 2015 年 1 月 7 日 16 时，相关网络新闻已超过 4 万篇，相关传统媒体报道为 3324 篇，相关微博超过 13 万条，相关微信文章超过 1000 篇。

2. 微博平台传播分析

微博平台上，@上海发布和@警民直通车-上海成为事件发生后信息发布的主要渠道，此外，@人民日报、@央视新闻等媒体微博积极介入事件传播，推升事件微博关注度。

@人民日报发表微评《公共安全是一根松不得的弦》指出："公共安全事关每个人的生命财产，它考验一座城市的管理与服务水平，也是每个人时刻不能放松的弦。前事足戒，尽快查明事故原因，追究责任，汲取教训。"

知名网友@LifeTime 发出了纽约警察如何在新年维护公共秩序的微博，引发众多网友关注。毫无疑问，对于人口已经超过 2000 万的超级大都市上海来说，纽约的经验不无借鉴意义。

3. 媒体报道内容分析

新华网发文三问"上海外滩踩踏事件"：风险预防策略是否充分？安全管理手段是否

---

① 何新田. 城市公共管理之殇——上海外滩踩踏事件舆情专报. 人民网—舆情频道. http://sh.people.com.cn/n/2015/0102/c134768-23418817.html，2015-01-02

到位？应急控制措施是否及时？

　　《新京报》将事件追问增加到 10 条：事发时外滩人流量多大？灯光秀转场是否及时通知？交通为何没有管制限流？踩踏是否由"撒钱"引发？外滩警力配置是否得当？应急控制措施是否及时？为什么遇难者多是女性？伤亡人员如何救治赔偿？此次踩踏事件如何追责？特大城市缘何出现踩踏？连续的追问，让事件的舆情热度不断上升。

　　在上海踩踏事件中，绝大部分网友对事件的发生表示痛心，感叹生命之脆弱，纷纷为遇难者祈祷。希望汲取教训，让悲剧不再重演。在众多网友哀悼事故中的伤员和逝者之余，许多网友开始反思事件的来龙去脉，在事件发生之前就有网友发言抱怨现场人员拥挤，没有足够的警力维持秩序。有相当一部分网友认为，造成踩踏事件的原因是由于缺乏应急预案管理措施，管理部门定有失职之嫌。还有相当一部分网友认为，这次事件正是上海人口负荷过重的体现，呼吁加大对上海的外来人口的控制与管理。

　　试从公共关系学原理中分析上海外滩踩踏事件。

　　分析：进行危机公关的管理，就要广而告之，要杜绝类似事件的发生可从以下几方面着手：一是在大型活动开始前半个月或者一个月，市政府、警察局就要在各地电视台、网站等新闻媒体提前通报交通管制情况和活动的注意事项，让所有计划前来参加活动的游客都知道应该做什么，不能做什么，进行安全教育；二是分而治之，对人群进行区域分流管制，每个区域控制人数；三是除了治安警察外，医疗救护、消防队、缉毒、反恐警察也在现场随时准备应对紧急情况，并对活动中央和外围做出严格的部署，如有任何意外，警察都可以里应外合快速控制住局面。

　　针对此次上海外滩踩踏事件，相关部门要在工作理念、工作方式、职能设置、核心使命、工作重心方面做好危机公关的管理。（1）工作理念：从直接救灾抢险转为全面危机管理；（2）工作方式：从行政手段转为依法行政和全社会治理；（3）职能设置：从权力分散转为集中领导；（4）核心使命：从应对战争和国防安全转为突发性公共事件处理；（5）工作重心：从灾害修复转为灾前防范和建立完整的治理体系。我国应将应急管理工作纳入经常化、制度化、法制化的轨道。

案例 7-2

西安被服药事件

　　2014 年 3 月 6 日，陕西省西安市曝出两所幼儿园长期喂食儿童处方药病毒灵事件。此后当地政府部门组织相关儿童到指定体检医院进行体检。据了解，涉事两所幼儿园现有在册幼儿 1455 人。

截至 15 日，共有 664 名幼儿进行了查体，项目包括血常规、尿常规、肝功、肾功、血糖、心肌酶谱、腹部 B 超。从已出结果报告的 393 名幼儿看，体检项目正常者 328 人。体检中发现少数幼儿有个别项目异常，但未发现有共性的指标异常。但有家长反映，在体检中，出现了还未检测先出结果，多份报告出具时间、内容一模一样等现象，导致家长们并不相信政府出具的医院检测报告。

西安市卫生局负责人表示，目前对幼儿的查体工作还在继续进行中，对检查中发现的项目异常的幼儿，该市卫生局将组织专家组逐一讨论分析，确定进一步复查项目。

试从公共关系学原理角度剖析这一案例。

剖析：该案例的处理，要运用公共关系学原理中的公共关系危机理论和政府公众理论。公共关系危机是指突然发生的、严重损害组织形象、给组织造成严重损失的事件，如公众的指责批评、恶性事故等。公关危机可分为组织行为不当引起的危机和突发事件引起的危机。

"被服药事件"是一件公共关系危机事件。这起事件刚发生时，当地相关部门急于寻找"盲点"，不是表示与这件事无关，就是称该事件不在其管辖范围内……这些部门自我开脱的行为与公共关系危机原则背道而行，公共关系讲的是诚信。当地部门不讲究诚信，又如何给公众一个满意的解释，如何凝聚公众的力量去发展社会。

此后，当地政府部门组织相关儿童到指定体检医院进行体检出现了"还未检测先出结果，多份报告出具时间、内容一模一样等现象"，这更使事件演变为一起公关危机。当地部门指定体检医院的做法也受到了众多家长的质疑。相关部门的这种做法是企图降低事件的严重性，以推脱其责任。

政府公众是指政府各行政机构及其工作人员，即组织与政府沟通的具体对象。任何组织都必须接受政府的管理和制约，这是所有传播沟通对象中最具权威性的对象。政府官员的做法使得群众对政府怀有不满的意见及情绪，不利于政府措施的执行和民心的团结。在现今的社会，这件事情不仅仅只是新闻，更是政治问题、社会民生问题。在事件发展的过程中，政府相关部门与群众缺乏沟通，没有相互配合，导致事情的发展过于严重。

同样地，这起事件再一次表现出了传媒的力量。通过文字传播媒介——报纸、电子媒介——电视以及互联网，优势互补，向人们及时地报道其最新消息，使人们能够及时掌握新动态。

这起事件要求政府部门在处理问题中要做到以下方面。

（1）果断采取措施，有效制止事态扩大；（2）情况调查，收集信息；（3）成立专门机构，制定处理危机的方针和对策；（4）确定新闻发言人；（5）迅速、扎实、全面开展工作，并安抚好受害者；（6）认真做好检查，切实改进工作。

第八章

公关案例剖析

本章结合公共关系学原理对案例进行了详细的剖析，要让读者了解与理解什么是公关案例，了解案例的分类，能用公关理论分析公关案例。本章主要阐述了案例剖析的意义、程序与方法，撰写公关案例的方法，优秀公关案例的标准，撰写公关案例的格式，公关案例剖析。公关案例剖析的意义在于："授人以鱼"不如"授人以渔"，"以案例剖析"达到透过现象看本质的升华。

【导入案例】有效沟通是危机控制的关键

　　2003年春天，中国经历了一场令人猝不及防的灾难——"非典"。面对这一突发事件，时任广东省委书记张德江同志，作为全省的组织者和引领者，承担起了组织、领导广大干部、群众共同抵御"非典"的责任，在大家的共同努力下，"抗典"取得了决定性的胜利，广东"非典"病人的死亡人数只是香港的1/4，这里最关键的一点是：危机在控制与失控之间，而有效沟通是危机控制的关键。从危机控制的信息传播机制分析：危机信息监控——向内；危机信息报告——纵向；危机信息分享——横向；危机信息披露——向外。组织的危机80%是因为沟通不当而引起或恶化的。

　　问题：张德江书记在"非典"时期处理危机的意识是什么？

　　答案：有效沟通是危机控制的关键：（1）广东高校不停课；（2）依靠医学权威钟南山院士追求真相真知的"专业精神"，还民众一个知情权；（3）深入抗"非典"第一线，发挥共产党员和共青团员的模范先锋作用。

第一节　案例剖析的意义、程序与方法

要撰写案例，首先要弄清"案例"这一概念。"案例"一词最早出现在医学界和法学界，其英文名称为"Case"，原义是"事件"，引申为"具有典型意义和普遍意义的事件"。医生和律师通过一个个具有典型性、普遍性的事件的积累，获得对具体事件处理的智慧技能，从而不断提升自己的专业水平，促进自己专业的成长。概而言之，"案例"的实质是一个故事，是一个包涵着一定原理，引发人们思考的真实故事。

一、案例剖析的意义与程序

我们进行公关案例剖析，是为了探索公共关系活动的规律，研究公共关系活动的各种形式，探寻这些形式与内容的联系，以把握其本质，总结工作方法与技巧。

（一）案例剖析的意义

1. 以案论理的理论意义

分析个别案例，是为了通过案例分析阐发事理，从具体的案例中推导出一般的原理，揭示案例蕴涵的丰富思想，探寻某一公共关系理论或实务的普遍意义。

以案论理的理论意义是："授人以鱼"和"授人以渔"的关系。关于"鱼与渔"，平常我们听说的总是这样一句话："授人以鱼不如授人以渔"，因为"鱼"只能缓解一时的困境，却不解长久之生计，只有"渔"才是解决根本之道。正如"赐子千金不如教子一技"，千金终会耗尽，物质的短暂满足是消耗性且"不可再生"的，唯有掌握扎实的公共关系理论与方法，才能真正为组织解决实际问题。鱼与渔是辩证统一的关系，鱼是前提，是基础，渔则是保障和动力，两者是相辅相成，缺一不可的。

2. 典型示范的实践意义

带有典型性的公关案例，具有示范的价值与功能。从典型案例中总结出的原则与方法、经验与教训，能反映出特定时代的公共关系活动规律。这些规律与方法对其他公共关系实务具有指导意义和示范价值。

案例剖析中引用典型案例，通过读者对案例的分析、探讨，提炼或掌握公共关系理论，进而用理论去指导公共关系的实践。典型示范作用能深化理论学习，使读者将理论与实际联系起来，最终将知识转化为能力。掌握典型案例，无论对其公共关系的理论思维，还是参与实际公共关系活动都会大有帮助。案例的典型示范既能体现公共关系理论价值，又有公共关系实践意义。

3．理论联系实际的桥梁

案例分析理论联系实际，具有启发、教育作用。案例教学最突出的优势之一，便是采集了大量真实事例作为教学内容。如果说案例是实现公共关系理论与实践相结合的中介和桥梁的话，那么，案例教学则是实现该课程实践价值的基本途径。

案例是用某种媒体对真实公关情景进行的一种描述。案例可分为描述型案例和分析型案例。描述型案例是将公关的整个过程，包括方案、结果，从头至尾写出来，只能作亡羊补牢的分析。分析型案例则是提供一定的行业背景、企业背景或人物背景，将一定难度的待解决的问题呈现给学习者，让读者在分析的过程中提高能力。因此，一个标准的案例应具备真实性、明确的教学目的、待解决的问题等三大要素。案例取材于现实中管理者面临的情况和问题。读者在案例教学中"亲历其境，感同身受"，化间接经验为直接经验，化"死知识"为"活知识"。

4．知识转为能力的媒介

案例具有提供知识的功能，但总结案例的目的，绝不是为读者提供一个包装精巧的"知识食品袋"，案例分析与案例教学的目的，是要注重用启发和暗示来调动读者的潜在智能，以期通过案例分析，发现内在的问题，并用已有的知识和能力去解决问题，从而获得新的知识和培养新的能力。

知识转为能力还体现在启发性和系统性上，案例的启发性往往视角独到、独具慧眼、独辟蹊径，思常人之未思，见常人之未见，对于培养读者的发散思维和创新精神意义重大。案例的系统性能够完整地反映公共关系的理论框架，而不是东拼西凑、牵强附会。案例剖析不同于为解释某一观点而信手列举事例，它是结构完整、有目的、有计划地以实际案例为系统内容的学习活动。

（二）案例分析的程序

1．阅读案例，发现问题

阅读案例是分析案例的前奏。阅读的目的不仅是了解案例的内容，更重要的是发现问题，做到心中有数。发现问题是一种态度；解决问题是一种能力。所以，案例分析是一个比较完整的行动研究过程。作者展示一个案例，读者阅读并思考，案例内容是信息价值。要让读者理解这个案例里信息的特征，引导读者发现信息是有价值的，但价值要自己去发现。

同样的信息传输过来，每个人得到的结果却不一样，为什么不一样呢？参考信息处理的过程，找找可能出问题的地方。帮助读者发现问题，至少使读者知道如何发现问题，为解决问题打下基础。阅读案例，发现问题的作用是：通过具体案例来了解信息的特征，联系读者学习中的问题，学以致用，尝试来发现问题。

2. 确定重点，提出思考

它是针对案例正文内容提出发人深思的问题，引导人们开动脑筋，发挥想象力，通过探索，获得答案。一个好的案例需要针对面临的疑难问题提出解决办法。案例不能只是提出问题，它必须提出解决问题的主要思路、具体措施，并包含着解决问题的详细过程，这应该是案例写作的重点。如果一个问题可以提出多种解决办法的话，那么最为适宜的方案就应该是与特定的背景材料相关最密切的那一个。如果有包治百病、普遍适用的解决问题的办法，那么案例这种形式就不必要存在了。

同时，案例要具有独到的思考。同一件事，可以引发不同的思考。从一定意义上来说，案例的质量是由思考水平的高低所决定的。因为选择复杂情境也好，揭示人物心理也好，把握各种结构要素也好，都是从一定的观察角度出发，在一定的思想观点的引导下进行的。要从纷繁复杂的教学现象中发现问题、提出问题、解决问题，道出人所欲知而不能言者，这需要一双"慧眼"。具备这样的功力，没有什么秘诀和捷径，只有通过长期的磨炼去领悟和掌握。

3. 深入分析，得出结论

就是研究者运用科学的分析方法，针对案例本身所反映的各种公共关系问题，进行全面系统的分析和研究。分析的作用是透过现象看本质，从特殊中找出一般，从分析中得出科学的结论。从现象和本质的关系上看，事物都有其现象和本质。现象和本质的区别在于：现象是个别，本质是一般；现象是易逝的，本质是稳定的；现象是表面的，本质是内在的。现象与本质的辩证关系：两者紧密联系，不可分割；本质离不开现象，本质总要表现为现象。现象离不开本质，现象是本质的现象；对事物现象的认识，有助于对事物本质和规律的把握。

随着案例分析的程序不断深入，我们会发现案例分析的过程显得越来越简单。而且也似乎更有条理了。我们将学会接受案例问题无唯一正确答案这一事实，也会发现自己阐述自己的结论时会更加自信。同时，又能意识到：其他人根据同样的信息可能会得出不同的结论。在案例研究指导方法中，我们掌握的技巧是：提出一个可行方案，向内行的听众阐述你的方案，并且驳斥别人对该方案的反对意见。

二、案例剖析的方法

从总体上说，就是要坚持唯物辩证的方法；而从具体上讲主要有以下几种。

（一）综合型分析

就是对案例中所有的关键性问题都进行深入、细致的分析，寻找有力的定性与定量的论据，提出解决方案和建设性意见。

综合型分析是公关思维的一个重要方向，是创造性思维的一个重要组成部分，是开拓型人才必备的思维品质。在解决很多复杂的难题时，经常将综合法和分析法结合起来使用，在由因导果进行不下去时，可执果索因进行思考，这样由欲知确定需知，求需知利用已知，往往会收到柳暗花明又一村的效果。

（二）专题型分析

就是对案例中某一个或几个专门问题，进行深入分析，重点突破。我们要深入分析当前公关教育面临的挑战和机遇。当前，我们的专题型分析要"整合资源，形成合力；全面推进，重点突破；强化服务，构建和谐"。具体而言，就是围绕一个"合"字，一是要整合资源，形成合力推动公共关系学教育的格局；二是要汇聚集体的智慧，着力解决案例剖析中的重点突破问题。

【思维拓展 8-1】 经济型酒店专题分析

经济型酒店又称为有限服务酒店，其最大的特点是房价便宜，其服务模式为"b&b"（住宿+早餐）。最早出现在 20 世纪 50 年代的美国，如今在欧美国家已是相当成熟的酒店形式。经济型酒店的概念源于美国，由锦江之家、如家引入中国，是在传统星级酒店基础上发展出来的一种强化客房功能、弱化附属设施及服务的新型有限服务酒店。它主要从商务旅游顾客需求角度出发，重在提供物超所值的客房产品，它不同于传统的星级酒店标准，是对星级酒店的创新，其特点可概括为"一星级的墙、二星级的堂、三星级的房、四星级的床"，正是这些鲜明的特点迎合了许多消费务实、懂得享受时尚和休闲生活的现代人。

（1）配套。经济型酒店以"务实"为服务理念，一般没有豪华的大堂，简化甚至取消一些配套设施。

（2）价格。国内经济型酒店的房价水平大多在 120～250 元之间，相比传统三星级酒店要低 15%～30%。

（3）运营及管理方式。经济型酒店一般采用连锁方式经营，相同的品牌、不同的地点、相同的面孔，带来的是管理成本的降低。

小结：由以上分析可以看出，经济型酒店与星级酒店、国际青年旅舍相比存在以下特点：功能简化，性价比高，能源、人工用品等高度节省。国内经济型酒店的成功案例有："锦江之星"和"如家快捷"是目前国内排名第一、第二的经济型酒店品牌。

（三）信息型分析

就是对案例的一种辅助性或补充性分析。它依据案例之外其他渠道所得到的信息，如从期刊、技术文献、组织的总结报告乃至个人或亲友的经历中获悉的信息，进行分析，以加深对案例的理解。

找出支持的依据，即对案例中提供的大量而杂乱的信息进行归纳，理出条理与顺序，搞清它们之间的关系，在此基础上，找到答案。无论你提出什么观点和处理建议，都要有充分的论据来支持。这些论据可以是案例中提供的信息，也可以是其他可信的事实，或者是个人知识背景。当信息量很多时，应根据问题的性质和分析方法的需要，筛选出一些重要的事实和有关数据。但信息总是难以完备和精确的，有时因经费的限制而无法获得。如果案例中未提供确实需要的材料，应根据情况作出恰当的、创造性的假设；或根据判断力加以补充。不过，也必须知道，相当一部分决策就是在信息不充分没有完全把握的情况下作出的，这就使得决策常常带有一定的风险性。在案例分析当中，将定性分析与定量分析结合起来支持自己的论点，往往更加有力。

（四）先锋型分析

这种分析主要是在案例讨论会上，为防止冷场，带头"破水"，针对案例中的重点问题或明显的问题，认准突破口，一马当先。这种分析不要求太详尽，只需把问题和备选方案大体摆出来，供进一步剖析、补充和深入讨论。如在社会主义市场经济条件下，我国的水利水电建设要健康快速发展，必须明确"坚持两个原则，认准一个突破口"的指导思想。坚持两个原则：一是坚持按国际通用条款管理项目，这是前提，否则与国际接轨就是一句空话；二是坚持从中国国情出发管理好项目，这是基础，否则中国特色也是一句空话。认准一个突破口：即以强化合同管理为突破口。合同管理是项目管理的核心，抓住了合同管理，项目管理才可能运作。

【思维拓展 8-2】 制度创新是构建我国农村和谐社会的突破口

在研究构建我国农村和谐社会的问题上，先锋型分析是最有代表性的。我们可以充分阐述党中央关于构建社会主义和谐社会的现实意义，并强调农村经济发展、农民群众富足、农业生产力进步是构建我国农村和谐社会的重要内容，也是构建社会主义和谐社会的重要基础。构建农村和谐社会既是一个庞大繁杂的系统工程，又是一项崇高而艰巨的政治任务。因此，只要认准突破口，就能在构建我国农村和谐社会进程中收到事半功倍的效果，而这个突破口就是农村制度创新；只有充分认识构建农村和谐社会的重点和难点，将农村制度创新作为第一要务，才能实现党中央构建农村和谐社会的理想。

第二节 公关案例撰写与标准

公关案例，又称公关事例、实例或个案。概括地说，公关案例是含有问题或疑难情境在内的真实发生的典型公关事件。公关案例是一个公关情境的故事，在叙述故事的同时，人们还常常发表一些自己的看法或称点评。好的公关案例就是一个生动的故事+精彩的点评。也可以说，公关案例就是组织通过激发创意，有效地配置和运用自身有限的资源，选定可行的公关方案，达成预定的目标或解决某一难题。

一、公关案例的特点与要求

公关领域中的案例是公关实践中的故事，蕴含着一定的公关原理，需要放到一定的公共关系学专业的背景中审视和洞察。

（一）公关案例的特点

1. 典型性

既要能够从这个公关事件的解决当中说明、诠释类似事件，又要给读者带来这样或那样的公共关系学哲理性的启示。公关案例的典型性在于案例的哲理性，在案例中蕴含着生活的哲理。学习此案例，使读者学会欣赏案例，领会案例的内涵的原则，先创设情境，导入主题，创设这样的情境，激发读者的学习兴趣，剖析案例让大家畅所欲言，进而水到渠成地得出案例的哲理性含义。在仁者见仁、智者见智版块则是对案例的深入与延伸，案例的小结用一句话谈谈体会，使读者对全文有深入的探讨，从中获得对人生有益的启示。选用创设情境，作者点拨，读者讨论、合作探究的学习方式。

如方舟编写的著作《痛心财富》，对剖析案例很有哲理性的启示。今天，在千军万马追求财富梦想的人群中，在所有披挂光荣与梦想的企业家面前，一道命定的门槛像高山一样耸立，谁也逃避不了这道屏幕。这是一道什么样的屏障？方舟以深湛的笔力和思想，通过对众多企业家和企业生存状况与理想状况的剖析，最大限度地给这些企业及他们的财富和命运以人性化和哲理性的诠释，使那些即将走近财富门槛和正在财富门槛上挣扎的人们从中得到救助和启示。

2. 真实性

公关案例展示的虽然是一个故事，但它与故事有着根本的区别，即故事可以杜撰，而公关案例不能，它所反映的必须是真实的再现。但是，还应该注意，公关案例不是实录。

案例要用可靠的材料来表明或断定人或事物的真实性。案例学习是一种个性化行动，学习时读者要独立思考、自主探究、交流讨论。在讨论交流的探索过程中，读者只要能平等地参与，他们思维的闪光点能够得以充分展现，都有展示和学习的机会，真实的再现的学习不仅有助于培养读者的思维能力、合作能力、逻辑推理能力和语言表达能力，更重要的是当读者在探索学习的过程当中掌握了这些新思想、新方法后，可以独立解决一些生活、学习与工作中真实存在的实际问题。

3．问题性

问题性也称复杂性。并不是所有的公关事件都可以成为公关案例，公关案例必须要包含问题在内，或者包含解决这些问题的办法。

一个好的案例要能反映社会组织人员工作的复杂性及其内心世界——案例要揭示出案例当事人的内心世界，如态度、动机、需要等。换句话说，要围绕一定的问题，展示案例分析者在实践中发现问题、分析问题、解决问题、反思自身发展的心路历程。

（二）公关案例撰写的要求

公关案例是对一定公关情境下发生的公关事件的一种记录，是对某个蕴含着公关哲理事件发生过程的详细叙述和理性思考的一种叙事性报告。从写作思路上看，论文是演绎思维，从抽象到具体；案例是归纳思维，从具体到抽象。

1．选题力求独到

公关案例在实事求是的基础上，突出新意，力求选题新颖，论述精辟，见解独到，求真务实，文笔流畅。避免英雄所见略同（撞车现象），要从自己的所见所闻中，从自身感受中，有感而发，道人之所未道、发人之所未发，就会出奇制胜。选题关注时代潮流，关注社会变迁，还要富有建设性。

2．事实力求准确

在公关案例中，事实力求准确，其包括"人名、地名、数字、引文、法律政策。"准确就是在撰写公关案例中，对事实的性质、程度、空间、时间及前因后果等叙述必须准确无误，不能含糊其辞，不能模棱两可，不能夸大也不能缩小。要做到这一点，必须树立"实事求是"和"精益求精"的工作态度和工作作风，精心遣词造句，使撰写出来的公关案例能够真实、准确地反映事实原貌。

3．议论力求精彩

（1）公关案例要有自己的独特见解，不是穿衣戴帽的一般道理、官样文章，人云亦云的泛泛而谈，而是需要深思熟虑与真知灼见的观点和思考。（2）公关案例需要多用形象生动的语言、多用口语新话：动人春色不需多。一点闪光，足使全文生色。

4．标题力求醒目

公关案例的标题："宜短不宜长，宜新不宜陈"。正是："拳练千遍，其义自见。"

公关案例撰写的规范还要注意：使用过去时态；尽量用表格来表示有关材料；事实反映要充分；必要时列出实际采取的决策；注明所引用材料的出处；核对有关数据；附表和附录。

二、优秀公关案例衡量的标准

（一）优秀公关案例要素组合

什么是优秀的公关案例？仁者见仁，智者见智，大家并没有达成共识，但公关并不是每个人拿在手里的万花筒，可以随心所欲地变换图景，公关有自己独特的内容和要求，即公关包括若干基本要素的组合，这是评价公关案例的基础，我们可以用五个标准来衡量一个公关案例的优劣，它们是全面性、创意性、正向性、可行性和效益性。

1．全面性

全面性是指公关案例的内容必须是公关基本要素的综合运用。这些基本要素至少包括背景分析、策划、活动策略、活动执行和结果与评估。缺少其中任何一个因素，都不能称为是优秀的公关案例，或许一家企业仅仅通过铺天盖地的电视广告就使其产品畅销了大江南北，我们也不能认为它是一个优秀的公关案例，至多它是一个优秀的广告策划。

2．创意性

创意性是指公关案例的内容必须独特新颖，令人叫绝。平平淡淡，没有新鲜感，就不是策划，不过是一种计划安排。创意是公关案例的重要特征之一。点子常常是创意的产物，因此它是公关策划不可缺少的内容。"不创新就死亡"，同样适用于公关策划业。因此，模仿秀不能成为优秀公关案例的候选者。不容易想到、不容易做到的创意，是死点子；容易想到、容易做到的创意，是差点子；不容易想到、容易做到的创意，是绝点子。

3．正向性

正向性是指企业公关策划的创意必须有利于达成预定的目标，是为目标服务的，否则再好的创意也没有价值。例如，向某个明星赠送别墅、珠宝，也算是非常有影响的创意。但是这对提升企业形象不仅没有正向效应，反而起到了反向效应，这就不是好的公关创意。一些厂商的广告密度达到了令人反感的程度，纵然使销售增加，也不是一个优秀的公关案例。

高知名度加低美誉度，是臭名远扬（最次）；低知名度加低美誉度，是臭名近扬（较次）；高知名度加高美誉度，是有口皆碑（最好）。

4．可行性

可行性是指公关策划构想要有实现的可能，做到这一点，必须将创意与企业现有人力、物力、财力合理结合，最终能落到实处，那种叫好不叫座，无法实现的创意都不是真正的公关策划。正像再好的点子，如果无法实施，只是启发人们的思路，不会产生效益。中国古代有一则寓言故事恰好说明了这一点。

传说老鼠为了防备猫的袭击，在一起开会商量对策，一只非常聪明的小老鼠提出了一个极具创意的建议："给猫脖子拴上一只铃铛，猫一走来，我们就会听到铃声，马上就跑。"一只年长的老鼠问道："谁去给猫挂铃铛呢？"结果，没有一只老鼠敢去。当然这只是一个无法实现的创意。

5．效益性

效益性是指公关案例必须产生理想的效益，或是推动了效益的增长。我们评价任何一个公关案例，都不是在进行作文竞赛，看谁的方案写得漂亮；也不是在进行富豪榜排列，看谁的公关费用多，而是看谁的策划带来的效益最高，而效益高的原因主要是策划的结果，而不是烧钱包的结果。让人边骂边买的公关案例自然不是好案例，让人连声说好而不掏一分钱的案例则更遭。

上述五个要素缺一不可，它是构成优秀公关案例最起码的条件。如果一个公关案例缺少了其中一个要素，那么我们就可以断定，这个案例不是优秀的公关案例。公关案例不是广告策划、推销员策划、产品策划、促销策划，也不是拍卖奖牌的聚敛钱财的活动。

优秀公关案例的对象是面向大众，不是理论工作者，所以案例要短小精悍，以3 000～5 000字为宜。同时，优秀公关案例要生动有趣，它主要取决于事例的选择与叙述，即例子生动典型，叙述有趣。

【思维拓展8-3】 顺德区域形象推介语

在世界经济中，中国经济一枝独秀。中国经济的发展主要看长江三角洲和珠江三角洲，而珠江三角洲最先发展的就是广东四小虎，而四小虎首先在顺德。顺德人均GDP在中国和世界有典型意义，顺德在中国树立了一面改革开放的旗帜。

1．顺德定位的优势

（1）地理位置。在区域优势上，珠江西海岸顺德，到香港一个小时，到番禺（即将建成的中国最大车站）20分钟；珠海岸大桥建成后，其发展趋势将会更好。在佛山，区域优势发展最好的是顺德，可惜没有人来概括。

（2）产业。广东21个市，真正最有产业特征的是佛山，在佛山中就看南海和顺德。而顺德比南海在层次和规模上要高，其有典型产业。中国真正发展的方向——自身民族发展的路子和民族工业，最典型的是南海和顺德。但南海典型小家庭作坊多，而顺德却有四个上百亿元的企业（科龙、格兰仕、美的和万家乐），其中三个是民营企业。

（3）岭南水乡。河网络丰富、方便、作用大。内河水网是顺德最丰富的资源。水乡网络促进了工业的发展，在清末民初，顺德的产业工人超过了天津、上海。在顺德的历史上，自梳女突破了家庭的牢笼，体现了女性的革命思想。顺德的经济发展趋势是：从农业经济→工业经济→计划经济→市场经济→国际经济。

（4）华侨。顺德在世界各地有华侨五十多万，华侨对家乡的社会、经济与文化的支持是巨大的。

和谐顺德最终的落脚点和方向是：工业化→城市化→国际化。20 年前顺德是一个农业县，西边是鱼塘、东边是花卉。现在城镇化现象已经出现，顺德的容桂镇就是全国第一个城市镇。顺德是珠江西岸的核心城市，突出点是一山二路三河。顺德通过路桥网络联系起来，五年后，镇可能就叫街道，大城市的框架已经成型。

2. 外商到顺德图什么

（1）投资。投资环境好。政府积极支持，主动提供服务和咨询。

（2）教育。顺德教育环境好，每个镇都是教育先进单位。顺德技术学院（大学）硬件条件一流。每个镇的教育涉及面广：成人、儿童、职工、残疾人等。

（3）治安环境好。在珠江三角洲一带，顺德的治安环境是最好的。

3. 顺德区域形象定位

（1）要衔接成联合国的海外基地。通过中介机构，顺德与国外接轨。工业化到城市化，再从城市化到国际化的趋势显著。

（2）在民众基础上的综合定位。顺德区域形象的推介语，首先从全国各地进行社会广泛的征集，再从近万条全国各地的征稿中选择和提炼。

（3）从中国民族工业、民族产业与国际方向来思考。世界工厂最突出的是东莞与顺德，虽然东莞比顺德区域面积大，东莞是两千多平方千米，顺德 800.06 平方千米，但是东莞却没有拳头产品，全靠三来一补。顺德民族工业在国内站稳脚步后，又迈向国际。

4. 顺德区域形象推介语要求

（1）浓郁的区域性，能充分体现顺德作为岭南水乡和交通发达的珠江三角腹地的特点。

（2）有高度的概括性，能涵盖顺德制造、顺德经验、顺德文明和顺德未来的城市发展趋势。

（3）有强烈的可传播性，要求精练、通俗，能产生强大的亲和力和影响力。

5. 顺德区域形象推介语确定

经过近两年的系列评选，2006 年 9 月，顺德区域形象推介语确定为："顺德制造、中国骄傲"（Made in Shunde，China's Pride）后，顺德区域形象标识："凤凰振翅"已申请商标注册。

标识解读：凤凰既是中国传统文化的标志性图腾，又是顺德传统文化的标志性象征。

该标识由斑驳随性的凤尾到清晰完整的凤头之间

顺德制造 中国骄傲
Made in Shunde, China's Pride.

的自然过渡，体现了顺德从农业到工业、从计划经济向市场经济、从农业社会向工业城市的艰苦卓绝的巨大跨越，以及如凤凰涅槃浴火重生般辉煌璀璨的发展历程。标识喻示着顺德这只振翅翱翔于四海之上的凤凰是当今中国无可争议的骄傲。

案例 8-1

大学生宿舍关系问题凸显，舍友性格孤僻咋相处

2014 年 5 月 25 日是大学生心理健康日，5 月 20 日，广州某大学 A 学院第八届"5·25"大学生心理健康教育活动月启动。2014 年当天，记者和学院的专职心理咨询老师交流发现，人际交往问题在大学生心理问题中比重有所增加，尤其是宿舍里的人际交往。

"大学生心理问题，如果概括起来，可分成交往、恋爱、学习三大类，但从近几年的情况来看，大学生交往问题障碍相比以前有所增加。"5 月 20 日下午，在学院的心理健康教育咨询中心，专职心理咨询的张老师告诉记者：如果说大一新生主要面对的是学习问题，大二到大四的学生可能会面临恋爱问题，但交往心理障碍是一直伴随大学生活的一个问题。

"存在交往问题的大学生，主要是宿舍关系处不好，这样的学生主要有两种类型。"张老师告诉记者，"一种是孤僻型，这样的同学往往是独来独往，在宿舍也不说话，没有能玩起来的舍友；另一种是偏执型，这样的同学做事特立独行，说话语气伤人，舍友们都不愿意和他交往。而且，宿舍关系中有一个新变化，就是男生宿舍里的同学相处问题比以前多了。"张老师说。

记者 5 月 20 日咨询了广州多家高校的学生，发现不少宿舍存在一些"另类"学生。广州某大学大三学生小田告诉记者，他们宿舍就有这么一个同学，他从入大学以来，就几乎不怎么在宿舍说话，每天早上 5 点起床，晚上 9 点回宿舍，宿舍同学一起出去玩，他也不参加，也不知道每天在干什么，真担心他会出问题。

张老师表示，大学生交往方面出现的问题都与家庭教育有关系，现在的孩子很多都是独生子，从小娇生惯养，性格都有点敏感，男孩子也缺少宽容大度的阳刚之气，导致现在的宿舍人际关系比以前难处。张老师介绍，对于有这样问题的学生，正确的处理方式不是逃避，而是让他们认识自己在交往上的缺陷，融入到宿舍环境里去。"我们咨询中心有时征得当事人的同意后，会让这个宿舍所有的同学过来，做深入的交流，还可以做沙盘测试，把问题说出来，找出原因解决问题。"

记者了解到，在大学里的人际交往变得"敏感"的同时，90 后也更愿意打开心扉。"记得前几年，很多同学来心理咨询，总是觉得心虚，好像咨询心理问题是很不光彩的事情，这几年，这种情况开始改观，现在的 90 后愿意打开心扉和你交流，分享他们在成长路上的故事。""其实 90 后的心理压力也不小，学院设有心理宣泄设备、心理放松沙发、心理沙盘等，可以缓解学生的压力。"张老师说。

试用公共关系学相关知识分析大学生应该如何处理人际关系。

剖析：在对本案例的分析中，我们要强调的是内部公众关系。内部公众是组织内部的所有成员。它是组织最重要的基本目标公众。做好这部分公众的工作是公共关系工作的起点。要处理好组织中的内部公众关系，其必然要与人际交往与沟通相联系。

在公共关系与人际关系的联系上，从内容上看，公共关系包括了一部分人际关系。组织的公共关系活动包括了组织中的个人与公众对象之间的关系，公众对象中也存在着许多个体的对象。因此组织与公众的关系也经常表现为个人与个人的关系，即代表组织的个人与公众群体中的个人之间的相互交往。

从方法上看，公共关系实务也包括了人际沟通的技巧，即面对面的情感交流和说服技巧。公共关系人员需要具备较强的人际沟通能力，具有良好的交际素质与涵养。良好的个人关系必有助于组织公共关系的成功。

人际交往与沟通就是在社会生活活动过程中，人与人之间的意见沟通，是一个信息情报交流相互作用的过程。每个人都不是孤立存在的，他必定存在于各种社会关系中，如何处理好这些关系就涉及了人际交往与沟通能力的问题。作为一名大学生，在大学期间除了学习知识之外，培养人际交往能力也非常重要。我们在与他人交往时，应该遵循以下原则：（1）要以诚待人，言而有信。（2）要平等待人，自尊自爱。（3）保持适度距离，不要过于亲近。（4）要宽以待人，不要苛求于人。遵循这些原则能更好地帮助我们处理人际关系。此外，掌握一些沟通技巧也很重要。例如，注意尊重对方；防止说话伤害对方；要懂得保持一定的沉默；克服自卑心态。同时，要记得不要凡事包打听；不要讲大话吹捧自己；不要故弄玄虚等。

良好的人际交往能力与沟通是人类生存和发展的必要条件，在大学校园这个准社会里要以积极的态度和行为对待人际交往，建立和谐的人际关系。要从小做起，注意社交礼仪；要善于去做，加强交往方面的知识积累，另外，要认识到在与别人的交往中，真诚才能换来与别人的交往和沟通，真诚永远是人类交往与沟通的最好方法。所以，内部公众关系是在公共关系与人际关系的联系上紧密产生的。

案例 8-2

力量在凝聚中爆发

——记中山大学作品在首届中国大学生公关策划大赛上夺冠

党的十六届四中全会提出"构建和谐社会主义"的任务以来，国家软实力的建构已作为公共关系领域的一个崭新课题凸显出来。[①]公共关系作为一个新兴的行业和一门独立

[①] 郑砚农在首届中国大学生公共关系策划大赛在京闭幕式上的讲话. 中国国际公共关系网，2007-04-27

的管理学科在推进中国社会进步中，在和谐社会和和谐世界的建设中发挥着独特的作用。

一、背景

随着中国社会主义市场经济的深入发展，中国公共关系业呈现出快速发展的态势，但是中国公共关系人才建设已成为制约中国公共关系产业发展的瓶颈。一方面中国公关产业以每年30%左右的速度增长，人才缺口较大、流动性强、竞争加剧；另外，全国虽有百余所高校开设公关课程，二十余所高校设立公关专业本科和硕士教育，但学生就业依然面临着巨大压力。

中国国际公共关系协会本着为促进构建和谐社会，推动中国公共关系业全面发展，促进中国公关教育和人才就业为目的，在全国开展"中国大学生公共关系策划大赛"公益活动，创建了以大赛为主导的公共关系专业人才教育就业的新模式。具体做法是：以大赛为平台，发现人才，并与企业联合，设立"中国公共关系行业人才实习基地"，承接大赛选手的实习和就业，同时与高校建立人才合作机制，由实习基地的负责人参与到高校的专业教学之中，企业与教育互动结合，共同促进中国公共关系教育和行业人才队伍建设的发展。

二、参赛

2007年4月20日，首届"大学生公共关系策划大赛"的总决赛在北京中国传媒大学举行，我校作品荣获首届中国大学生公共关系策划大赛全国总决赛的金奖。同时还获得了集体奖和组织奖。总决赛紧张、激烈和兴奋的场景，还使我们历历在目。

上午决赛的内容是荣获十佳作品的十强参赛团队，通过抽签演示自己的作品，然后在10个参赛团队中，淘汰5个队，胜出的5个队再参加下午的决赛。

抽签后的演示顺序是：

（1）华中科技大学S407研究生团队的《同一个奥运　同样的你我》。

（2）湖南理工学院星期天团队的《起航青岛　扬帆世界》。

（3）中山大学5AM|Before团队的《个性音乐　超越完美》。

（4）华中科技大学爱我所爱团队的《音乐无国界　我们的语言是索爱》。

（5）上海外国语大学JolieFolie团队的《绿色西部·绿色奥运》。

（6）北京邮电大学弈团队的《梦享音悦》。

（7）澳门大学JPC团队的《"Unseen Splash"未发现的精彩》。

（8）广东外语外贸大学Dreaming SEPA团队的《激情奋进八千里　梦想超越国威扬》。

（9）中国传媒大学J&K团队的《李宁2008北京奥运公关战略策划书》。

（10）北京工商大学luz幻旅团队的《感受阳关　贴近生活》。

　　决赛的评委来自于索尼爱立信（中国）有限公司副总裁宁述勇、博雅（中国）公关顾问有限公司总经理田行娟、伟达（中国）公关顾问有限公司董事孙玉红、福莱（中国）国际传播咨询高级副总裁吴锦屏、蓝色光标公共关系机构董事总经理赵文权、万博宣伟公关顾问总经理刘希平、智扬公关顾问机构董事总经理高鹏、迪思传播集团总裁黄小川、帕格索斯传播机构董事总经理曹刚，共9家知名企业和公关专业公司。

三、过程

（一）激烈角逐

　　经过近四个小时激烈角逐，10个参赛团队的分数顺序如下：（1）华中科技大学S407研究生团队499.3分；（2）湖南理工学院星期天团队447分；（3）中山大学5AM|Before团队434分；（4）华中科技大学爱我所爱团队505.6分；（5）上海外国语大学JolieFolie团队389.3分；（6）北京邮电大学弈团队390.64分；（7）澳门大学JPC团队406分；（8）广东外语外贸大学Dreaming SEPA团队397分；（9）中国传媒大学J&K团队433.7分；（10）北京工商大学luz幻旅团队408.2分。

　　胜出的5个队分别按分数的排列是：（1）华中科技大学爱我所爱团队；（2）华中科技大学S407研究生团队；（3）湖南理工学院星期天团队；（4）中山大学5AM|Before团队；（5）中国传媒大学J&K团队。

　　我们队虽然进入了决赛，但是与排第一的华中科技大学爱我所爱团队的分数相差达到71.6分，差距拉开的主要原因是由于奥运是一个商业行为，不是赞助商的企业的产品是不能直接引用和提的。索爱不是奥运的赞助商，而我们的作品却直接提及了产品与奥运的关系；同时，我们的作品在财务和成本分析上提及较少。华中科技大学爱我所爱团队的创意新颖，他们不直接提"奥运"，而只提"W2008"，真是表面没提"奥运"，但通过"W2008"直接从实质提到"奥运"，真是四两拨千斤呀！针对悬殊比分，我们七位队员丢下包袱，全力以赴地积极准备下午的决赛。

（二）力量凝聚

　　下午，5个胜出团队角逐最后的金、银、铜奖。决赛的题目就是一场模拟新闻发布会。决赛开始前，进行了抽签，不巧的是我们抽到的是第一个上场，面对巨大的压力，上场的四位选手敢冲敢打，紧紧围绕新闻发布会的基本要素：背景→态度→措施（以及"搭桥"）→结果的关键问题上，在角色分工、回答问题、总结发言和控制场面中，配合得相得益彰。特别值得一提的是评委刘希平（万博宣伟公关顾问有限公司总经理）突然用英语向陈鹏同学提了一个大问题，而陈鹏同学的回答令评委十分满意。

　　其他4个胜出团队上场也是各出奇招，各有千秋。最后，5个胜出的团队通过上、下午的成绩的总和，经过大赛评委和工作人员的系统计算，我们（中山大学5AM|Before团

队）获得最高分：986分，排第二的是华中科技大学 S407 研究生团队，得分 981.3 分，我们比他们高出了 4.7 分。

最终，金奖：中山大学、华中科技大学研究生代表队。银奖：华中科技大学、湖南理工学院、中国传媒大学代表队。铜奖：上海外国语大学、北京邮电大学、澳门大学、广东外语外贸大学、北京工商大学等代表队。

本次大赛由中国国际公共关系协会主办，大赛以北京奥运为主题，公关策划为载体，在高校中普及公关理念，发现公关人才，进而培养人才，开拓就业渠道，促进公关教育与企业的有机结合，创建了公共关系专业人才教育就业的新模式。大赛自 2006 年 10 月启动以来，吸引了全国 146 所高校的 443 个团队参赛，提交参赛作品 368 件，参赛选手达到 4 320 人。成功入围大赛的作品有 192 个。在随后的第二轮评选中，来自全国 21 所高校的 50 个作品获得 50 佳提名，在 50 佳提名中，中山大学占了 9 名。根据这样的积极组织与表现，中山大学还荣获了组织奖和集体奖，组织奖评选了 5 所大学，而集体奖只评选了中山大学。

当拿到集体奖、组织奖和金奖的奖项时，作为带队老师，我与参赛选手们处于极度的兴奋和激动中，决赛隐含着力量在凝聚中的爆发，它是一个厚积薄发的过程。为了今天，我们奋战了数月，也为今天取得的成绩感到骄傲和自豪。让我们牢记我们队员的名字：政务学院 04 公关专业陈鹏、张倩莹、刘毅彬、黄超、黄景斌，管理学院 04 旅游专业张媛和 04 市场营销专业张华。

大赛组委会主任、中国国际公关协会副会长郑砚农表示，大赛的最终目的是构建以大赛为主导的公共关系专业人才教育就业的新模式。为此，大赛专门设立了"中国公共

关系人才实习基地"，分别授予了索尼爱立信（中国）有限公司、博雅（中国）公关顾问有限公司、伟达（中国）公关顾问有限公司、万博宣伟公关顾问、福莱（中国）国际传播咨询、蓝色光标公关顾问机构、智扬公关顾问机构、迪思传播集团、帕格索斯传播机构、天下互联科技集团 10 家知名企业和公关专业公司。

四、总结

回到广州后，我们进行了总结：在整个策划比赛过程中，包括从初选到最后决赛，我们认为能够顺利过关的原因有以下几方面。

（一）临场出色的发挥

中山大学团队最后能够获得冠军，主要是在下午的模拟新闻发布会上的出色表现。

1. 成功破解案例

案例给出一个药物公司的危机案例，我们团队紧扣危机处理的关键，包括新闻发布会出席角色安排、公司的态度、对危机的紧急处理方案，以及应对记者质问所坚守的原则等。由于上台之前都计划好和预想好，因此上台面对众多评委的质问亦能应对自如。

2. 台上应变灵活

所面对最经典的问题，莫过于万博公关经理刘希平突发的一个英语问题，我们并没有感到害怕，陈鹏同学毫不犹豫地迎难而上，对答如流。想必评委亦未必会深究我们英语答案是否滴水不漏，但是我们灵敏的反应得到评委的一致好评。

（二）成员组合的合理

中山大学团队《个性音乐，超越完美》作品的指导老师是廖为建教授，在到北京参赛前，就组织了备战前预演。从训练、初选到最后决赛，团队组合是非常合理的，能够发挥每名队员各自的特长。

1. 特长明显，分工合理

04 级公关专业的五位同学：陈鹏演讲能力突出，张倩莹擅长协调带领团队，黄景斌处理文稿编排，刘毅彬理论深度足够，黄超对新媒体有独到见解，且二人平面设计能力极为出色；而来自 04 级营销专业的张华以及旅游专业的张嫒，在营销商科方面给予强有力的补充。

2. 创意源于对主题理解透彻

我们针对索尼爱立信奥运传播方案，策划了一套新媒体原理贯穿始终的方案。创意的源泉来自于对三个主题的把握透彻：奥运大背景、新媒体传播环境、索尼爱立信音乐手机。我们通过对背景、受众群体、传播工具等进行详细分析，最后把这三个独立的元素串联起来，紧紧围绕传播主题形成一环扣一环的传播主线活动。

特别值得一提的是创意点，华中科技大学爱我所爱团队的创意点是"索爱手机就是共享"，而我们团队的创意点是"索爱手机就是个性"，对方的创意点普遍受到评委青睐，而我们却能够以"只有多元化的个性，才能够更好地共享"，而反占优势。

（三）终身难忘的收获

1. 认识自身的不足

策划创意出众，但仍涉及很多具体执行上的瑕疵，评委给我们的意见使我们懂得策划在现实中执行问题的重要性。

2. 强劲的对手

对手的策划方案各有各的特色，在这次比赛中我们见识了更多，视野开阔了不少。

3. 大平台赋予我们的机会

我们要感谢中国国际公共关系协会为全国的大学生创造了一个公共关系学科的沟通交流平台，我们比赛后获得评委的青睐，使我们部分成员能够到各大公关公司实习，其中更包括接纳我们的学生到北京伟达公关实习，那是难能可贵的机会。

五、评估

（一）好奇心→想象力→创新力

读大学就是要培养学生的好奇心和想象力，这样才能产生创新力。公共关系学专业的目标是培养德智体全面发展，掌握现代公共关系专业知识和技能的公共关系专业人才；定位是"善策划、懂管理、会传播"。形象地说，就是"坐下来能写、站起来能讲、跑出去能干"。所以，公共关系学专业的教改要强调的是教师要在课堂的教学基础上，注重培养和训练学生的创新能力，引导出他们自身的潜能和创造力，经常提供和支持学生参与一些社会实践活动，学生通过耳濡目染，能够学有所得、得有所用、用有所专。

（二）能力是检验教学质量的唯一标准

我们把学生参加社会实践活动作为学习行动来研究，对学生具有较大的意义和价值含量。因为公共关系学教学和人才培养的探索和尝试，最终效果是通过产品——学生能力来体现和检验的。在学习行动中，我们重点要培养学生的学习适应性和资源利用的能力：（1）引导学生融入公关世界；（2）激发学生的创造欲望；（3）提高学生交流和表达的能力。

通过在线测试（讨论、发言、社会实践）反映学生对知识点的理解能力在不断提高。说明了在公共关系教育中，我们的教学模式是可行的、有成效的。行动反思可表述为"教学行动研究，研究教学行动，为改善教学行动而研究"。

（三）教学方法、手段与理念

1. 多媒体立体型授课

（1）特点优势。加强学习进度，提高教学效率；反馈迅速、信息对称；减少重复劳动，减轻教师负担。

（2）功能。纲要概括简明，重在提纲挈领；激发潜能灵感，刺激学习兴趣；解决重点难点，增进心灵沟通；创造平行交流，营造融洽空间。

2. 教学创新

案例分析法、情景模拟法、社会实践法。在传统与现代的教学中寻找到突破口，从而使理论—深化—提升—整合。专业定位要与教学计划密切配合，学生创造力的培养落实在教师的引导上。

3. 教学理念

把专业理论和现实生活结合起来，把素质教育和策划能力结合起来：（1）理论课程反映学科最新动态与趋势；（2）实务课程注重培养学生传播管理能力；（3）课程重模拟与实习，创新教学方法。动态教学模式由"多教材组合、案例分析、实践观摩、多媒体与网络、专家讲座、参观访问、课程实践、结构式考核和行动反思"九个模块组成。

公共关系学专业创新的教学研究，丰富了学生的视野，使学习内容和环节得以充实。同时，学习不应追求讲授技巧的滴水不漏、教学环节的天衣无缝、细枝末节上的精雕细刻，而应在先进的教育理念指导下，真正面向学生，关注学习过程，注重学用结合，着眼全面发展，使学生真正成为学习的主人！

首届中国大学生公关策划大赛开拓了学生的视野，使学习内容和环节得以丰富、充实。围绕组织文化理论与实践问题，开展有价值的讨论，形成教学科研相互促进、良性互动的教学相长机制，从而引导学生关注前沿、拓展视野、深层思考、指导实践，着重培养复合型、高素质的公关新型人才。最后用一句话总结：青山在，人未老，公关的明天会更好！

参 考 文 献

1. [美]卡特利普，森特. 有效公共关系. 汤宾译. 北京：中国财经出版社，1998
2. 鲍勇强，陈百助. 危机管理——当最坏的情况发生时. 上海：复旦大学出版社，2003
3. 张在山. 公共关系学. 台北：五洲图书出版公司，2005
4. [英]迈克尔·里杰斯特. 危机公关. 陈向阳等译. 上海：复旦大学出版社，1995
5. 史安斌. 危机传播与新闻发布. 广州：南方日报出版社，2004
6. 吴应快，张志强. 扫雷：企业不得不面对的危机公关. 北京：中国经济出版社，2004
7. 付晓蓉. 公共关系学. 北京：高等教育出版社，2004
8. 朱德武. 危机管理——面对突发事件的抉择. 广州：广东经济出版社，2002
9. 薛澜. 危机管理——转型期中国面临的挑战. 北京：清华大学出版社，2003
10. 苏伟伦. 危机管理. 北京：中国纺织出版社，2000
11. 林石火. 当前我国公共政策的理念与定位. 广西经贸，2002（10）
12. 邱汉中. 论当前公共政策决策中存在的问题及对策. 西藏民族学院学报（哲学社会科学版），2003（7）
13. 江涛. 社会转型过程中公共政策存在的问题及对策思考. 理论学习与探索，2003（4）
14. 蒋健. 中国公共政策有关问题研究综述. 云南行政学院学报，2002（1）
15. 亿动广告. 传媒：第五媒体的营销新贵. 商务周刊，2007（12）
16. 徐小娟，许之敏. 论手机的广告传播价值. 商场现代化，2007（11）
17. 匡文波. 论手机媒体的盈利模式. 国际新闻界，2007（6）
18. 支庭荣. 媒介管理. 第2版. 广州：暨南大学出版社，2000
19. [加]马歇尔·麦克卢汉. 理解媒介——论人的延伸. 何道宽译. 北京：商务印书馆，2000
20. 张小争. 抢滩手机媒体：一半是大众营销，一半是分众营销. Vmarketing，2007（7）
21. [美]沃纳·赛佛林. 传播理论：起源、方法与应用. 郭镇之等译. 北京：华夏出版社，2000

22．魅媒数据调研中心．WWW.MMClick.com，2007-06

23．于凤荣，王殿春．提高我国公共政策执行力的对策研究．行政论坛，1995（3）

24．张成福．抗击非典与哲学社会科学发展，建立完善的公共危机管理机制．人民日报，2003-06-11

25．唐钧．公共危机管理：国际趋势与前沿动态．公共行政，2004（2）

26．姚建峰．略论企业反危机策略．华东经济管理，2002，4（2）

27．纪华强．公共关系的基本原理与实务．厦门：厦门大学出版社，1999

28．居延安．公共关系学．上海：复旦大学出版社，2004

29．[美]阿尔·里斯．公关第一，广告第二．罗汉，虞琦译．上海：上海人民出版社，2004

30．吴勤堂．公共关系学．武汉：武汉大学出版社，2004

后　记

　　2007 年 7 月 24 日，我收到清华大学出版社邓婷编辑的一封 E-mail，清华大学出版社正在策划编写一本与时俱进的公共关系理论教材。她说，公共关系是一门理论与实践相结合的应用型学科，就实践来讲，对经典案例的分析在教学过程中必不可少，问我是否有想法编写整理出版一本配合公共关系理论课程使用的案例教材。

　　我很快答应了邓婷编辑的要求。因为我从事了多年的公共关系学课程教学，已经积累了一定的经验，对公共关系学原理也有着深刻的理解和思考。再加上 2006 年 2 月我参加了由广东省公共关系协会"广东省首届最佳公关案例大赛"的筹备、策划、培训和评委工作，掌握了许多公共关系案例策划的第一手资料和素材，基于此，我觉得自己可以承担这个工作。

　　同时，2006 年 10 月北京的中国国际公共关系协会学术工作委员会（CIPRA）举行了"首届中国大学生公共关系策划大赛"，大赛主题：新传媒环境下的企业奥运传播；大赛宗旨：公益、创新、参与、分享；大赛目的：提升社会对公关的关注，推动中国公关教育发展，搭建企业与高校产学交流的桥梁，加强两岸三地高校交流与合作，为行业发展发现和培养优秀人才。这次大赛能够让参赛学生：扩展视野，了解社会；展示才华，实践所学；自我定位，寻求发展。

　　2006 年 11 月 23 日，中国国际公共关系协会学术工作委员会的专家到我校进行"大赛推广高校巡讲"，我积极地组织和发动公关专业与其他相关专业的本科生与研究生参加。由于担任了许多队的指导老师，与他（她）们在策划思路和讨论的碰撞中，我也在学生身上学到不少闪光的东西。正是他（她）们对公共关系学知识的渴求，令我深深感动，在学生成长过程中，我真正体会到了教学相长与师生共同成长。

　　2007 年 4 月 20 日，首届"大学生公共关系策划大赛"的总决赛在中国传媒大学举行，我校作品荣获首届中国大学生公共关系策划大赛全国总决赛的金奖。大赛自 2006 年 10 月启动以来，吸引了全国 146 所高校的 443 个团队参赛，提交参赛作品 368 件，参赛选手达到 4 320 人。第一轮评选后成功入围大赛的作品有 192 个。在随后的第二轮评选中，有来自全国 21 所高校的 50 个作品获得 50 佳提名，在 50 佳提名中，中山大学就占据了 9 个名额。凭借积极的组织与表现，中山大学还荣获了组织奖和集体奖。获得组织奖的共有 5 所大学，而集体奖只选出了一所大学，就是中山大学。当拿到集体奖、组织奖和金奖的奖项时，作为带队老师，我与参赛选手们一样处于极度兴奋和激动的情绪中。

之后，我马上投入了书稿的撰写工作，2008年4月就交稿了，但是前言、后记、内容简介一直拖到今天才完成。

在写前言、后记、内容简介时，我反复检查了已上交的书稿，发现要补充的东西太多了，因此，又把精力放在了书稿的修改与补充上。本书要强调时代性与新颖性，在修改过程中我补充了以下内容：WAP广告形式与公关营销创新、南方暴风雪中的公关危机管理、四川大地震中新传媒的宣导和抚慰功能。同时，在13个案例中（大部分都是"广东省首届最佳公关案例大赛"中的金银奖案例），我加上了点评，使案例的剖析更有可读性。①

由于没有整块的时间，这本并不太厚的书断断续续写了近一年。在书稿终于到了最终写完的时刻，并没有预想中的激动人心，只是有种尘埃落定的感觉。回想写作本书的全程，琐碎而平淡的工作，每一个细节，每一处字斟句酌，原本以为会轻松的我，随着书稿完成却突然掠起几分遗憾。学术的浪漫情怀在现实面前的折扣不得不让我抱有几分遗憾，而书稿也无法像期待中的那样美。理论与实践仿佛学术世界的两只眼睛，或许彼此看不到对方的存在，需要进一步地沟通，但必将比一只眼睛看得清楚。在学术的路上，我永远都只是个蹒跚学步的孩童，即使迷茫仍睁大双眼，在实践中累积理论，不断向前。

本书虽然凝聚着自己的汗水，也借鉴了我系廖为建教授"传播管理"的理念与观点，我写本书并没有想给学术交流带来多大的改变，也许更重要的是自己的爱好和激情。一本书不敢承载厚重的责任，不过我还是真心期盼，我的这本书能够为学术交流环境创新提供一点借鉴。

写作和研究"公共关系学"的过程一直是"累并快乐着"，让个性在笔尖飞扬，这是我生命深处的律动。累是因为做研究的确很辛苦，快乐是因为有同事与亲人的鼓励、帮助、指导和启迪！在中山大学这个充满学术气氛的环境中，多年来，我既受到了中大和国内教育学术界诸多学养深厚的学者们思想的陶冶，又能得到在社会大环境中调研、考察和磨炼的机会，这大概是我体验人生领悟和精神觉醒的最大感受，它已足够让我对幸福和知足有更深刻的认识。

《公关原理与案例剖析》一书之所以能够顺利出版，离不开方方面面的鼎力支持，离不开一直在关心我、支持我的老师、同学和亲人。特别要感谢的是清华大学出版社的邓婷编辑，由于邓婷老师的主动约稿，给了我这个机会，而机会产生了责任和思考，让我变压力为动力。在反复修改的过程中，邓婷编辑一直宽容我拖稿，其大度和气量很让我感动。

最后，我要对所有关心和帮助过我的老师、亲人、同学和朋友表示深深的谢意并致以崇高的敬意！

谭昆智

2008年7月1日于广州中山大学康乐园

---

① 此处提到的案例均为第一版书中的案例，本次改版已更换了大部分案例。